Learning Together with Young Children

A Curriculum Framework for
Reflective Teachers

幼儿教师
教学实践指导丛书

和儿童一起学习

促进反思性教学的
课程框架

[美]德布·柯蒂斯　玛吉·卡特　著

周欣　周晶　张亚杰　高黎亚　译

周欣　审校

教育科学出版社
·北 京·

译者序

继《活动中的幼儿》《生成课程》之后,《和儿童一起学习:促进反思性教学的课程框架》(以下简称《和儿童一起学习》)是我参与翻译的第三本美国学前课程方面的图书。与《活动中的幼儿》一样,《和儿童一起学习》同样是一个课程框架。但我们可以发现,这是两个完全不同的课程框架。《活动中的幼儿》又称为"高瞻课程",是20世纪80年代的产物,它以皮亚杰儿童发展理论为基础,提出以儿童学习与发展的50条关键经验作为课程设计与评价的指标。尽管该课程强调儿童的主动学习和建构,但它显然是一个以明确的儿童发展目标和学习内容见长的课程框架。这一课程框架因为它的研究基础和完善的师资培训服务,至今在国际学前教育领域中仍然拥有它的一席地位。而《和儿童一起学习》的课程框架是21世纪以来,特别是近两年的研究产物。该课程尽管也蕴藏学习目标和内容,但显然不是它的主要兴趣。也许它是一个更偏向于课程实施理念与方法的课程框架。如果可以这样理解,这本书无疑反映了最新的有关学前课程实施的理念和方法。我相信,在以后很长一段时间内,这些理念和方法将给我们提供重要启示和指引。

《和儿童一起学习》的两位作者德布·柯蒂斯和玛吉·卡特在美国学前教育领域界享有盛誉,她们有着多年幼教实践、职前和职后师资培训的经验。两人长期以来合作著书立说和为杂志撰稿,并到澳大利亚、新西兰、加拿大等地讲学。她们的著作颇丰,出版了《学前教育机构环境的研究》《意识的艺术:观察如何改变你的教学》《生活和学习的设计:改变学前教育的环境》《给儿童提供更多的语言》《反思儿童的生活:以儿童为中心课程计划手册》《传播消息:分享学前教育的故事》《师资培训:理论与实践》等书,在幼教机构的环境设计、学前课程的理论与实践、师资培训方面对幼教实践产生了较大影响。

《和儿童一起学习》是一个课程指南，但它与许多其他课程指南不一样。这不是一本包含具体课程内容、活动和编排顺序的课程指南，而是展现了一幅幅课程实施过程的生动画面和娓娓道来的真实故事。透过这些画面和故事，作者帮助我们体会教和学的动态过程，并从中提炼指导教学的重要原则。也许，对于学前教育的原则我们并不陌生，但这本书中的原则没有讲很多大道理，它的理念渗透在实施这些原则的过程中，从教师和儿童的真实体验与体会的角度展开。每条原则中运用不同教师的故事，提供了有关实践这条原则的描述，巧妙地拉近理论与实践的距离。从这本书中，我们可以体验到，教师的故事是有力的教师专业发展的工具。同时，对原则的理解还需要读者从一个个故事，从教师的行动和反思中结合自己的工作经验进行思考。因此，与其说这是一本课程指南，不如说是一本如何实施课程的指南，应该说，它适用于任何模式的课程的实施。

《和儿童一起学习》的理念进一步强调教师和儿童的平等和合作关系的现代教育观，也与近年来理论界倡导的"学习共同体"的精神相一致。本书中提出了五个核心实践：创设丰富的班级文化；运用材料提升课程质量；将教师自我融入教与学的过程；指导儿童学会学习；与儿童一起进行深层次学习。透过这些核心实践中的生动故事，你能发现，本书所提倡的理念和实践能够充分考虑儿童的生成性兴趣和有意义学习。你能看到，儿童在这一经过仔细设计的环境中对人际关系、材料和活动进行的主动探究，你能处处听到儿童的声音以及看到教师在实践中是如何解读和呼应儿童的声音。本书倡导的教师与儿童共同创造课程的参与式取向包括仔细的观察、分析和意义的理解，如：教师如何运用材料作为"学习的引子"，如何往后站、观察，然后对下一步行动采取有目的选择。观察—反思—行动的循环不仅在这里得到生动体现，同时还通过教师的声音，了解影响教师采取行动的思考以及背后的理念。作者通过这样的方式，试图帮助读者在理论和实践之间架起一座桥梁。

《和儿童一起学习》进一步强调了教师作为研究者的重要性，也许这是与《活动中的幼儿》课程中教师角色相比的一个很大进步。作者提出，"当教师持有一种好奇和质疑的态度，他们不是把自己看作是领域专家或仅仅是信息的传递者，而是与儿童一起学习的研究者，新的知识就会源源不断地产生。"

本书的一个明确目标是鼓励教师参与到对教和学的动态过程的思考中，通过这种思考增强教师作为反思型教师的能力和信心。但是我们也看到，教师在教育实践中如何发挥作用还受到大环境的影响。在美国，近年来儿童学习与发展标准的实施与对教师绩效的考核，都对托幼机构和教师工作实践造成了不小影响，尽管制定的这些标准带来的影响可能有利有弊，大家对此举的看法也是见仁见智，但毕竟是当前幼教实践要面对的现实。本书围绕这一问题也提供了一些建议。同样，在我国，教师作用的有效发挥也要受到大环境，特别是托幼机构质量和对教师日常教育工作评价方法的影响。如何发挥幼儿教师在实施课程过程中的自主性和创造性，已经成为一个新的研究课题。我们的传统以及现状都没能为教师提供足够的发挥自主性和创造性的空间以及支持机制，这样的氛围都不利于教师与儿童一起学习的理念和实践的传播和实现。为了尽可能发挥教师的创造力，促进他们的专业成长，我们需要思考，如何给教师提供时间、手段、技术和支持，来鼓励他们的创新和反思实践？如何帮助教师建立同事之间相互支持的工作环境？

　　本书翻译的具体分工如下：目录、序、第一二章，周欣译；第三四七章，周晶译；致谢、第五六章，张亚杰译；第八章、附录，高黎亚译。全书由周欣审校。

周　欣
2011年2月于上海

乔斯林（巴伯伦）·迈尔斯
Jocelyn (Barbarin) Myres
(1951—2001)

　　乔斯林·迈尔斯在学前教育领域具有卓越的领导才能，在许多方面影响和激励着我们。

　　和乔斯林第一次见面，是在美国西雅图的一所幼儿园。当时我在社区学院工作，带学生在幼儿园实习。为了贴近儿童的生活，她选择在日托机构做主任，几年后，又去做幼儿园老师。乔斯林不同寻常的职业经历鼓励我也重新回到面对儿童的具体工作中。

　　乔斯林树立了很好的榜样。在我们编写的《日托机构的儿童：反思型教师如何工作》（*Children at the Center: Reflective Teachers at Work*）中，乔斯林的教学组织非常出色，从中我们了解她的思想和行为。乔斯林直接影响美国和加拿大的早期教育工作者，她的过早离去对美国西雅图地区的学前教育来说，是巨大损失。对她的回忆将永存我们心间，我们会一直记着乔斯林为学前教育做出的贡献，并提醒我们，在从事儿童和家长工作的过程中，哪些具有实现的可能性。

目录

ix

X

致　谢

本书写作中，家人和朋友给予我们极大支持。

编辑贝丝·华莱士，在我们对冗长书稿进行艰难取舍的过程中给予支持，对本书结构提出有价值的反馈意见。

雷德利夫出版社（Redleaf Press）的工作人员，尤其是锡德·法勒，瑞安·沙伊弗、玛拉·米勒、乔安妮·沃尔茨、劳里·赫尔曼、埃米丽·南西姆和汤姆·欧文，他们接受我们的观点，并对我们的意见做出反馈。他们不得不在我们为早期教育者竭尽全力辩护和他们遵循出版原则、标准和日程之间做出平衡，这是一项极具挑战性的任务。感谢雷德利夫出版社一贯遵循的原则以及在经济全球化背景下公正的劳动力分配，因为在一般情况下，全彩印刷的图书只能在发展中国家印刷，这样才能负担得起费用。

写每本书都是合作的过程，它不仅是我们两人之间的合作，而且是包括许多早期教育工作者。他们慷慨地欢迎我们走进他们的生活，了解他们的思想，进入家庭日托机构，了解班级以及机构文化。大家贡献了太多故事和照片。很遗憾，在书中，我们不可能全部采用。但是他们的贡献将以特有方式融入我们的思想，并毫无疑问地在我们的工作坊、报告和咨询中作为实例出现，这些是专业生涯的核心。非常感激南美、澳大利亚、新西兰和意大利等地早教工作者的参与和慷慨。

尤其要感谢以下个人和组织，同时也对一些无意的疏漏深表歉意：

● 从出现写作困境一直到完稿，埃薇·利伯曼始终向我们敞开她家的门。

● 波林·贝克和塔森儿童方案（Tucson Children's Project）举行令人印象深刻的聚会，并借给我们图书《工具的力量：更好的教师教育实践指南》

（*The Power of Protocol: An Educator's Guide to Better Practice*），该书为我们提供思路，作者是约瑟夫·P. 麦克唐纳。

● 聚会中，特雷莎·阿塞维多，对破坏开端计划（Head Start）的颇具官僚主义色彩的制度进行抵抗，这让我们兴奋不已。

● 在写作的这一年，汤姆·亨特和我们一起唱歌，共同形成对生活和教学负责的理念。

● 安·佩洛、克莉丝汀·布朗、辛迪·海耶兹和唐纳·金大方地允许我们造访，一次又一次打断他们繁忙紧张的生活。在那里，我们有时需要寻找相关故事、照片，或者需要拿到一份证明。

● 尤其感谢露琪亚·罗杰斯、勒蒂莎·皮尔逊、埃尔玛·霍顿、米歇尔和朱莉·加勒特，他们满足我们最后时刻索要照片的请求。

● 所有不同类型的早期教育机构的儿童欢迎我们，并向我们敞开心扉，慷慨地允许我们和他们一起学习。

● 感谢以下的家庭日托机构负责人、教师、主任和教师教育工作者，他们在繁忙工作中挤出时间回答问题，分享经验、观察和照片：

澳大利亚：特里内特学前机构（Trinity Preschool）的珍妮·德怀尔；厄尔伍德儿童中心（Earlwood Children's Centre）的弗兰·巴斯申和尼科尔·泰塞莱；拉迪高里儿童中心（Lady Gowrie Child Centre）的黛安娜·杜瓦尔；博尔德帕克社区学校（Bold Park Community School）的吉利恩·麦考利夫。

新西兰：教育部的克丽丝·贝斯；托茨科纳机构（Tots Corner）的洛林·曼纽拉和弗兰·帕拉。

加拿大：卡沃萨儿童日托服务机构（Kawartha Child Care Services）的洛丽·贝尔德和希拉·厄兰·麦克莱恩；皮特格林霍尔儿童中心（Peter Green Hall Children's Centre）的卡罗尔·安妮·威恩、安妮特·科茨和博比·林恩·基廷；迪斯科维尔儿童日托机构（Discovery Child Care）的特利·伯西、罗恩·布拉茨和贝弗·奥涅斯克。

美国：克里夫顿学校（Clifton School）的艾米·皮索尔和林恩·斯勒泽；森弗劳尔学校（Sunflower School）的贝特西·肯普特和莎拉·科尼特；凯特·锡根及奎利特奇科幼托机构（Quality Circle）；皮内拉斯（Pinellas）地区的库尔迪娜特德幼托机构（Coordinated Child Care）的莫纳·杰克逊、多纳·尼福、布雷特·恩吉斯和珍妮弗·麦基；蒙哥马利儿童日托协会（Montgomery Child Care Association）的杰基·豪厄尔和黛比·莱博；新罕布什尔技术学院（New Hampshire Technical Institute）的苏珊·斯泰西和凯蒂·莱格；新罕布什尔大学（University of New Hampshire）的约翰·尼莫和丽贝卡·纽·卡伦·奥普斯塔；圣·查尔斯社区学院儿童发展中心（St. Charles Community College Child Development Center）的贾内尔·克莱芒；北部开端计划（Northland Head Start）的布伦达·索特勒、博比·琼斯、吉尔·贝克；为你机构（A Place for You）的凯利·马修斯；心之家家庭日托机构（Heart and Home Family Child Care）的比利·奥格嫩夫；联合之路明亮开始项目（United Way Bright Beginnings）的加布里埃拉·科齐安、索菲娅·米斯·B、哈蒂·怀特、巴里·斯瓦特伍特、香农·麦克莱伦和马塞拉·克拉克；怀俄明大学儿童发展中心（University of Wyoming Child Development Center）的克勒塔·布斯；曼佐佩西项目（Manzo PACE Program）的马什·哈比、玛尔塔·马林；天堂谷社区学院儿童发展中心（Paradise Valley Community College Child Development Center）的罗斯玛丽·霍珀；东洛杉矶社区学院儿童发展中心（East LA Community College Child Development Center）的朱迪·波吉、琳达·希门尼斯；格罗斯蒙特社区学院儿童发展中心（Grossmont Community College Child Development Center）的凯斯琳·英格鲁姆；埃弗格林学校（Evergreen School）的格雷戈里·乌巴和吉思哈·威廉森、爱丽丝·谢弗；凯瑟罗奥克斯学校（Cathedral Oaks School）的卡琳·麦格鲁、艾丽卡·弗洛雷斯、内达·吉尔森、朗达·伊藤；海伦戈登儿童发展中心（Helen Gordon Child Development Center）的威尔·帕内尔和埃莉·贾斯蒂斯；南希·格伯；莱克伍德合作学前机构（Lakewood Co-op Preschool）的艾琳·罗布和凯思琳·特雷西；马瑟斯奎利特机构（Mother's Quality）的卡罗尔·罗斯、戴德如·希利亚德、迈克尔·凯特吉和克里斯蒂娜·欧贝勒；普吉特湾东松德教育行政区（Puget Sound ESD）的温妮莎·马安奥、旺达·比尔海莫和查林·乔；埃夫里沃伊思机构（Every Voice）的德布·沃尔拉思；北西雅图社区学院（North Seattle Community College）的汤姆·德拉蒙德；塞德洛伍利开端计划机构（Sedro Woolley Head Start）的詹尼·卡斯蒂利亚罗、希拉·卡里格和我们的同事玛丽莲·储和琼·卡索塔。

　　玛吉非常感谢何塞马提儿童发展中心（José Martí Child Development

Center）的同事：希尔达·马加纳、玛莎·迪亚斯、路兹·卡西欧和劳拉·麦卡利斯特；还有希尔托普儿童中心(Hilltop Children's Center)的同事：桑德拉·弗洛伊德、莎拉·费斯缇纳、迈娜·卡农、约翰·本纳、埃米丽·维侯瑟、肯德拉·佩洛玖奎、艾琳·斯达克、安·佩洛和苏珊·亚历山大。他们克服了诸多障碍，投身于全日制、非营利性的儿童日托机构，以超乎常人的献身精神和儿童、家庭一起工作，这些在本书都有所体现。他们激励、提醒我们，多样的教育方式是可行的。

德布非常感谢伯林顿学校（Burlington Little School）的同事：辛迪·海耶兹、卡丽·沃特沃思、柯尔斯滕·汤普森、卡西·班巴、琳达·亨宁、丽贝卡·米尔斯、安伯·克瑞恩、卡米·曼利、玛丽丝·奥乐格纳夫、维多利亚·苏尔曼、泰德·维兰德尔、林赛·卡尔森、玛丽安·乐克维兹和莎拉·毕晓普。在这样一个小农场山谷社区中，他们一直尝试进步主义教育中最美好的部分。

长长的致谢人名表明："教师作为研究者"的概念已经在日常教学实践中生根，而且越来越多的富有献身精神的早期教育者参与到研究行列中。因此，本书是建立在研究基础之上的课程！

导　言

　　　　教育是一块希望与挣扎并存的土地——希望拥有更好的生活，同时为了解、装扮和获得美好生活上下求索。相信自己能成为历史的创造者，而不单单是人类宏大戏剧表演的表演者。

　　　　　　　　　　　　　　　　　　　　　　比尔·艾尔斯 (Bill Ayers)

　　对我们而言，现在无疑是扪心自问的最好时刻，我们信奉的教育究竟是什么？美国民主的未来在很大程度上依赖于它。学校和幼教机构是为了给社会经济发展提供合格的劳动者？还是帮助儿童充分实现自身潜力，成长为有知识并积极参与社会事务，对社区做出贡献的公民？教育难道只是帮助儿童在复杂社会中获得考试高分吗？早期教育难道仅着眼于儿童的将来，还是应该给他们提供丰富的童年经验，获得更美好未来？

　　对这些问题的回答，决定幼教机构的课程取向。教师在设计课程时是要考虑儿童的需求和不足，还是关注儿童内在的能力、想法和问题？强有力的政策和预设的课程能真正改善儿童的学习效果吗？或是我们应该把重点放在改善教师的工作条件、工资和教育水平上，使教师在儿童学习中发挥更好作用？对于以上这些问题，你持什么观点？

　　教育总是代表一定的哲学观与政治观点，为一特定的社会阶层服务。教育工作者的任务是了解历史并深入探讨，提出批判性问题，明确自己的立场。批判性思考的过程使我们能接受进步主义教育的主张。自 20 世纪 70 年代，我们开始投身教育，那是一个社会动荡的年代，更是一个充满希望的年代。即使是像我们自己、朋友、同事、邻居一样的普通百姓，也在热烈讨论着国家的未来。我们将自己看作是历史的创造者，而不是被动的公民，也不会因为美国不能实现理想的民主就轻易认输。这是令人振奋的时代——狂热、开心、坚定、歌舞升平的时代，充满希望的时代。最初，充满无限可能性的狂热把我们带入幼儿教育领域。许多年后，我们还在这里，依旧站在希望之门的入口呐喊。

也许你和我们一样，希望儿童拥有美好未来，希望每时每刻从儿童那里得到生活的快乐和热情，从而选择这一职业。但在今天的美国，童年、早期教育和教师职业都身陷囹圄，太多的不利因素共同起作用，扰乱我们的梦想。教育政策正在把我们从曾经感受到的快乐中拉走。教育行政主管力图让我们相信，教育的内涵就是教师证明自己尽职，并使用指定的课程以及与利益挂钩的测验，还应该服从。教师和行政管理人员的精力被用于制定和遵守各种规定和绩效系统。

"不！"我们可以为孩子和我们自己做得更好。

对当前思维和取向的质疑

这个问题很复杂，但没有简单的解决办法。一系列因素影响目前幼教课程的取向。我们认为，下面是目前美国早期教育上存在问题的地方：

* 对"质量"的界定不够完善
* 工厂被当作幼教机构的榜样
* 教师缺乏哲学基础
* 将儿童看作是需要做好准备和有待改进的人
* 未把游戏看作是课程切实可行的资源
* 将儿童主导和教师主导看作是对立和相互排斥的
* 缺乏支持教师反思的基础性设施
* 要求幼儿教师和幼教机构采用量化的"基于研究"的课程

※ 问 题 ※

对"质量"的界定不够完善

在美国，数十年的研究、专业领域的奋斗以及各种团体的宣传和倡导，都试图肯定有益于早期儿童发展的经验。尽管研究表明，优质早期教育经验与健康大脑发展以及儿童社会、情感和认知的成熟有直接关系，但是美国的儿童早期养育和教育现状却出现了全国性危机，这应该是一个国家的"失败"之处。当政策制定者认识到早期教育与学业成功之间的联系，其实他们已经贬低了我们的专业知识和决策能力，而把质量改革引向可测量结果和与利益相关的测验。正如美国文化中常见的一样，商业利益集团迅速一哄而上，推销立竿见影的简单解决办法——即所谓得到教师认可的课程、能快速提高早期读写能力的策略、模拟儿童评价测验的各种工具。"不需担心，也不需为这些事情太费神"，对为此感到烦恼的教育工作者而言，这其实是吸引人的信息，也是问题的重要来源。

如果教师对早期养育与教育方向负有责任，他们必须提出疑问"质量是什么？"以及更重要的问题"谁来做出决定？"，以此引领大家努力改善美国早期养育和教育时运用的假设、价值观和行动计划。每个社区和幼教机构应该运用开放式讨论，确定指导教育实践的教育目的、价值观、哲学基础和理论框架。

石头汤

家庭日托机构的唐娜（Donna）提出，当选择运用某种课程理念时，她会考虑"不同层面的价值观"。"我们对儿童和自己总是雄心勃勃！和孩子在一起的时间相对短，希望这个时间对孩子有意义。在所有要做的事情里面，我努力至少实现'三个层面的价值观'。当把儿童的学习目标定为自我、社区、自然、技能、工作和游戏的倾向性（如冒险、坚持、热情、好奇心和快乐）时，所有计划中的活动都要与至少3个领域的目标内容产生联系。譬如：有一次我们与儿童一起做石头汤，后来邀请家长参加宴会。经过对这一活动的反思，我们发现，它体现了多层次的价值观，所以把它作为传统活动保留下来。做石头汤的过程和方式包括用生的和天然食品烹饪、在讲述的故事与真实的日常生活之间建立联系、练习用刀来切食物，这种技能也得到了世界上很多人的认可。我们把每人从家里带来

奇尔德伦弗斯特机构 (Children First)

的食物放在大的汤锅里煮，然后一起喝汤，一边煮汤，大家还一边唱歌、做算术、写字和画画，活动非常丰富。这样的活动值得我们花费时间，也值得儿童花费时间。我们追求的课程以及采用的传统有助于确定我们的机构文化，这种文化在细节上反映出我们的价值观。"

在美国、加拿大、欧洲、澳大利亚和新西兰参观时，接触到的幼儿教育工作者使我们很受鼓舞。她们的工作提醒我们，运用多种方法同样有效。我们已经看到什么是对儿童的极大尊重，哪些东西能保证儿童拥有美好未来，强调学习中的惊喜、好奇心和愉悦，关注关系和探究的教育究竟是什么样。不过遗憾的是，幼儿教师一般都无缘看到这些教育模式，或者有人看到了，却认为这些教育模式因享有特殊资源而高不可攀，从而放弃思考。有些国家为进步主义思想的幼儿教育提供有力支持，给我们留下深刻印象。特别是新西兰，我们看到一个国家通过在双语和双重文化背景的早期教育系统中慎重分配教育资源，以此来面对不公正的历史。

※ 问　题 ※
工厂被当作幼教机构的榜样

尽管口口声声说要提供个性化教育（有的机构确实以儿童为中心并付诸努力），美国大多数儿童日托机构和开端计划项目都与工厂模式相像。工厂模

式反映了一种循规蹈矩的文化，这种模式严格按时间安排课程，需要完成规定的课程内容。教育督导人员通过关注案头记录和关键数据来保证绩效。教师每天督促儿童完成一日生活安排，就像儿童是生产线上的汽车，既没有给教师也没有给儿童提供思考的时间，更没有质疑和理解一日生活活动真实含义的机会。久而久之，教师习惯了根据指令行动。有些营利性早教课程甚至把自己比作分钟管理员，声称"这种课程每天只需要花 5 分钟就够"。应该对此进行质疑，难道这是一件好事情？如果这种课程值得学，值得添加到课程中去，难道不应该多花些时间吗？那些需要慢慢学、需要对所做的事情仔细关注的课程难道就不值得学习吗？

也许在教与学的过程中，没有比如何看待和运用时间能产生更大的影响（Phillips & Bredekamp，1998）。我们不是生活在千万年以前的日出而作、日落而息的年代，而是生活在高科技和迅速做事的时代。这种文化现实通过政策和制度悄悄进入早期养育与教育机构，把整段时间打碎，将其变成日程表上的一个个小方框。卡萝尔·安·威恩（Carole Anne Wien）（2004）指出，我们越来越远离自然世界的本身节奏，因而用线性而不是循环式的状态利用时间。时间运用和分配如何体现价值观和人类发展知识，是早期教育工作者最重要的任务。

舒缓节奏提供安全感和多种可能性，快速节奏会引起紧张，使人觉得前后无联系、感觉沮丧并想放弃。把速度放慢以后，你会看到更多东西，有更多时间与他人相处，有更多时间进行深层次思考。研究表明，儿童至少需要30 分钟全身心参与游戏与探究并从中受益（Johnson，Christie，& Yawkey，1987）。希望儿童在小组活动中学习社会性技能，在过渡环节学习语言和知识，在户外活动发展协调、力量并建立神经联系，在游戏时丰富材料、他人以及关于自己的知识，可为什么还要不断地催促儿童赶快丢下手中的事情去做其他事情呢？难道在这些促进学习与发展的活动中只要"蜻蜓点水"就够了吗？其实，想要出现有意义的学习结果，儿童需要有时间真正沉浸在活动中。

※ 问 题 ※

教师缺乏哲学基础

在美国，早期教育领域的教师教育工作重点是在职培训，而不是职前培训。幼教机构主管如果雇到具有大专学历的教师，就觉得很幸运。在职教师培训主要关注"怎么做"，充其量是在怎么做与对儿童发展的理解之间建立一些联系。这种教师教育很少上升到哲学层面，也很少鼓励教师对教育目的提出质疑。

我们相信，教学策略必须有明确信念体系作为基础，而不是一个规定、一系列活动参考书或者一揽子诀窍就能解决问题。课程和教学反映了我们的儿童观和对教师作用的看法。而这些观点和看法的基础是什么，却不在我们考虑之中。用一点时间理解和明确自己和同事的价值观以及对教育的理解，有利于形成更深思熟虑和有效的教学实践。如果对指导自己的教学观和价值观很清楚，你就不会游离于主流之外或盲目地"跳上一列火车"，开向你并不真正想去的地方。明确观念，你在工作中才会找到更多充满智慧的生命力和内心能量。

本书体现的哲学思想受到传统进步主义教育家杰尔姆·布鲁纳（Jerome Bruner）、卡萝尔·布伦森·戴（Carol Brunson Day）、约翰·杜威（John Deway）、玛克辛·格林（Maxine Green）、阿萨·希利亚德（Asa Hilliard）和乔纳森·库梭尔（Jonathan Kozol）以及其他一些重要人物观点的影响。我们和他们一样，相信教育的目的是为了实现真正民主，繁荣博爱，正如瑞吉欧教育工作者提醒我们的，寻找教和学过程的深层意义和快乐。我们提倡的教育理论受到了学过的诸多教育理论的影响，如杰奎琳·格奈农·布鲁克斯（Jacqueline Grennon Brooks）、丽莎·德尔皮特（Lisa Delpit）、埃莉诺·达克沃斯（Eleanor Duckworth）、埃里克·埃里克森（Erik Erikson）、保罗·弗赖纳（Paulo Freire）、弗里德里克·福禄贝尔（Friedrich Froebell）、霍华德·加德纳（Howard Gardner）、贝尔·胡克斯（Bell Hooks）、伊丽莎白·琼斯（Elizabeth Jones）、洛里斯·马拉古兹(Loris Malaguzzi)、玛丽亚·蒙台梭利(Maria Montessori)、琼·皮亚杰（Jean Piaget）、卡丽娜·里纳尔笛（Carlina Rinaldi）、列夫·维果斯基（Lev Vygotsky）。列举这些人名是为了感谢他们给我们提供的激励和教诲，还有许多人，这里不再一一列举。建议你学习一下这些先驱的思想以及相关流派，诸如"社会建构主义""主动式或参与式教育""批判性教育学""多元智能"和"基于探究的学习"。明确自己的哲学观，是形成你的教育观念和课程取向的基础，而这个基础反映的是你与儿童一起生活和学习的信念和目标（参见附录）。

※ 问 题 ※
将儿童看作是需要做好准备和有待改进的人

入学准备的概念很复杂。不管儿童情况如何，他们生来就渴望学习。如果意识不到这一点，成人马上会把他们的意愿、观点和习惯性做法强加给儿童，有时甚至忽视和虐待儿童。传统教育观把儿童看作是有待装东西的空容器，而忽略他们带到学习中来的已有知识。当儿童在教育环境中表现不佳时，教育工作者认为儿童需要改正，甚至比这更糟糕的是认为他们需要受到惩罚。但有的情况下，需要调整的是课程或教育方法，而不是儿童的问题。

幸运的是，有些教师采取了注重儿童长处的教育方法。意大利瑞吉欧的教育工作者以及其他一些人启发我们要看到每位儿童的能力、信任儿童，并帮助儿童挖掘他们的潜力。

※ 问 题 ※
未把游戏看作是课程切实可行的资源

目前，以游戏为主的课程取向越来越受到怀疑，部分原因是因为游戏已不是过去的游戏。我们不相信游戏是多个领域学习的自然承载体，如有目的性学习、语言和阅读、数学与科学等。不幸的是，电视、电子媒体以及商业性玩具已经侵犯儿童的游戏，商业性的规定和做法取代了游戏。儿童学习游戏技能的时间有限，从早晨睁开眼睛一直到晚上上床睡觉，他们的生活都已被别人安排好，没有自由时间或很少有户外活动的时间（Louv, 2005）。因此，我们能够理解，为什么会有如此多的儿童不去学习如何进行独立探究、创造或解决复杂问题。

教师的行为也加剧了把游戏当作儿童学习的关键性资源的怀疑。当儿童沉浸在自发游戏时，教师并不总认识到正在开展的学习可能性，不知道如何为了更深层次学习丰富游戏。教师也很难明确表达蕴涵在儿童游戏中的学习结果。另外，教师自己接受的教育未使他们认识到儿童通过游戏所表现出来的文化差异（Neugebauer，1999）。

然而，早期教育早就证明游戏对儿童成长与发展的重要性。在《筷子和数小方块》(Chopsticks and Counting Chips)一本书中，艾琳娜·博多尔法(Elena Bodorva)和德博拉·J.梁(Deborah J. Leong，2004)引用有关游戏价值的一组研究，得出结论，"游戏和许多基本技能以及复杂认知活动之间存在联系，譬如记忆、自我控制、去情境化、口语表达能力、象征性推断、成功的入学适应以及更好的社会性技能。"她们还特别详细介绍了丹尼尔·埃尔克宁(Daniel Elkonin，1977)的研究，明确游戏影响儿童发展并为今后学校学习奠定基础的四种主要途径：

1. 游戏影响儿童的动机，有助于他们发展更复杂的短期和长期目标的层级体系。

2. 儿童在游戏中承担角色时，需要对不同看法进行协商，游戏促进儿童的去中心化。

3. 儿童开始把物体意义和形式分开，游戏促进儿童思维表征的发展。

4. 儿童学习根据行动排序，遵守规则和集中注意力，游戏促进儿童有意识行为的发展——由主观意志决定的身体和心理行为。

伊丽莎白·琼斯（Elizabeth Jones，2004）写过有关"教师把支持儿童游戏当作学习资源时应扮演角色"的文章，"教师支持儿童的游戏，可以提供很多可做的事情，观察随之出现什么，在儿童旁边随时提供所需的帮助并认可儿童的行动和语言……我们通过以下几种方式教儿童游戏：提供空间、时间和材料；解决问题时提供帮助；创设需要解决新问题的情境；关注他们的自发兴趣；肯定他们了解世界的意愿。"与当前的普遍观点相反，我们相信，游戏既是儿童学习的基本工具，同时也受到所教学环境质量的影响，因此必须尽力帮助教师进一步学习，做好各方面准备，鼓励、支持他们把课程建立在儿童游戏之上。

※ 问　题 ※

将儿童主导和教师主导看作是对立和相互排斥的

长久以来，幼教工作者运用"非此即彼"的思维方式，把儿童主导的游戏与教师主导的课程对立。生成课程的拥护者采用一种"不管不问"的方式，错误地相信，生成课程需要教师等待儿童发起。与此相反，直接教学的方式又忽略从儿童游戏中生成学习的可能性，认为儿童自己不会学习，除非成人来教。自从美国联邦政府通过《不让一个儿童掉队法案》(*No Child Left Behind Act*)，许多幼儿教师在课堂里又开始使用重复和机械式的教学方法，并认为这是做好入学准备的途径。

两种方式间的紧张关系由于种族、贫困和特权因素的相互作用而变得更加复杂。白人、中产阶级儿童是在鼓励自主的氛围中长大，他们很适应这样的课程方式。但是，对其他种族和低收入家庭儿童来说却不是这样，成长的文化背景要求他们根据教师的要求学习 (Delpit，2006)。

我们认为，对儿童主导和教师主导的课程所用的"二分法"是对教和学这一复杂过程的简单化处理。休·布雷德坎普 (Sue Bredekamp) 和特雷莎·罗斯格兰特 (Teresa Rosegrant，1995) 把儿童主导和教师主导看作是教学行为的持续性过程，一种能对儿童和希望达到的学习目标做出回应的课程应该要求教师在儿童主导和教师主导两者之间进行转换。在任何一个特定的联结点上，教师都需要与儿童和他们的家庭背景产生联系，同时关注课堂中逐渐展开的细节。教师要学会一系列可能的行动技能，这些行为技能可以作为一种模板引导儿童学习，包括支持和丰富儿童发起活动的技能，教师引导课程的专业技能。当教师掌握这些系列技能并且他们的学习得到所在机构的支持和信任，教师就成为学习的有效促进者。

※ 问　题 ※

缺乏支持教师反思的基础性设施

大多数幼教机构文化反映出一种顺从和因经费不足导致的狭隘心态。教师被看作是技术工人，必须应对越来越多的课程标准和内容。同时，师资经费预算紧张，教师人数严格限定在劳动法规定的最低师资比例上。大多数有资质的幼教机构都让教师有专门时间来制订周计划或参加在职培训。然而，这只是迈向正确方向的起点。如果教师要做好自己的工作，这样的条件远远不够。我们以前写的一本书《成为有远见的幼儿园管理者》(*The Visionary Director*)，为创造能够超越只是满足给儿童传递式课程的幼教机构提供丰富建议。

当今的教育领域越来越注重标准和学习结果，这种目标犹如"天上的馅饼"。有时，一个人或群体就能提出和推动一种宏图的实现，但如果没有基础设施来支持，其可持续性就非常困难，教师与行政人员感到倦怠，变得玩世不恭，或放弃进一步努力。幼教机构如果期望能运用本书提倡的课程取向，需要仔细考察一下自己的组织文化，并提出一种新的教师专业成长方式。仅要求教师采用一些新的实践方法还不够，要支持教师的自我努力和持续的专业成长，组织体系、政策和资源分配都需要提供相应配合。

※ **问　题** ※

要求幼儿教师和幼教机构
采用量化的"基于研究"的课程

可供幼儿教师选择的课程模式反映了当前一直强调的可测量学习结果的教育趋势和政策。幼教机构也发现，这些规定越来越多地要求他们采用可测量的、科学的、"基于研究"的课程。规定引发一些问题：谁是研究者？研究者的文化理论框架是什么？他们运用了什么样的研究方法和测量工具？是不是一种研究方法能够适用于所有儿童（NAEYC，2007）？

感谢瑞吉欧教育工作者，美国许多幼儿教师因为受到他们的鼓励而将自己看作是研究者（Meier & Henderson，2007；Gallas，1994）。基于这种可能性，为什么教师要采纳完全照搬的行动计划课程？相反，德博拉·梅厄和芭芭拉·亨德森（Deborah Meier & Barbara Henderson，2007）建议，研究型教师的教育与培养为反思实践提供了很大希望。

我们在一些课程模式中找到了它的价值所在。这些课程模式以环境为基础，把儿童看作是积极主动的学习者，给儿童提供选择，鼓励教师根据儿童的兴趣建构课程，注意观察儿童，并把儿童的长处作为评价的依据。我们相信，课程应该把儿童看作善于思考的人或者有责任心的公民，以及终身的文化创造者。课程设计应该与儿童的家庭、社区一起来完成，尊重他们的文化和母语。多年以来，我们从多种课程模式中受益匪浅，如英国幼儿学校（British Infant School）、纽约的银行街学校 (Bank Street College)、加州帕莎迪拉的太平洋橡树学院 (Pacific Oaks College) 以及高瞻研究基金会（High/Scope Foundation）、教学策略（Teaching Strategies）、加州未来（California Tomorrow）、瑞吉欧·埃米莉亚（Reggio Emilia）、新西兰（Aotearoa/New Zealand）。早期的阿乐塔（Alerta）课程（Williams & De Gaetano，1985）以及近来的沙伦·克罗宁（Sharon Cronin）和卡门·马索（Carmen Masso）(2003) 提供的双语、双文化课程使我们对多元文化方面的学前课程有了重要理解。

　　尽管我们能够理解，为什么规定了内容、范围与顺序的课程模式对于认为必须采用一种课程模式的人很有吸引力，但还是鼓励你也思考一下，这样做迎合了谁的兴趣？目前为止，我们看到不少机构对与学习结果有关的行动计划予以过多关注，较少关注儿童和教师认为的最重要事情。另外，使我们感到焦虑的还包括，培训关注的是传递某种课程，而不是对教和学的复杂性的思考。谁会从推动"不因教师而异"的课程中受益或受损？仅关注课程实施以及完成案头工作的教师最终会丧失情感，对自己是否还要继续待在幼儿教育领域工作产生怀疑。围绕顺从与否的问题确定工作，会使你觉得自己像个牺牲品，精神受到禁锢。这样产生的误导最终会影响你在幼教机构创造一个有活力学习共同体的设想。事实上，你有其他的、更有回报的选择。

学习型组织

　　请看下面这则故事。开端计划项目机构的一位主任告诉我们，她花了很长的时间寻觅适合她所在机构的课程。

　　特雷莎（Teresa）仔细研究了多种课程的内容，并和每一种课程的出版公司代表见面，最后把课程敲定在三种课程上。尽管选中的所有课

⑧

程资料运用了范围—顺序的模式，也都是综合课程，但是她发现，每种课程还是有一些与她们机构即将采用的课程和评价方式不相容的地方。特雷莎把从事早期教育工作者职业生涯归为彼得·森格（Peter Senge, 2000）称为"学习型组织"的内容，即一个开端计划项目要培养家长、员工和儿童的思维能力。她相信，任何因循守旧、固定顺序、"不因教师而异"的课程都不会重视对这一能力的培养。特雷莎觉得，她难于以一种明智的方式来证实，花费近十万美元的纳税人的钱购买课程是一种合理行为。她所在的幼教机构有几个分园，员工人数尚有缺口，而且近来已对经费进行过多次削减。最后，尽管特雷莎担心联邦审查有可能产生误解或潜在的负面后果，但还是决定不采用任何商业性课程。她的决定受到自己对机构的看法以及无法做出让步的价值观影响。最终，联邦审查团同意了她的决定。

也许你会有不同的故事。你的机构可能已不得不采用了一种课程模式，所有或部分内容与你们想要用的方式大相径庭，为此感到苦恼。也许你开办了一个家庭日托所，或许你是缺乏明确哲学思想或课程模式指导的幼托机构的教师，但却需要独立解决安排你和儿童的时间表。或许你受到瑞吉欧深层次课程工作故事的激励，但不能想象在自己的环境中如何实施这样的方法？作为一个开办家庭日托或是 0~3 岁儿童日托机构的人，你可能一直尝试理解保持幼托机构家庭式的氛围同时兼顾课程理念的途径，确保儿童和你在一起的这段时间是在学习。作为幼儿教师，可能你认真尝试综合数学、科学、语言和读写标准，但又缺乏创新勇气。不管是谁，我们都会谈及大家关心的问题，激励和增强实现完美生活和教学的能力。

一种新的途径

　　本书的目的在于把儿童和教师认为有意义的课程实践放到一个令人瞩目的地位。我们向你推荐一种能引发深层次学习可能性的课程框架，目标是解析理论概念，提供一种方法思考能从情感和认知角度吸引教师教学和儿童学习。在一个研讨会上，一位家庭日托教师问我们："你们是在讨论教学方法，还是在讨论如何度过一生的方法？"我们只是微笑并回答："是啊。"

　　在学前教育领域，我们承受了风风雨雨，也经历了低谷和高潮，现在用活跃的思维和精神从事这一工作又何妨？什么东西会点燃你的热情，而不会受到关于"儿童是谁，他们应该从我们这里得到什么"的狭隘理解的局限？如何能够超越强制性规定、有限时间、有限资源，为儿童和自己创造更重要的经验？不管你是学前教育专业的学生，还是家庭日托的管理者、幼教机构的教师、幼教行政人员或幼教师资培训人员，本书都将尝试帮助你找到对这些问题的答案，并强化自己思考解决有关教和学复杂问题的能力。

　　请你把自己看作是创新者，能够展示一种更好的方式来满足我们需要的学习结果，而在这一过程中孕育你的教学勇气以及对学前教育内涵的本质理解。不管具体情境怎样，你能够带着这些想法增加工作的、智慧的和情感的投入，和儿童一起发现生活和学习是更开心的经验，为重新得到活力的民主做出贡献。在这一民主社会中，人们有做出更多贡献的愿望、技能和机会，能进行批判性思维，对冲突进行协商，创造出尊重宇宙和所有居民平等解决问题的办法。本书邀请你重新体验教与学的愉悦和意义，把它看作是一种行动的召唤。

第一章
促进反思性教学的课程框架

> 对正在做的事情和为什么要做进行质疑，倾听儿童的需求，思考如何把理论转化为实践并通过实践充实理论，要理解这样的教学风格，意味着理解班级中日复一日的教师专业成长的工作方式。

索尼娅·肖普托夫 (Sonya Shoptaugh)

教师对工作充满好奇和疑问，他们不是把自己看作专家或仅是信息传递者，而是看作与儿童一起学习的研究者。这样，新知识会源源不断出现。正如索尼娅·肖普托夫所提议的，这种工作方式带来的结果是教师专业发展以及儿童的有意义学习。本书是一个课程框架，希望在教育理论、研究与教师日常实践之间架起桥梁。课程计划关注学习领域和标准，但包含的内容远不止这些。我们在课程设计过程中采用综合手段，课程设计不局限于某个活动或某节课。使用本书时，教师需综合自己的哲学观、价值观和教育理论，并在这一基础上创设富有生气的班级文化。关注事物关系和儿童对材料的探究，并仔细设计物质和社会性情感环境。班级文化及持续性工作是这一课程框架的基础或核心。

围绕核心，教师运用螺旋式方法开展活动，保证儿童的学习既在一日生活中进行，又在长期探究和方案活动中进行。当儿童在精心设计的环境中探究事物关系、材料特点并开展活动时，教师就体验到"持续性观察—反思—行动"的过程。保罗·弗赖雷（Paulo Freire）将该过程称为"实践"（1970）。教师观察和收集描述性细节、照片以及儿童表达和探索的实例，与儿童交谈，了解别的儿童做什么，同时描述儿童的活动如何与其他儿童的经验、领域知识和学习标准结合。同时，教师提供更多的材料，帮助儿童获得有用技能，不断鼓励儿童进行深层次学习。在每个关键点上，教师通过下面这些问题（或其他问题），对看到和收集到的信息进行批判性反思。

＊有什么突出细节可作为进一步思考的提示？

＊背景和价值观中的什么东西影响我对这一情境的反应？为什么？

＊文化、家庭背景或大众媒体如何影响这一情境？

＊什么地方可以看到儿童的强项和能力？

＊在这一情境中如何理解儿童的观点？

＊环境和材料如何影响儿童的发展？会产生什么样的变化？

＊教师行动如何影响这一情境？

＊这里涉及哪些学习领域？

＊什么样的理论观点和儿童发展原则引导我的理解行为和行动？

＊什么样的价值观、哲学观和目标影响我的反应？

教师具有创造性，有能力，渴望帮助儿童学习。我们的课程给教师自主性提供了很大余地。当然，教师和儿童一样，也需要别人的信任和支持，并帮助他们发展所有潜力。为了尽可能发挥创造力，促进专业成长，教师应有同事间相互支持的工作环境，有时间、手段和技术支持反思实践。教师在不同环境中工作，课程计划要考虑环境的各种因素。如果幼教机构采用行政主管统领制度，有统一的规定、标准和评价手段，而教师需把这些要求转化成具体、有意义的儿童经验，这一课程框架对你的思考能起到引领作用。如果幼教机构给教师的哲学观或教育学理论引导较少，这一课程框架能帮助教师澄清有关教和学的价值观和信念，提供制订教育计划和回应儿童的建议。我们的目标是让教师参与到对教和学这一动态过程的思考中，这种思考会增强你作为反思型教师的能力和信心。教师如果不能沉浸于自己的学习过程，为儿童设计的课程在帮助儿童理解深层次意义和学习方面就不能发挥潜力。

课程框架

本书提出的课程框架由五个关键的核心实践经验组成，每一个实践经验都有具体原则，以指导教师在环境中运用好这些实践经验：

* 创设丰富的班级文化
* 运用材料提升课程质量
* 将教师自我融入教与学的过程
* 指导儿童学会学习
* 与儿童一起进行深层次学习

已出版的《生活与学习的设计》(*Designs for Living and Learning*) 和《意识的艺术》(*The Art of Awareness*) 关注物质环境创设和培养观察和记录的技能，这些内容没作为本书课程框架的核心实践经验，也没有占用篇幅或章节，只是以参考资料形式出现。评价方面的内容同样如此。在早期教育领域，评价儿童的工具相当多，这里不打算详细介绍。与我们这一课程相一致的评价是"真实性评价"(Meisels, et al., 1994)，通过儿童日常活动记录进行评价 (Horm-Wingerd, 2002)。本课程倾向使用新西兰称为"学习故事（Learning Stories)"的评价工具 (Carr, 2001)，希望以后在美国能更多地使用该工具。在书中，你会看到观察和记录的实例，这些实例很明显地运用了现在比较流行的评价手段，但同时也强调学习标准。

课程计划想要对儿童生活和学习方式做出回应，对教师的要求就不再是仅给儿童选择一些课程或活动，不过其回报也很大。本书不是循规蹈矩和按部就班的讲义，而仅是提供了一个思考的框架。当持续不断地回答有关观察和行动的问题时，反思就会变成一种习惯。通过课程将每个核心实践经验的原则内化以后，你会发现这些原则最终会变成自己的东西。"不因教师而异"的课程，不会把教师看作是儿童学习最重要的元素，而要求教师完全投入到课程计划和实施过程中。

※ 核心实践经验 1 ※
创设丰富的班级文化

　　如果非常清楚自己的教学理念和价值观，下面就要确保这些价值观能在你创设的学习环境中有所体现。《生活和学习的设计：创设早期儿童环境》(*Designs for Living and Learning: Transforming Early Childhood Environments*) 提供了很多幼教机构完成这个任务的实例。当运用本书介绍课程框架但又不熟悉的话，最好能先看一下这本书。从某种角度看，这两本书是同一个系列。

特里内特学前机构

托茨科纳机构

　　一旦已经创设了体现儿童及其家庭成员哲学观和价值观的环境，接下来要做什么？下一步工作是根据你的价值观创设班级文化、提出对儿童的期望、安排一日生活、形成与儿童相处的方式，这需要对传统教师组织儿童的标准化方法进行重新思考：作为教师，如何安排时间；运用什么样的语言与儿童交流；和儿童在一起如何相处；如何协调与自己的看法和愿望不同的观点。第二章提出一系列原则，引导你创建一种班级文化，表现出对儿童作为有能力学习者以及家庭和社区成员的高度尊重，同时还会发现与儿童家庭建立尊重合作关系的原则，这对于指导与儿童家长的初次见面，以及与家长持续交流和接触有帮助。第二章还有把民主理想带入班级一日生活，培养儿童对关系理解、归属感和责任感等方面的内容，这些都因为对教师的具体实例分析而变得生动。你还会看到具有激励性质的班级文化实例，帮助儿童把自己看作是学习者和彼此的学习资源。最后，一些好建议有助于你了解如何举办纪念活动，如何举办超越一般水平的生日晚会和毕业典礼。创设好的班级文化，需要对自己的价值观进行持续思考，不断实践和接受挑战，持续关注人与人之间的关系和环境。这就是我们提出的课程框架的核心实践经验，而教师的所有行为都是从这一基础出发。

※ 核心实践经验 2 ※
运用材料提升课程质量

厄尔伍德儿童中心

当把环境作为课程的基础，对环境的关注就既包括宏观层面（教室环境设计和布置），也包括微观层面（可利用的材料，向儿童展示材料）。同样，价值观和对儿童、教学和学习过程的看法也影响教师对课程材料的选择。我们的课程取向，建议你重新思考用于儿童教学的参考资料。希望你将自己看作是对教学参考资料重新组合的创新者。根据自己的哲学观，对儿童兴趣的观察和了解，自己掌握的儿童发展方面的知识，在大脑中设想儿童应该具有的倾向性，儿童应该了解的关系以及学习结果，创造出一种别人意想不到的使用教学参考资料的方法。第三章提供为儿童选择教材的原则。根据儿童的游戏类型（Piaget，2001）和儿童游戏的主题（Curtis & Carter, 1996），可以给儿童提供一些具有开放式结果的教学活动，掌握基本的呈现和组合教材的原则，如"邀请式学习"(invitations for learning) 的原则会激发儿童探究的欲望，提高他们关注某一事物的能力。儿童不依赖你的指令去探究，而是积极主动参与。开始的时候，你可以先往后站，先观察，然后决定下一步采取什么行动。在特定主题或事先安排好的学习领域使用"邀请式学习"，你就创造了更多收集反映儿童学习记录的可能性，这有助于设计以后的教学步骤，并为以后对儿童的评价提供参考。

奇尔德伦弗斯特机构　　　　　　　　　　厄尔伍德儿童中心

※ **核心实践经验** 3 ※

将教师自我融入教与学的过程

优秀的职前和职后教师培养关注教师教什么和如何教，但都忽视同样重要的问题——谁在教。在《教学的勇气》（*The Courage to Teach*）一书中，帕克·帕尔默（Palmer，1998）提醒我们，这种现象对教师来说，是一种基本缺失。

我们经常问有关"什么"的问题——我们需要教什么内容？当对话进入更深层次后，我们会问"如何"的问题——好的教学需要运用什么样的方法和技术？

偶尔，当对话再深入下去，我们会问"为什么"的问题——我们的教学目的和最终目标是什么？

但很少，或许从未有过，我们会问"谁"的问题——谁是教学的自我？自我品质如何形成或改变？——包括我与学生、我的教学内容、我的同事以及与我的周围世界产生联系的方式。

第四章描述了课程框架中的重要核心实践经验，以此强调教师面临的困境。如果对自己不完全了解，如果觉得在自己的工作中没有做决定的权利，如何能成为有效的教师？将自我，而不仅是教学目标和方法带入儿童日常生

克利夫顿学校

小马丁·路德·金日托家庭中心
(Martin Luther King Jr. Day Home Center)

伯林顿学校

活中，这需要有很强的意识，能对儿童喜欢的事物产生自然回应。在过去的经验中，什么东西影响了作为教师的你？你看重和追求什么样的价值观？当对自己的观察进行反思时，哪些东西是重要的，为什么？对这些问题的回答，将有助你更清楚地明确给儿童提供的各种发展可能性。

即使必须采用规定的课程或者必须要遵守特殊规定——你也可以使用权利，使自己的日常教学更加有意义和开心。切记，课程包含了教师与儿童相处过程中发生的所有事情，用敏锐的眼睛和耳朵关注如何提供对儿童来说是重要的东西。除了自我意识，我们还能提供培养教师心态和关注细节的能力。找到一些原则，帮助你思考自己采取的行动，包括关注儿童看问题的角度，丰富儿童的语言交流，提升儿童对成为有责任心、有能力的学习者的意识。

※ 核心实践经验 4 ※
指导儿童学会学习

小马丁·路德·金日托家庭中心

一旦创设了培育相互尊重的关系，促进儿童探究的材料的班级文化，就会有一系列教师行为用来提高设计课程的能力，从而进入令人兴奋的知识建构过程。共同创造是可行的想法。不久以前，学前教育领域提出以下两种课程取向：教师主导或儿童主导。提倡一种取向的人倾向于批评提倡另一种取向的人。尽管"儿童发展适宜性课程"（Bredekamp & Copple, 1997）的专业性定义已经排除了机械练习和死记硬背，但从没有传递过教师以被动角色出现的想法。教师不一定站在课堂前面指导儿童背诵，但应该持续扮演舞台和道具监督者的角色（Jones & Reynolds, 1992）、教练、榜样、即兴艺术家，在儿童游戏时帮助他们学习。

儿童只有通过教学和成人的支持才能学到很多东西。维果斯基的"支架"和"最近发展区"（Berk & Winster, 1995）理论，帮助你看到成人在提升儿童学习中的重要作用。当儿童在学习过程中表现兴奋时，如何运用他们的知识技能去支持，而不是替代儿童的学习？挑战主要在于如何帮助儿童得到有助于他们理解的技能和资源，使他们为自己的学习承担更多责任。第五章提出的具体原则帮助你和儿童把学习看作是双方运用策略的过程。当具体技能、工具或了解如何做都对儿童有用时，教师可以运用直接指导的方法，向他们示范如何找朋友请教、如何查阅参考资料和故事，如何为自己的学习负起责任。

※ **核心实践经验** 5 ※

与儿童一起进行深层次学习

在美国，很普遍的观点是"多多益善"。在学前教育领域，这种观点经常变成让儿童一下接触很多课程。从各方面看，这与年幼儿童的本性不相容。他们喜欢重复，喜欢沉浸在当前爱好中。教师给儿童提供学科性经验，使儿童深入下去，而不是急着寻找下一个娱乐活动。

为了尝试运用以观察为基础，以生成为取向的课程，教师经常认为，他们应该等待儿童对某方面表现出兴趣后，再围绕主题设计单元活动。如：如果儿童一直重复玩恐龙游戏，教师可以设计一系列与恐龙有关的教育活动。这种添加进来的生成课程"主题"与事先计划好的方案课程有什么显著区别？在这样一个项目中，教学目标是什么？如果课程是教师推动的，可能只是表面上关注不同恐龙的名称和习性，儿童希望得到更多的信息，这样，深入调查或意义理解就会受到限制。而另一种考虑儿童生成性兴趣，并与

联合之路明亮开始项目

儿童共同创造课程的参与式取向包含仔细观察、分析和对意义的理解。教师对自己价值观和好奇心的清楚认识能起到指引作用。摒弃事先的设定结果，将你和儿童、家庭以及同事的智慧结合起来，记录展现出来的结果。有时不加干预地向后站，有时采取行动，既有让儿童开心的时候，也有需要他们理解和建构的时候。创造一些方法，展示课程如何有利于达到教育标准，展示与别人不一样的勇气和想法。

儿童有多种学习方式，正如霍华德·加德纳（Howard Gardner, 1999）描述的"多元智能"，瑞吉欧（Edwards, Gandini, & Forman, 1998）所说的"一百种语言"。在儿童思考、表达情感和想法时，为他们提供多种材料，这样，家长和教师就能抵制仅关注儿童语言能力的教育导向。更完善、更复杂

的教和学是双向过程，在此过程中，教师和儿童学到的东西一样多。瑞吉欧教育者把这比喻成"跳舞"或"追逐性游戏"。每个人在教与学的过程中都发挥积极作用。儿童理解周围的世界，理解自己的能力，理解如何与别人合作以及能做出的贡献。我们在这些方面如果能有开放心态，儿童就能教我们如何用新视角看待周围世界。当对儿童学习提出挑战，在支持儿童投入到思想、情感、问题发现的表现过程中，你会学到有关教学动态关系的更多知识。

一旦完全投入到学习中，教师和儿童不希望把时间切成一小块一小块的时间段。他们认识到，儿童应该有整块深入探究的时间，教师也需要时间对儿童探究进行反思。基于这种理解，教师需要找到让儿童专注和长时间完成的研究性活动。要回答的问题从"我们明天可以做什么"转换到"从可进一步开展活动的可能性中，我选择什么作为聚焦点"。这种选择受到价值观、机构背景以及把儿童有意义经验、学习领域和标准等思想的影响。

第六章关注课程框架的核心实践——进入更深层次学习的可能性，提出的原则引导教师把儿童的自然学习倾向性作为发展多元智力的跳板，包括音乐、戏剧、绘画、故事以及大肌肉动作。这一过程的核心是理解。不管什么时候去激发儿童运用多种方式表达想法，他们都面临着从新角度看问题和进一步明确想法的机会。观察记录为你提供了一面反思和得到启发的镜子。

根据不同情境调整课程

在遵循本书提出的课程框架中核心实践经验原则（这些原则在第二章至第六章中有详细解释）时，你会找到根据不同情境调整课程的方法。

大多数幼教机构经费不宽裕，缺乏支持反思性教学以及索尼娅·肖普托夫开头描述的那种专业成长的工作条件。行政人员可能也不理解。如果重建在职培训体系，并重新分配经费，教师才有可能取得相当大进步。

每周五小时的备课工资模式对美国人来说，确实有点吓人。但是，我们的学校系统、早期开端项目以及其他在职培训方式花掉很多钱，而没有直接影响课堂实践，或改变表现性结果。因此，我们不能认为备课工资模式不合理。事实上，早期开端项目有着理想的员工结构，非常有利于机构调整，教研人员完全能变成瑞吉欧教育工作者称为"教育指导员"的角色。废除官僚作风，他们可以成为幼教机构的教师教育工作者。瑞吉欧丰富实践来自教师团队内部和各团队之间对日常课堂经验的持续交流、分析和再分析，不同经验和专业水平的教师对此都做出了贡献，所产生的结果是形成了一种力量，并在机构层面创造出个性化的、适应当地文化的课程。

不管教学环境具有什么样的局限性或优点，你都能采用我们提供的课程核

何塞马蒂儿童发展中心

丹尼斯路易开端计划项目
(Danise Louie Head Start)

小马丁·路德·金日托家庭中心

心实践经验，并把它变成自己的东西。为了把课程框架转换到具体情境，我们列举了很多实例，通过实例体现原则和方法，鼓励你们自己去改编。在第七章会看到，在按小时收费的幼教机构中，面对不同的儿童群体，或者需要与他人共用一个教室时，教师如何运用观察记录，帮助儿童建立联系。教师描述自己是如何创造满足儿童需求的新方法并拓宽事先计划好的课程。有些原则用于记录有助于达到学习标准的经验或者有助于建立评价与教学联系，使评价更有意义。如果幼教机构有专门的工作时间对教学计划或对观察记录进行集体反思，我们的原则是运用儿童的想法进行更深入的探究，尝试从不同角度看问题，从有冲突的观点中学习。这些方法能帮助你更好地利用机构提供的支持条件。

当机构或教师使用某种方法来解释如何把某条原则运用到实践中，这就是在拓展专业可能性。运用我们的课程框架，给教师带来的效果是具体体现在与儿童富有生气的互动上，而给儿童带来的结果则是对学习的满足感，而不是成为其他人教学活动的对象。与许多事先计划好的课程相反，得到这种结果的教育丰富和完善了儿童的当前经验，而不仅是为将来做准备。当然，课程也有将来能达到的目标，教师和儿童变成如饥似渴的学习者和知识追求者，并渴望为将来的教育投入更多时间。

明确教师在儿童生活和有效教学中的责任

教师有意识尝试关于教师行动的各种可能性，无论何时使用哪一种行动，都将逐步找到一种节奏。这一课程可当作思考的放大镜和教师专业成长的方法，同时也为儿童带来深层次的课程经验。需要明确的是，你不是一个人在做。单独工作会令人感到沮丧，缺乏勇气，最终导致怠倦。听听有关马格丽特 (Margie) 6 岁孙子科伊（Coe）的故事。科伊挚爱的一年级老师出了车祸不能到学校，科伊和他的同学不得不面对"走马灯"似的代课教师，这在同学和家长中引起相当大的不安情绪。到了二月份，科伊对老

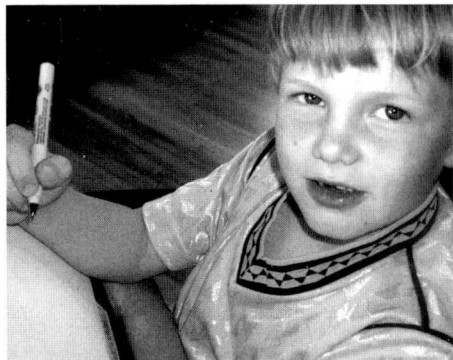

奥卡学校（Orca School）

联合之路明亮开始项目

师的想法变成这样："这些老师不知道在做什么，最好把他们都解雇了。""他们很自私，不能真正帮助我们学习。"四月份时，他又这样说："我们应该用好的表现反对老师所用的方法，这样，老师能够冷静下来，让我们做一些有趣的事情。"快放暑假时，科伊的看法又深了一层："需要有人来和这些教师聊聊，做老师真孤独。"

与同行对话、形成"一定能做好"的倾向性、创造克服困难的方法、完成规定要求是成长为反思型教师的基本元素。最后一章讲述了幼儿教师走出自己的思维、课堂以及机构，与他人交流，从而为自己、儿童以及家长创造新的可能性。提出的原则提醒教师去寻找同行，敢于冒险，参观其他给人以启发的幼教机构，并持续探究"为什么"，以反向思维提出挑战。你也会看到成长中的带头人和创新者如何提升自己的实例。

附录中有教师和园长设计的教学计划表实例。这些教师和园长将自己看作是改革的主人，试图把幼教机构的计划表设计成与本书课程框架相一致的形式。幼教领域可能面临的挑战实例也包括在附录中，幼儿教师能为早期教育提供更多可想象的可行性。

本书结构

　　本书是一个课程指南，但不是一般的指南。我们没有把本书写成事先计划好、包含内容范围和学习顺序的课程，相反是建立在宽泛、中立态度的研究成果基础上，以在理论与实践之间架起桥梁的研究为基础，包含学术研究和行动研究。而大多数课程参考书是有关为儿童做些什么，而不是向教师阐明教和学是动态过程，是合作性经验。同时，在这一课程指南中，教师即使是在促进儿童学习，但也是在学习如何教和学。而一般的课程参考书很少讨论教师在引导儿童学习能力中关键的价值观、想法、反思、决定和持续性学习。在本课程指南中，你还能听到儿童的声音以及影响教师采取行动的思考过程。本书旨在提升实践的哲学——观察、反思、行动，同时引导家庭日托、早期开端计划项目和儿童日托教师、行政人员以及教师教育工作者一起参与这一实践。你可以在这个课程指南中看到，这些人在和儿童一起学习。

　　本书包括与其他课程参考资料类似的组成部分——可供使用的内容与材料、可尝试的教育活动、应该考虑的问题——但这些不是出现在条目和指南中，而是通过故事、照片和将它们转换成自己东西的过程中展现。每章开头的引言来自幼儿教育以外的领域，但内容与该章核心实践经验有关。建议你多读几遍，然后在开始本章阅读前思考引言的意义。当读到每章结尾时，再回到开头引言，看它是否引发你进一步反思。

　　每章引言后面是该章课程框架的核心实践概述，接下来是引导你思考与实践的**原则**。**故事**为你提供了实践这条原则的具体描述，故事是教师专业发展的有力工具（Patterson, Fleet, & Duffie, 1995）。多数情况下，故事后面是"听（某教师）怎么说"，包含日托保育人员或教师说的话，展现他们的思想。故事结束会出现标题为"反思"的内容，展示故事包含的可能性学习，并提供更多指引。散落在每章中的**案例**则是强调日托保育人员和教师把原则转换成行为的具体实例。

我的眼光发生了改变

家庭日托保育人员卡利 (Kelly) 使用本书的课程框架，描述了自己的专业发展过程：

伯林顿学校

"使用这一课程后，我不是原来那个教师，思考方式已经发生变化。我更习惯和儿童在一起时扮演不同角色，努力强化与儿童的关系。儿童形成敢于冒险、不怕失败和重新振作的勇气，在儿童面前特别注意尝试新的事物。他们看到我的探索、真正的笨手笨脚和失败。然后，我们一起重新振作起来。

我的眼光发生了变化，关注的东西也发生了变化。我现在更寻求多元化。我对看到的东西有多少种不同的理解？我在表达所看到的儿童做事情时一点儿也不胆怯，越来越清楚儿童在活动中的思考内容。我把多元化看作解决复杂性问题的途径，不管是用 12 种不同方法使用手工棒，还是重新思考'同样'的想法，展现对概念的一种新理解。

当然，我喜欢的东西并没有改变。儿童每天出现在教室里，对即将一起创造的有趣事物充满期待。这就是为什么我从事这一工作如此富有思想和目的性的原因。"

我们在书中介绍了两种实践反思的方法，叫作"**你的思考**"和"**反思与行动**"。每一章包含"你的思考"，通过布置的具体"作业"尝试课程框架中某一方面内容。如果是为了学业来阅读本书，你很可能仅仅阅读个别活动，但这样会漏掉要完成的重要任务。竭力推荐你挤出时间完成帮你建构理解而"吸引"你做的事情，比较理想的状态是和其他同事一起完成。

我们提供的另一个固定练习机会是观察／反思／行动的循环，出现在"反

(21) 思与行动"部分，着重提出供你反思以及准备采取的行动。对自己提出的问题练习机会越多，这一思考在教学中就变得越自如。

有什么突出细节可作为进一步思考的提示？

*

背景和价值观中的什么东西影响我对这一情境的反应？为什么？

*

文化、家庭背景或大众传媒如何影响这一情境？

*

什么地方可以看到儿童的强项和能力？

*

在这一情境中如何理解儿童的观点？

*

环境和材料如何影响儿童的发展？会产生什么样的变化？

*

教师行动如何影响这一情境？

*

这里涉及哪些学习领域？

*

什么样的理论观点和儿童发展原则引导我的理解行为和行动？

*

什么样的价值观、哲学观和目标影响我的反应？

有了包含具体内容的要点，现在可以开始阅读本书。每一章都为下一章阅读打下基础。由于在教学中处于不同时期，毫无疑问，教师可能在有些章节的阅读要花更多时间。回到索尼娅·肖普托夫所讲的话，既然踏上了工作征程，在这条路上，专业发展就要在课堂里日复一日地完成。

本 书 结 构 关 键 点
原则
※ 原 则 ※
呈现这一部分谈到的概念或实践。
故事
◆ 最初接触 ◆
示范故事，对故事中学到的内容进行评论（如："听听……是怎么说的""反思"）。
案例
透过儿童的眼睛 除了正式的家长手册，为每个家庭制作欢迎手册是介绍幼儿园文化的具体方法。
日托保育人员和儿童介绍的概念实例。
"你的思考"
你的思考 评定环境在多大程度上受到依恋理论和保持儿童和家人联系重要性的理论影响，可以画一个教室空间安排简图。
帮助读者进一步探究对原则的练习。
"反思和行动"
反思和行动 有什么突出细节可作为进一步思考的提示？ * 什么地方可以看到儿童的强项和能力？
能够引发新的思考和新行为的问题。

第二章
创设丰富的班级文化

幼儿园的活动安排和教学策略要符合儿童的自然节奏，不要试图或不成功地强迫儿童进入人为、模仿迅速、商业文化催生的成人世界……立刻停止对儿童的不断催促。幼儿园一日生活要有充裕时间，让儿童有时间对事物好奇，有时间踌躇，有时间仔细看，有时间分享交流，有时间关注最重要的东西。

奇普·伍德（Chip Wood）

每个班级都有文化——这种文化是一系列的期望、语言、日常生活环节以及大家在一起形成的集体身份认同。文化奠定基调，反映你是谁，表达你要怎样生活以及如何与儿童一起学习。教师如果认为自己有责任为儿童提供愉快的一日生活，并把自己看作是和儿童及家人一起学习的人，那就要有较为系统的教育价值观，而不仅是规则。

闭上眼睛，想象一下和儿童及家人一起相处的情境。计划一天的生活节奏时，考虑它像行军曲、摇篮曲、爵士灵歌、乡村音乐还是霹雳舞曲？你的规定，所用的词汇、速度、声音以及对每天行动和日程的感受，帮助儿童形成认同感。思考班级文化如何影响儿童（以及自己）的学习倾向性和对周围人的关心。教师和行政人员通常使用一些常规，如：制定规则、布置教室、方便教师管理又保证秩序井然的一日生活常规等。人们容易把班级常规看作是教学框架，而不是教学本身。但是制定规则和一日生活常规到底为儿童的学习提供了什么样的机会？儿童从空间安排上学到了什么？事实上，班级组织安排对班级文化有重要影响，在很大程度上决定了教学的可能性。

寻找有价值的研究指导你的思考、制定班级规则和实践。如：里马·肖尔（Rima Shore, 1997）描述的神经科学发现，大脑对促进或抑制不断变化的学习条件做出持续而迅速的反应。"环境的影响强大而具体，不仅影响发展总体方向，实际上还会影响错综复杂的神经网络连接。"可以制定丰富的课程目标，但如果儿童没有与他人形成密切关系，缺乏从容选择和冒险的机会，或缺乏尝试新事物的机会，学习结果很可能仅仅只是顺从的行为或死记硬背，这样不利于儿童的终身学习，培养他们的利他行为，也不利于充满智慧的好奇心和情感上安全感的形成。

当幼教工作者认真思考研究的实践意义时，传统的一日生活环节和规定可能会面临挑战。许多研究表明，教师、儿童以及家庭之间的积极关系对学习来说非常重要 (Shonkoff, et al., 2000)。但有许多幼儿园一直根据教师—儿童比例、儿童生日或入园名额，把儿童从一个班调到另一个班，干扰这些儿童与教师以及家庭间正在形成的关系。此时，教师可以扪心自问："我们怎么做可以加强和巩固现有关系？"如果认为关系的研究很有价值，那就要考虑运用一些方法来保证同一班级的儿童、教师和家庭有 2~3 年的时间在一起。可行方法是采用循环方式，保证保教持续性，即一位教师在同一个班级跟班（"循环"是指教师跟一个班的儿童，一般是 2~4 年，也有的长达 5 年。当这班儿童从幼儿园毕业或集体进入新的教育机构时，该班教师再重新"循环"，从小年龄班带起）。循环的好处是儿童不需要每年重新适应一种新的班级文化。

仔细思考一日生活环节中制定的规则和实践，包括一些特殊仪式和庆典活动。下面的原则有助于创设支持你所期望的学习倾向性和结果的班级文化，充满活力的与儿童一起生活与学习。

    * 和儿童一起参与欢迎新生家庭的活动

    * 尊重家庭成员的独特性

    * 投入时间与精力和家长建立联系

    * 保证儿童与家庭成员的联系

    * 组织家庭一起参加探究活动

* 聚焦于关系，而不是规则
* 通过空间安排和一日生活环节形成社区文化
* 让儿童参与一日生活环节和日常活动安排
* 根据儿童的想法进行探究
* 引导儿童把自己看作是学习者
* 指导儿童发展协商和合作技能
* 创设印象深刻的仪式
* 庆祝真正的成就

※ 原　则 ※

和儿童一起参与欢迎新生家庭的活动

运用自己的价值观和哲学观创设班级文化，使班级布置、语言以及一日生活环节让所有人都适应。最重要的同伴是儿童的家人，他们能帮助你为儿童提供与文化相适宜和有意义的经验。为了发挥同伴的作用，你需要倾听他人节拍，找到共同节奏。这一协调过程从与家庭的最初接触就开始，教师应持续和家长交流，并通过幼教机构政策保障创设家园合作的不同机会，形成共同的班级生活。

家长刚开始把儿童送到幼教机构时，一般要填表格。园长会和家长谈一些规定、缴费细节以及午餐菜单、课程计划、评价工具。教师有可能参加，也有可能不参加。有的幼教机构教师会进行家访，要求家长完成问卷或填写其他表格。但如果把入园看作是和家长建立关系并鼓励他们参与机构文化的开端，你就需要关注这些最初的接触机会。与其说把这些机会看作是日常工作安排或商业活动，不如认真看待最初见面，把它看作是欢迎到自己家里做客的客人，有多种方式可供选择：带家庭参观幼教机构，帮助家长在开学初熟悉机构并寻求与他们的共鸣，帮助儿童做好入园准备，组织好开学初的家长会。教师确保在这些情境中认真倾听和沟通，尽量提供建立联系的机会，使儿童和家长感到和你在一起，就像在家里一样。从容易做的简单事情入手，让家长感觉很自在，并自然地和你建立起联系。

24

＊留下有意义的文字记录，留下美好记忆，而不仅是记录一些简单信息。

＊利用照片，尽快把儿童名字和面孔对应。

＊除了家长会，还可组织一些聚会，帮助大家建立情谊。

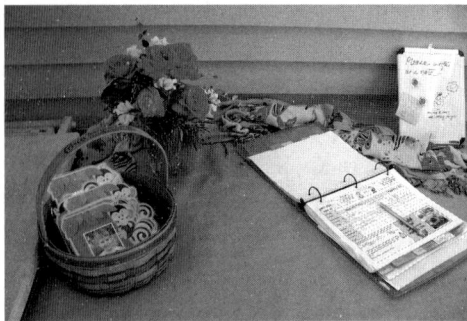

南希格伯家庭儿童日托（报到注册桌）

最初接触

≫日托负责人如果与教师建立良好关系，就形成了包容的社会情感氛围。在这种氛围中，人们的行为和声音会得到应有关注，身份也可得到别人承认。迪伊是幼教机构的主班老师，经常负责带想入园的孩子家庭参观幼儿园。如何描述在最初接触中定下的情感基调？有没有发现她在使家庭沉浸到幼儿园机构文化方面所做的努力？这种做法与你们单位的情况有多大相似或不同？

有家庭打电话询问该幼儿园是否可以接受他们的孩子时，家长一般都会收到参观幼儿园的邀请。迪伊请所有来参观的人到她班上接受孩子的欢迎。新小朋友到来前，她向班上孩子解释，要求他们回忆刚到幼儿园的感觉，然后问他们能不能想到一些欢迎小朋友的新方法。为了使家长感到受欢迎，迪伊用她能支配的设备材料费中的一部分钱，买了小沙发和椅凳，希望这样能使家长在既不同于家里又不同于传统教室的地方感到自在。

当可能入园的儿童家庭参观幼儿园时，迪伊邀请他们先在教室里和她坐一会儿，鼓励其他儿童自我介绍，并邀请新来小朋友一起玩。随后，新来的孩子可以留在教室，也可以和家人一起参观其他教室。他们在幼儿园里到处看，迪伊做轻松介绍。班上的儿童有时会给他们讲故事，或邀请他们参加游戏或吃点心。她向家长介绍在场员工，包括炊

事员、清洁工和志愿者。家
长也常在儿童可能进入的班
级多待一些时间。在离开幼
儿园前，迪伊会带他们去办
公室和园长做进一步交流。
在这段时间，他们对幼儿园
有更多了解，园长回答他们
提出的问题。最后，家长会
拿到一份报名资料包，里面
有幼儿园手册以及班上教师
的欢迎信。

小马丁·路德·金日托中心

反思

　　家庭主要与儿童所在的班级建立关系，所以迪伊让家长到幼儿园参
观时，首先去班级教室，希望家人通过对班级实际情况的了解，感受一
下这个对他们表示欢迎的地方。邀请父母介绍孩子，表达他们想成为幼
儿园成员的想法，以及希望和幼儿园成为合作伙伴的愿望。迪伊努力去
了解，对这个家庭而言，哪些东西是重要的，考虑该幼儿园是否适合这
个家庭。通过考察实际环境、儿童以及其他教师员工，家长感受幼儿园
的文化。填写表格，了解幼儿园规定以及缴费方面的问题，是家庭第一
次参观幼儿园时要做的最后一件事，但这些事情对建立人与人之间的关
系，不是很重要。《

※ 原　则 ※

尊重家庭成员的独特性

　　每个家庭把孩子交给其他人照顾，都会遇到情感和时间方面的挑战，还
有缴费问题，如：必须遵守规定的时间，早晨会比较匆忙，交通可能是另外
一个问题。在所有这些问题背后，家庭对于把孩子放在外人手中会有焦虑。

"这些人是否真正知道孩子是个什么样的人？我们家庭的生活会得到尊重吗？如果我的孩子表现不好，我作为家长是否会得到不好的评价？"因此，教师的保证会有所帮助，但请记住一句话："说得好不如做得好。"找到一些方法，帮助家庭正确看待他们和幼儿园其他家庭共同拥有的问题。运用具体实物和符号，尊重每个家庭的独特性。

❖ 书面符号的使用 ❖

>> 家庭日托负责人唐娜（Donna）制定了详细步骤，帮助新来的儿童家庭融入幼儿园教育中。阅读她的故事，能够看到她是如何关注这些家庭并与之建立联系，同时寻找方法使每个孩子表现出独特个性。

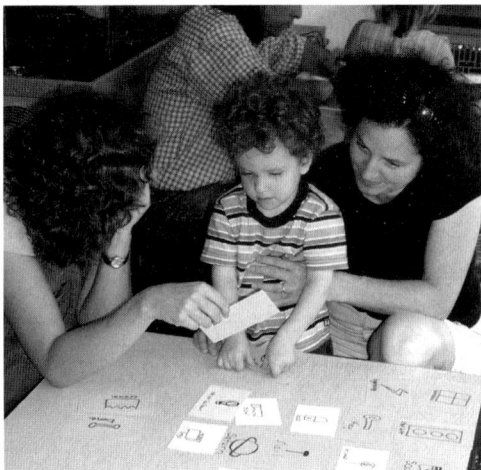

奇尔德伦弗斯特机构

唐娜和同事运用符号标记帮助刚入园的儿童和家庭，为他们创设经过精心设计的开端。在春季欢迎新生的一周时间里，她们邀请在园儿童的家庭参与到欢迎新家庭的活动中，这是欢迎新家庭比较低调的聚会，有时是在唐娜家，有时是在儿童家里。唐娜在这些聚会中试图了解每个孩子的特点，给每个孩子以及家人拍照片，给每个家庭分发在暑假完成的装有"家庭作业"的文件夹，还把每个新家庭委托给暑假里可以经常联系的其他好朋友。秋季开学前，唐娜对这些新家庭进行最后一次访问，她拿出了做好的符号标记，儿童从中选择自己喜欢的，这个标记今后在幼儿园里可以一直放在儿童名字旁边。这些符号标记就是唐娜在与家庭谈话、家访和对话过程中发现的，这也在更深层次上丰富了高瞻课程（High/Scope）的做法，即给儿童分发一些符号标记作为最初文字，帮助儿童辨认自己以及其他儿童的名字。

反 思

　　唐娜在与即将进入幼儿园的每个新家庭的人际关系上做了很多工作。她认为，这是家长把孩子委托给她所应得到的回报。对唐娜而言，为每个孩子设计一套有意义的标记，促使她用一些对孩子和家庭比较重要的事物与家庭建立联系，把这些东西凸显出来，使他们在幼儿园觉得像是回到家里。儿童入园适应长达几个月，所以当这些家长开学后到幼儿园正式参观时，他们其实已经与唐娜和其他家庭建立了联系并留下回忆。更重要的是，他们对想要进一步了解的具体事项已经有了清楚意向。◀◀

※ 原 则 ※

投入时间与精力和家长建立联系

　　家长无论是来到家庭日托[1]、幼儿学校[2]、儿童日托[3]或开端计划幼教机构的班级，把孩子委托给自己无法控制的保教环境时，每天都有重要的衔接工作要做。幼儿园和教师创设一种鼓励互相尊重和信任的关系，这种衔接会更加容易。关系是双向的。如何展现自己，让儿童和家庭更加了解你？什么样的手势动作会鼓励家长和儿童向你敞开心扉？

跨越门槛

　　▶▶当早期开端计划幼教机构教师克里斯汀（Kristin）访问一个即将把孩子送到幼儿园的家庭时，她利用这一时间与儿童玩，并把自己的情况介绍给家长，如：自己的家庭，最喜欢的活动及教学取向。她经常会通过翻译询问家长，希望了解家庭情况，包括：当把孩子送到

1　家庭日托大多是由于1个成人照顾几个孩子，年龄从几个月到5岁不等。——译者注

2　幼儿学校招收2岁9个月至5岁儿童，大多为半日制幼儿园。——译者注

3　儿童日托招收3—5岁或3—6岁儿童，属全日制。——译者注

班上时，希望她提供什么样的支持；家庭可以用什么方式参与班上的活动。在幼儿园开学后，当校车开进幼儿园停车场，克里斯汀在幼儿园门口等。小朋友们跳下车，向她跑去，开心地与她拥抱。对坐自家的汽车来园的儿童，克里斯汀在游戏场欢迎他们。她与家长互相问候，经常与他们进行非正式谈话，倾听他们讲述，交流最近情况。

反 思

克里斯汀在与儿童和家庭建立联系时考虑得很周到，这种周到最初体现在家访中，也体现在开学后的每日生活中。她觉得，儿童学习不仅来自她在幼儿园为儿童计划的活动，而是始于儿童家庭。她的课程必须建立在与儿童家庭的牢固关系上，以及对儿童家庭文化的敏感性、对权力和特权的动态关注。家长确实需要填一些表格，但在克里斯汀形成关系的过程中，它并非核心要素。她很清楚，如果要建立信任关系，不能仅仅是提出问题或家庭巡视员的身份出现，而应该是以尊重和乐于助人的态度出现。在分享故事的同时，她希望家庭也愿意分享他们的故事，这样，一种关系就建立起来。在接下来的一年中，克里斯汀每天早晨总在游戏场地迎接孩子和家长。她注意到，移民家庭和英语不是母语的家庭在进入游戏场后不是马上跨入教室，而是愿意在外面逗留一会儿。每天在游戏场迎接儿童的策略也得益于所学的儿童发展知识。她认识到，在来幼儿园路上，儿童已经在校车或自家汽车上

丹尼斯露易开端计划项目

坐了一段时间，所以他们需要一点时间在外面活动一下身体。◀◀

透过儿童的眼睛

除了正式的家长手册，为每个家庭制作欢迎手册是介绍幼儿园文化的具体方法。欢迎手册里的一项内容是在园儿童对新来小朋友融入集体的建议。需要清楚告诉家长，儿童的想法在幼儿园里能够得到认可。家庭日托负责人唐娜和幼儿教师安（Ann）运用以下问题和建议，引导儿童制作欢迎手册：

＊新来的儿童和家长如何才能学会我们这里要做的事情？

＊能否制作一个教室地图，说明不同活动区可以做些什么？

＊在轮流和分享方面，如何做好与其他小朋友的协商？

＊如果要告诉新来的小朋友，你在幼儿园里学到哪些东西，你会怎么对他们说？

＊如何培养责任心和为集体做事的能力？

＊如果小朋友遇到困难，该怎么办？

＊新家庭要参加哪些特殊活动？

下面内容选自奇尔德伦弗斯特机构唐娜制作的欢迎手册。

（选自幼儿园欢迎手册）

28

帮忙做事情

在幼儿园，儿童要做许多重要的事情，特别是帮助维护园所的环境卫生，使幼儿园成为舒适的工作和游戏地方。

卫生清洁

每天集体活动前，儿童一起帮助打扫教室和操场。清洁工作是件麻烦的事情，但是当你完成一件不容易做的事情时，会感到十分高兴。

奥德丽（Audrey）："整理和打扫工作不能中断，要全部做完才能离开。帮你打扫的人也应该这样。"

格格（Gigi）画了两幅画，一幅是"乱糟糟的积木区"，另一幅是"清理工作"。在"清理工作"中，儿童仔细数积木，确保所掉在地上的积木已放到架子上。格格说："这是埃米（Emi），她在清理积木，她拿了 2 块积木。这些是放积木的架子。你把积木擦干净，然后放到架子上。"

艾梅（Aimee）、佐拉（Zora）和格格清理外面的大积木。

29

格格:"如果需要帮忙清理积木或其他东西,有人可以帮忙。譬如一个小朋友或一位老师可以给其他人帮忙。"

打扫卫生

当工作或游戏时,儿童会不小心把东西打翻或把地弄脏。犯了错误没关系,重要的是采取行动纠正错误,如:把地上的米粒扫起来,或把弄到地上的水拖干净。有时,不是自己弄脏的东西,也可以帮忙打扫,就像图上格格正在帮老师把地板上的树叶扫出去。有时做清洁可能就是为了好玩。安贝拉(Annabelle)正在根据颜色对米盆里的玩具进行分类。

30

朋友互助

这是儿童相互帮助的重要方法，就像格格帮伊恩(Ian)打开午饭盒，李 (Lee) 帮苏珊娜 (Susanna) 扶好要攀爬的枕头，艾拉 (Ayla) 帮奥德丽穿鞋。朋友之间可以在工作、游戏以及情感方面相互帮助。

下面是儿童希望知道如何帮助其他小朋友的方法：

埃米："当一个小朋友被其他小朋友欺负时应相互帮助。我去告诉老师。"

格格："他们能够帮助任何人，如果他们不知道如何写'安贝拉'或'佐拉'，或'艾拉'，或'李'，或'迈卡'，或'约瑟夫'，或'苏珊娜'，谁都可以告诉他们怎么写或画。这里有许多小朋友。"

艾拉："是啊，当李拿不到日历时，我帮他忙了。"

迈卡："你想帮忙时就可以帮忙。用手把东西捡起来。"

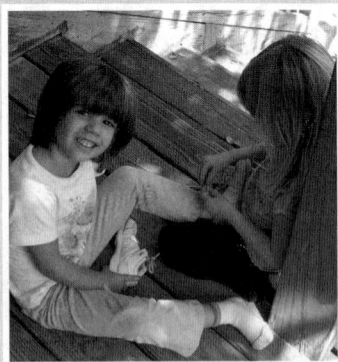

※ **原　则** ※

保证儿童与家庭成员的联系

传统幼儿教育观认为，当儿童刚进入幼教机构时，我们的目标是帮助他们尽快脱离父母。这种观点与强调儿童与母亲或第一监护人之间的依恋关系重要性大相径庭。儿童与父母或监护人分开，会给儿童成长造成负面影响（Shore，1997）。我们希望儿童在幼儿园就像在家里，形成很好的人际关系，但同时也要尽可能使儿童与父母保持密切关系。同样，当儿童想念父母时，教师要有同情心，一日生活安排中要使儿童觉得自己有一定权利左右环境，而不是这一环境的牺牲品。那么，一日生活安排能否鼓励儿童把自己看作是坚强、能自己解决问题的人？是否注意到儿童是怎样把其他儿童看作一种资源，并相互安慰和相互鼓励？

抱着我的妈妈到处走

≫在相互尊重并鼓励建立密切关系的班级文化中，即使幼小儿童也会表现出对协商能力的重视。德布（Deb）开始当2岁儿童班的老师时，创设了一些生活环节，帮助儿童解决家庭与幼儿园的衔接问题。儿童也开始运用生活环节来相互安慰。下面这个故事是否会促使你对当前流行的儿童自我中心主义理论进行重新思考？

　　德布的2岁儿童教室里，到处贴满儿童与家人的照片，平添了一份温馨。装有放大的儿童和家人的照片镜框挂在门上。照片旁边有关于生活情境的简单介绍。任何一天，你都会看到儿童兴奋地指着镜框

小马丁·路德·金家庭日托中心

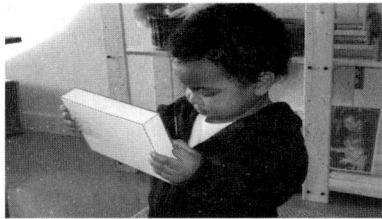
小马丁·路德·金家庭日托中心

里面的照片，说出他们认识的自己或同伴家庭照片上的人。有时候，他们会去吻装在有机玻璃板后面的图像，或用海绵擦拭妈妈或爸爸的脸。儿童经常带着装在小相框里的家人照片走来走去，有时把它放在娃娃床上，或放在自己桌子上。刚开学的时候，家长早晨送孩子来幼儿园与儿童说再见时，德布提醒儿童找到自己家人的照片。儿童习惯于这样的程序。白天，儿童想念父母，渴望得到安慰时，教师会找出家人的照片给孩子。他们还用照片自制有关儿童和爸爸妈妈重新见面的故事书。每一种方式都给儿童提供安慰，并支持儿童和家庭或者与其他儿童的联系。

反 思

德布的故事说明早期教育理论和价值观在班级中转化成实践的过程，其中的具体的实物很有帮助。德布创设了一种环境，熟悉的家人面孔给长时间离开家人的儿童提供安慰，缓解不安情绪。看到每天下午离园时刻儿童与家人重新团聚，他们都那么开心，德布把这种时刻拍下来，做成自制图画书给儿童，这样帮助儿童记住，快乐的时刻每天离园时还会出现。仔细看，你会看到儿童对周围任何事情都注意观察。感到奇怪，皮亚杰 (2001) 怎么会忽略这么容易看到的具有同情心的场景，而得出 2 岁多的儿童是很"自我中心"的结论。 ≪

一个家庭的故事

米娅 (Mia) 和家人去中国领养第二个孩子，米娅的老师马娜 (Myrna) 建议他们带点什么东西回来，为这次旅行和即将添加的家庭成员留下纪念。马娜认为，米娅的生活出现如此大的变化，所以为她提供用游戏形式表达情感的途径，而不论这种情绪是兴奋、骄傲，还是不安全感。米

希尔托普儿童中心　　　　　　　希尔托普儿童中心

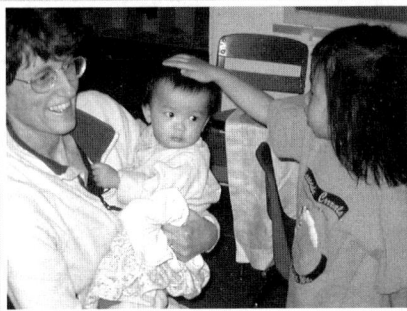

娅回来时给班级带了一套小茶具。马娜用这套茶具为引子，邀请米娅与班上的儿童分享她的故事。

你的思考

评定环境在多大程度上受到依恋理论和保持儿童和家人联系重要性的理论影响，可以画一个教室空间安排简图，然后逐条看下面的可能性，根据所标数字对空间安排编码。

儿童家庭生活和文化得到尊重和进一步丰富，写1。

儿童想念父母时能够找到安慰，写2。

提醒儿童会再见到自己家人，写3。

儿童家人感到和待在自己家里一样，比较轻松，并且能得到尊重，写4。

儿童和家人能够更多了解你，并能与你建立关系，写5。

你是如何看待上面提出的每项建议在支持儿童与家人、教师建立安全联系方面发挥的作用？

如果你发现无法找到上面建议中的任何一条明确实例，也不能为你的课程内容制订计划，那么去评价你的一日生活环节和规定，看一看是否需要发生改变，并为你的每一个想法制订行动计划和时间表。

33

※ 原 则 ※

组织家庭一起参加探究活动

大多数幼儿园秋季要召开家长会，有时会让儿童参加，有时只是家长参加。计划这些会议或组织家庭聚会时，如何反映你的教育价值观及双边关系目标？这不同于以前的会议，教师或园长占据主要位置，自上而下地向家长传递信息，提出希望家长配合的事情，显示自己的专业水平。为了支持班级文化，教师从家庭聚会的角度设计或思考活动，而不是从商业或信息的角度考虑。食品和音乐非常有用，它给大家提供了融合、交谈、了解的方便途径。当确实要谈及收费问题或准备用时间讨论教育哲学观、一日生活安排和教学理念时，用一种与对待儿童相同的方法来做。提供经验，而不仅是提供信息，建立坚实的合作伙伴关系，重构家长的教育理念。

◆ 交换思想和礼物 ◆

≫安和同事为家庭聚会设计了每年不同类型的探究关键元素。阅读故事，问你自己是如何分享儿童想法，引导家长理解教育理念。礼物交换的目的是什么？

制订秋季家长聚会计划时，安和同事选择重要问题或想法和儿童讨论，然后再与家长探究。如：有一年，安选择讨论"家庭和学校的区别在何处"，还有一年，她和团队关注"幼儿如何理解友谊，他们与成人的理解

希尔托普儿童中心

异同是什么"。家长讨论和发表意见时，教师提供儿童对问题的思考记录，这会激发家长对问题的深层次讨论。可见，儿童的想法能帮助我们更好地理解问题。教师给儿童和家长提供相同的操作性活动，邀请他们相互赠送礼物，包括绘画餐具、午睡用的大枕头或首饰盒。有一年，安的校外教学小组同事肯德拉（Kendra）和布拉德(Brad)为睡觉创设了一个活动。儿童画有关他们睡觉前的画，但在画上没留名字，然后家长猜那张画是哪个孩子画的。这对家长来说，不仅是甜蜜礼物，而且也提供了探究家庭间相似和不同之处的途径。当他们回送礼物时，家长每人画了一张自己孩子睡觉前的画。后来，这些画和儿童的画放在一起，编成一本书。

反 思

每年秋季家长会，教师不是重复同样活动，而是利用同样的元素和教育观提出不同问题。这种方式使教师和家长对传统东西及由此带来的创造性充满期待。与儿童和家长探究相同问题，拓宽了视角并加深理解。家长听到儿童声音，就不会停留在仅关注自己的孩子是否"达到标准"，而是对儿童思考如何提升对事物的思考感到惊奇。制作惊喜礼物带来了兴奋推动了共同参与。这些经验提升了对能留下特别记忆事件的认识，比购买礼物更有价值。他们给儿童和家长提供了理解别人的机会，了解什么东西会给所爱的人带去快乐。◀◀

表达希望

贝(Bev)在加拿大一个大型幼教机构工作。她把9月份的家长会当做一个双向通道。会上，她不仅回答家长问题，还要求家长思考她提出的问题。她给家长提供纸和画画工具，问："你希望孩子成为什么样的人？请你写下来或画下来。"尽管家长开始时有点犹豫，不过贝运用鼓励、幽默和问题引导，使家长的创造性不断涌现。晚上，会议结束时，家长经过生动讨论，出现了富有情感和独创性的作品。这些写有家长希望的作品在走廊里张贴数星期，然后才放进班上自制的一本书里。

父母是儿童最重要的老师，我们十分重视父母的观点，要求每位父母回答以下问题：

"你希望孩子在未来成为什么样的人？"

迪斯科维尔儿童日托机构

斯古特 (Scott)

坚持不懈

会感恩

诚实

我希望他找到自己所爱的东西，听从自己的情感召唤。

活力

尊重别人

我希望斯古特能够：
• 做真实的自己；
• 独立思考；
• 相信自己。

享受生活、多笑

有礼貌

奉献

迪斯科维尔儿童日托机构

你的思考

尝试设计欢迎仪式或家庭聚会，反映倡导的教育价值观，这是创设课程文化的一部分。运用下面的问题引导你的计划：

＊ 新生家庭欢迎会包含哪些方面？

＊ 如何把这些内容转换成具体的实践？

＊ 第一次家庭聚会上，你的关注点是什么？如何创造一种活动，既用轻松方式为家长提供相互建立联系的机会，又为孩子探究经验或想法建立联系？

※ 原　则 ※

聚焦于关系，而不是规则

每个群体都需要规范约束自己。对大多数幼教机构而言，规范是由贴在墙上的规则及教师提醒儿童控制行为的声音组成。然而，关注人际关系及共同学习兴趣的班级文化为行为规范和管理奠定了不同基调。教师为儿童好奇心制订计划并做出反应，鼓励儿童相互学习并了解周围世界。这反映了加德纳（1999）提出的"多元智能"，而不是去适应标准或获取知识。关注人际关系的班级活力充足，不过分强调安静和秩序，班级是富有生气的实验室，儿童在这里既是参与民主社会和爱护地球的公民，同时也在学习在规则、秩序与个人愿望间相互协调。

与小鸡对话

≫阅读下面有关杰克（Jacky）班级情况的描述，看一看照片，然后反思一个问题："他在想什么？"

杰克的教室坐落在老旧的小学大楼里，具有典型幼教机构所具有的特征，也有不够理想的地方，如：有些长桌子固定在四周，不能移动；

储藏空间较小。教室四周是活动区，内有桌椅以及方便儿童取用的多种材料，还有几盆植物。杰克带来了不寻常的小动物，像照片上的小鸡和小鸭，帮助儿童学习照顾小动物。看到儿童多次想接近小鸡，她把一只小鸡放在孵化箱顶上，提醒儿童，小鸡可能想与还没有孵出小鸡的鸡蛋说说话。她走向一个表现出兴趣的儿童，儿童拉过一张椅子爬到了长桌上。杰克问："你觉得小鸡要把什么事情告诉里面的鸡蛋？"儿童用比较放松的方式在教室走动，从玩的材料和与同伴相处中得到快乐。杰克看到一个儿童为了更好观察自己搭的城堡，爬上了桌子。她走过去与他交谈。她把儿童召集到地毯上开始集体活动时，请他们自己选择地方坐下来，或加入小组唱歌、分享交流、讲故事，或只坐在那儿观看。

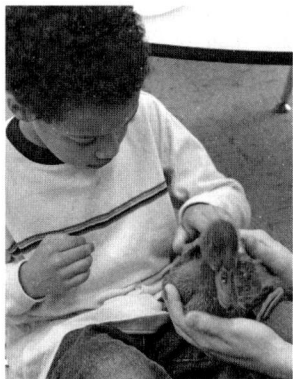

肯辛顿蒙格马利儿童日托机构 (Kensington Site, Montgomeny Child Care Association)

肯辛顿蒙格马利儿童日托机构

肯辛顿蒙格马利儿童日托机构

反 思

　　创设积极、主动、快乐的学习者社区，是杰克想做的重要事情。她希望儿童之间以及与自然界之间建立密切联系，相互关爱。杰克相信，儿童有能力进行负责任选择，所以她尊重他们的想法，如：想坐在什么地方以及想用什么方式参加活动。杰克的班级文化注重关爱、好奇以及创造性，而不仅是儿童对规则的顺从。认可和支持儿童的兴趣以及遇到问题时想到不同寻常的解决办法，而不再是责备或提出刻板规则。◀◀

※ 原　则 ※

通过空间安排和一日生活环节形成社区文化

创设班级环境或安排一日生活环节时，教师要多考虑社区文化。学前儿童在家庭比在机构中更轻松。事实上，吉姆·格林曼（Jim Greenman，2006）认为，学前教育机构应把"班级"一词舍去，倾向使用"像家一样（home bases）"的表述方式，把儿童分到一个个房间。我们之前的《为生活和学习的设计》一书中有空间安排的实例，以创设吸引人和舒适的环境。这一过程需要持续反思，吸收新思想，但取决于班上儿童的具体情况以及教育价值观。

同样，当为儿童及家庭设计一日生活环节时，注重培育一种对社区的归属感，而不是把儿童简单置放在一个幼教机构。

蚯蚓和哈特玩具汽车

≫阅读下面的故事，看看马娜（Myrna）和约翰（John）如何为全日制幼儿园的三岁儿童设计教室空间和一日生活环节。仔细看他们每天来园和离园时间如何与儿童相处。在一日生活环节中，放置在桌上吸引儿童的物品在欢迎儿童和家长方面起了什么作用？

每天早晨，马娜都在桌子上放几样东西，如：早餐食品和引起儿童兴趣的好玩材料。儿童入园后，他们挂起衣服后直接活动，有时和父母一起探究。马娜一边和新到儿童打招呼，一边在桌上添加食品，一会儿又在儿童身边坐下，和他们说自己的发现。今天，她拿出了一个装蚯蚓和土的盘子，还有放大镜。她用几分钟写观察记录并拍照片。当大多数儿童到达后，马娜提醒大家，早餐还有几分钟，接着要开始集体活动。马娜拿出打扫工具，帮助儿童更好地过渡到集体活动，对儿童说："谁想要学习使用簸箕，还有擦桌子用的海绵和水桶？"

约翰在同一个班，但上的是下午班。他在儿童离园时间所用的方法和马娜相近：把点心放在桌子上，又放上一些有趣材料。他向来园接孩

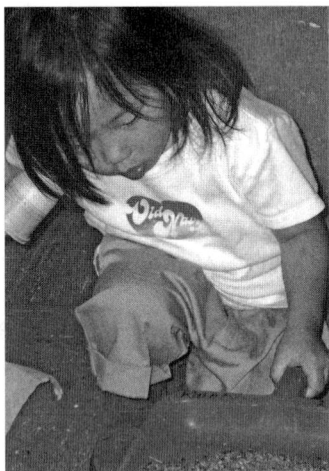

希尔托普儿童中心

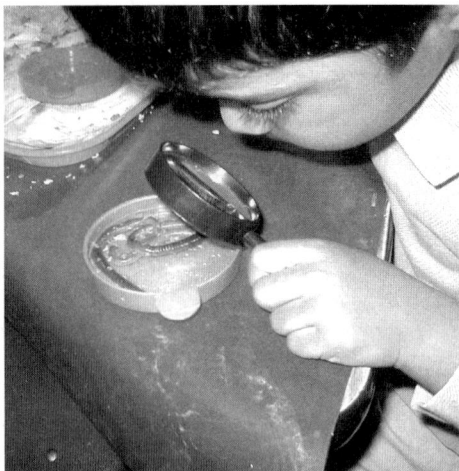

希尔托普儿童中心

子的家长打招呼，并设法使他们感觉到一天繁忙工作后可以轻松一下。约翰找来自己童年喜欢的东西，如：从小就收集的哈特玩具汽车，邀请家长接孩子前一起欣赏和回忆。

反　思

　　马娜和约翰相信，儿童和家长需要时间完成从家到幼儿园的转换。他们使用让人感到轻松的食品，进行轻松交谈。一日生活环节安排，使家长感到和在家里一样。他们的节奏和速度允许与个别家庭建立联系，并适应不同家庭偏好以及个别儿童来园、离园时间。两位教师都创设与自己爱好有关的地方。马娜是劲头十足的园艺爱好者，约翰是哈特玩具汽车收集爱好者。约翰和马娜没有使用闪灯或打铃方式完成一日生活环节过渡，而是运用与儿童之间的关系，邀请他们参与整理和打扫工作。他们知道，儿童喜欢使用成人的工具，并认为自己能够保持教室的正常运行。班级一日生活环节受人欢迎，并使人感到轻松，使儿童和家长有了归属感。≪

不要被绊倒

≫根据哲学和教育观建构环境并不意味着一成不变。在儿童利用空间的过程中不断思考，看看创设的环境能否有效支持教育目标。下面的故事描述了一位持续反思的教师。阅读这一故事，看一下德布如何通过对儿童的观察调整环境，如何邀请家长参与建设所希望的班级文化。

德布常在她小别墅式教室里的大型积木活动区进行集体活动。有一段时间，一个特大号的树墩放在活动区中心，使人联想起大家围坐在篝火周围唱歌和讲故事的场景。游戏时间，儿童经常把树墩当作小话剧背景物。从另一个角度看，这一树墩确实不够大，儿童无法在上面展示带到班上来的各种物品。所以，德布邀请儿童家长参加晚会，然后制作新的台面替代积木区中心的树墩。晚会上，大家通过生动故事、笑声和制作台面，体验儿童的搭建和建构活动。现在，儿童可以

伯林顿学校

伯林顿学校

伯林顿学校

使用新台面完成建构活动。当儿童聚集在一起讨论，他们会把家里带来的作品或物品放在台上。有时，德布在台面中间放一种新材料，和儿童讨论材料的使用方法。

反 思

对于德布思考的课程，人际关系是其核心。她希望儿童体验作为社区成员的感受，并把聚会看作是表达感受的机会。然而，德布也认识到，自己具有这种倾向性并不会让集体管理更容易，但她自己不想扮演幼儿园"警察"角色。她希望集体聚会有一种围坐在篝火旁或晚餐桌周围的感觉，而没有因为要坐在指定地方或地毯的刻板记忆引发的烦恼。树墩引发的感受大概是这样的。当发现台面确实太小后，德布着手寻找替代树墩的工作台面，使这一工作台面在集体聚会时当作会集场所。她不是自己去寻找或制作，而是邀请家长来给孩子制作台面，希望以此创造为儿童提供相似的富有生气的社区体验。

走出去唱歌

与平时在班级里唱歌相比，似乎又上了一个台阶，特德（Ted）和同事设计了一个周五下午幼儿园一起唱歌的活动，以此结束一周的师生相聚。特德弹着吉他，从一个教室走到另一个教室，邀请所有儿童聚在一起。教师、员工，还有家长一起唱歌。有时，他们会带来一首新歌和大家分享。经过一段时间，儿童学会了不少歌曲。这些歌曲被编成歌本，在幼儿园和家庭之间流传。

伯林顿学校

※ 原 则 ※

让儿童参与一日生活环节和日常活动安排

大多数教师会遵循一日生活安排及管理儿童在园时间的手段。这些环节被排成一日生活日程表，写在纸上，促使儿童从积木活动转到"涵盖"课程的活动，包括集体活动（典型的集体活动是指在地上围坐成一个圈的活动）、小组活动（一般由教师根据一定计划组织）、点心时间、自由活动区时间、户外活动时间。如果希望班级像一个鼓励学习的社区，而不是闪着亮光和摇铃的工厂生产线，你应根据活动、饮食、休息的自然节奏安排一日活动。如果遵循维果斯基（1978）和社会建构理论，一日生活程序和规则目标设定，应该鼓励儿童积极参加活动，对相互之间的知识建构做贡献，而不是强调个人成就。所以，你要寻找一些方法，使环境、一日生活环节以及与儿童互动，这样有助于支持儿童关注和合作能力的发展。

❖ 让儿童负责 ❖

≫克里斯汀（Kristin）刚到早期开端计划幼教机构工作时，运用了典型的幼儿教育机构熟悉的一日生活环节。但是，当考虑自己的哲学观和教育价值观时，她对这些标准的做法越来越不满意。她拿定主意进行改革，班上现在有了不同感觉。阅读她的故事，你会如何描述克里斯汀对儿童的看法？这种看法和你看待儿童以及设想的儿童和你在一起时的目标一样吗？

40

丹尼斯路易开端计划项目

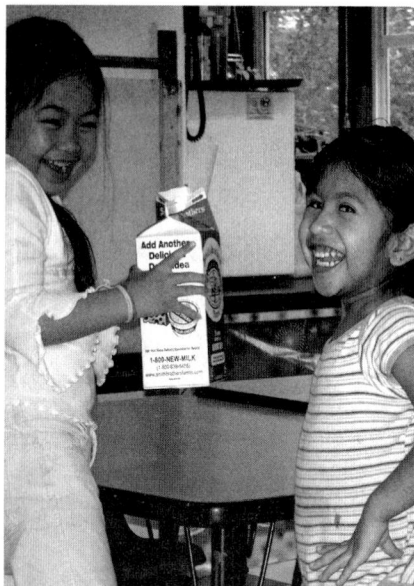

丹尼斯路易开端计划项目

丹尼斯路易开端计划项目

丹尼斯路易开端计划项目

从教三年后，克里斯汀的教室里不再张贴一日生活时间表。你会看到儿童在教室里走来走去，他们非常自信，知道整个下午该做什么。克里斯汀利用开学后最初几周，在小组活动中给儿童示范打扫和整理教室角落，组织点心时间，欢迎客人，甚至处理小伤口，给儿童提供课堂自主权。按过去的做法，教师应该执行时间表上的打扫卫生的时间安排，但现在克里斯汀会去询问班上各个小组的儿童，问他们在玩什么，是否需要更多的时间完成游戏，还是已经准备好吃点心或去户外游戏。如果儿童这时有不同想法，他们需要协商什么时候结束游戏，什么时候进入下一环节。通过教学，他们学会用母语说数字1—10。儿童通过表决决定用什么语言从10倒数到1，然后打扫教室，为下一天活动做准备。克里斯汀很少对全班儿童提出要求，除非有令人兴奋的事情要宣布。

反 思

正如在故事中看到的，当你有意识超越集体管理目标层面的教育价值观，课堂规范的创设看上去和听起来有可能不一样。克里斯汀创设了一种环境。在这一环境中，儿童可以自由使用材料，安排一日生活环节和日程。她的班级文化完全以儿童为中心，教师只是促进者，不是主导者；教师是示范者，不是仲裁者。克里斯汀认为，日程表之类的东西与她想要创造的，全班儿童相互关心并对班上其他事情关注的目标不相容。她不想每天强制规定或限定谁是"助手"，相反，要支持和培养儿童之间的同情感及帮助别人的愿望。儿童在学习彼此的母语以及对不同学习进度和时间协商的过程中，对其他文化的理解与欣赏也融入共同生活中。◀

你的思考

把日常生活环节与你的哲学观和教育价值观整合，是一个长期和持续不断的过程。在这一过程中，评定你所处的位置，运用时间分析一日生活安排。把认为最适合你和儿童的日程表写下来，包括和儿童一起从开始到结束的全部时间，列出大概的时间框架，然后为下面三类活动配上颜色：

第 1 种颜色：教师选择和指导儿童做什么活动。

第 2 种颜色：儿童和教师协商活动内容。

第 3 种颜色：儿童自主选择和参与什么活动。

现在，看一下你上过色的时间表，把每种颜色的活动所需要的时间以及为儿童计划的时间加起来。

＊时间表是否平衡或者其中一种时间远多于其他种类的时间？

＊把日程表中过渡用于转换环节的时间加起来，看环节的时间占总日程表时间的比例是多少？

＊在班上，哪些事情或任务可以让儿童自主承担？

＊在制定日程表的过程中，运用哪些想法，使儿童的日常生活与你的教育价值观一致？

42

※ 原 则 ※

根据儿童的想法进行探究

教师在运用本书的课程框架时，会发现许多丰富儿童学习兴趣的机会。选择会受到你的教育价值观、问题情境以及将有意义经验与学习领域、标准整合愿望的影响。考虑把儿童获得的经验作为深层次学习的潜在可能性，鼓励和支持他们在探究的基础上采取更多行动，如：儿童对每星期来的垃圾车表现出很大兴趣，这可变成学习和探究主题。这样的方案具有挑战性，需要持续拓展儿童的兴趣和问题，而不急于教他们有关垃圾工人的知识。保证设计的课程更多展示儿童的想法，而不是根据自己的知识和想法塑造他们，这样不仅表现出对儿童的尊重，也帮助儿童认识到自己就是思想家、创新者和创建理论的人。

我们有树墩

>>阅读琳恩 (Lynn) 的故事，关注她如何邀请儿童参与设计新游戏场地。这种参与把设计场地权交给儿童，使他们感到自己的想法很重要，受到成人的认真对待。

琳恩在一个新建的规模较大的全日制幼儿园工作，这个机构受到瑞吉欧思想的影响。当有经费建造新游戏场地，教师寻找让儿童参与场地设计的方法。创建工作团队或项目小组的最初想法，来自教师对家长意见的反思："雷切尔 (Rachel) 对房间里要用的设备和材料有一些想法。"琳恩很清楚，雷切尔具有很好的语言交流能力，但是对要不要参加小组活动还有点犹豫。那么，对雷切尔思考游戏场地所用材料的挑战会不会强化她参与小组工作，积极表达个人意见呢？于是，琳恩非正式邀请雷切尔和几个在游戏场上的朋友，为新设计出主意。雷切尔找到两个站在附近的女孩。从琳恩的记录可以看出，她的语言交流和沟通对话技能确实很好。

雷切尔："你对新的游戏场地有什么建议？"

纳塔莉亚 (Natalia)："楼梯？"

雷切尔："可以登高的楼梯？你提出了攀爬架的建议。你要什么？萨拉？"

萨拉 (Sarah)："树墩。"

雷切尔："我们已有树墩。"

纳塔莉亚："不一样的树墩。"

雷切尔："可以爬到攀爬架上的树墩吗？还有什么？我们在讨论新的游戏场地。你在新游戏场地上想要再添什么东西吗？"

当儿童进入教室后，雷切尔向大家宣布，她要告诉幼儿园主任埃米 (Amy) 有关游戏场地的一些建议。听了她颇为自信的报告，琳恩和埃米认为，该是组织一个正式项目小组展示儿童有关游戏场地的建议和想法的时候。

在接下来的几个月，琳恩和项目小组开会，做记录，请小组给全班作介绍。她定期与埃米碰头，找到有意义的线索和问题，然后引导下面的工作步骤。琳恩给儿童提供通过画画表达想法的机会，并向他们介绍园林建筑中使用的蓝图。她和埃米认为，儿童有必要事先知道在建筑师设计里有一条自行车道。当儿童有关游戏场地的绘画有了一定积累后，琳恩和埃米仔细研究这些画。她们发现，儿童比较随机地在纸上画。为了帮助儿童对其中涉及的空间关系有更好理解，琳恩给每个儿童发了一张画有大圆圈的纸，这个圆圈代表自行车道。她告诉儿童，建造攀爬架时，要把自行车道的位置考虑在内。下一次讨论时，她向儿童提出挑战，问他们能不能把大家的画组合成一张集体的画。因此，他们需要做一些协调工作。

琳恩在墙上投放蓝图，请儿童先描画纸上的自行车道。曾经有过描画经验的儿童教其他儿童如何描画。

雷切尔："你要站在边上，这样影子才不会把它挡住。"

埃利 (Ellie)："我们想看一下它看起来像什么，不是人的影子。"

他们描述了建筑师的一些设计内容，然后把蓝图放在地上，研究他们想要的攀爬架可以放在什么地方。琳恩想，这个时候可以带儿童到户外，在真实空间中走一下。

埃利："我觉得空间还不够，放不下想要放的东西。"

雷切尔（走了一圈）："我们可以用粗水泥管道做城堡。这里太小，那边应该没问题。"

克利夫顿学校

琳恩问他们材料需多大，儿童好几次伸开手臂。琳恩要求儿童思考一下，东西放在什么地方，是否影响人的进出。当儿童的想法不断丰富后，琳恩建议他们选择优先考虑的东西。他们认为，城堡旁边、教室外墙和自行车道之间要放一组树墩。最后，建筑师把儿童建议放入最终

克利夫顿学校

克利夫顿学校

的设计图中。

在对建筑工期密切关注的情况下，埃米和琳恩在想，这个项目是否可以告一段落？儿童现在还能否继续接受挑战进行思考，在已有想法基础上还可以做些什么？他们愿不愿意猜一下，木匠约翰需要做什么事情来实现这样的一种设计？这样的问题会不会使项目进入一个新阶段，如对建造过程的可能性理论建构，或促使儿童开始对需要的工具和设备可能性调查？他们很可能提出一种新活动，来检验这些可能性。

克利夫顿学校

克利夫顿学校

44

-------------------------------- 反思与行动 --------------------------------

有什么突出细节可作为进一步思考的提示？

*

什么地方可以看到儿童的强项和能力？

*

在这一情境中如何理解儿童的观点？

*

这里涉及哪些学习领域？

听听琳恩是怎么说的

"我所做的每个决定都受到目标影响，即保证儿童的一些想法可以实现。我要他们认识到，不管想要什么样的结构，都必须放在自行车道里面，或者跨过自行车道。我意识到，他们缺乏清晰的空间关系感，我想到画圆圈的办法。我想：'他们是否能使用一张正式的蓝图？这样会不会对他们的想法提出挑战？'当从个体绘画转换到小组绘画后，我想他们需要体验自己的身体实际置于这一空间的感受。他们对每个人的想法都很支持，但只有埃米觉得并不是所有东西都能放下。我有点担心，要他们优先考虑最想要的东西，是否有点太急躁，是否应让他们自己慢慢得出结论，或找到自己可以解决的办法。这也给我一个教训，就是不要着急，同时还要与埃米或同事多沟通。和儿童做事情的速度保持一致，确实是个挑战。"

反 思

琳恩看到了雷切尔的长处和接受挑战的能力，这在形成项目的过程中非常重要。其中，每一步她都提醒自己认真对待儿童想法，不能因为他们不理解自行车道与攀爬架和树墩间的空间关系，就不考虑他们的想法。琳恩主动运用记录，不仅用来展示，而通过与幼儿园主任的合作展现儿童的想法。她认识到，确定哪些事情值得做时，需要其他人的眼光、耳朵和想法一起来做。琳恩建议使用画圆圈的纸张，形成小组集体的绘画，把蓝图投射在墙上，让儿童用身体探究空间，这都给儿童的学习提供支架——尝试推动他们对空间关系以及人际关系的掌握。最后，琳恩利用时间反思，为行动总结了很好经验。

这一故事为做方案的教师解释了重要的"多层次价值观"：

＊这一活动是否能赋予儿童权利？

＊如何表现出尊重了儿童的想法？

＊教师有哪些学习的机会？◀◀

※　原　则　※

引导儿童把自己看作是学习者

哪些一日生活环节有利于培养儿童的倾向性，把自己看作是充满活力的社区成员？哪些环节是为了教师方便，但却损坏了儿童的持续探究和尝试的权利。莉莲·凯兹（Lilian Katz, 1993）提出，倾向性或思维习惯是儿童学习的关键性目标。倾向性的学习和知识、技能的获得同样重要，班级实践需要发生什么样的变化？希望儿童具有凯兹提到的"一种健全的倾向性诸如好奇、探究、提出假设和运用实验进行验证"，需要让儿童看到教师的这种倾向性，让儿童了解你对他们具有的倾向性观察结果。凯兹认为，我们的基本教育目标之一是促进儿童的持续学习倾向性，"任何损坏倾向性的教育都是坏教育。"

工程师和建筑师

▶▶幼儿教师阿德里安娜（Adrienne）关注儿童做什么和学什么的一日生活环节。读她的故事，反思自己："这位教师为儿童身份认同的发展制定了什么样目标？"注意如何把教育价值观和目标融入本园规定的一日生活环节。

在阿德里安娜的班级里，你能够看到越来越明显的班级文化证明——每个活动区都有关于儿童正在做的、说的事情的小图书和照片。

自制书籍来自一日生活中对儿童的持续观察和对话。譬如：走近一步，会听见阿德里安娜走到积木区对激烈争论的四个小男孩说的话："哦，我看你们几个在从事建筑工作，为了保证这栋楼不倒下来。相互之间提出挑战。但你们也需像工程师一样思考。工程师和建筑师一起工作，可以保证建筑安全，在地震中不坍塌。工程师要计算地基能承受的重量，确保重量平衡，所以大楼不会倾斜。建筑师尝试为建筑找到有趣的形状，大楼从里外看上去都很漂亮。你们可以尝试看看，运用什么工程和建筑方面的想法？"

一整天，阿德里安娜都在关注不同儿童做些什么。"噢，大家看，玛斯娜 (Marcella) 在画上创造了令人惊叹的紫颜色。"一天下午离园前，她把儿童召集在一起，儿童带来他们做好或想要跟别人交流的东西。他们听到熟悉的柔和优美的话语，一种得到别人赏识引起的微笑掠过儿童脸庞："再见！所有的小画家。再见！小小科学家。再见！建筑家们。我们真舍不得你们离去。"

46

伯林顿学校

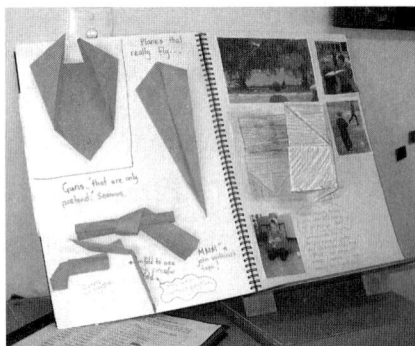

博尔德帕克社区学校

47

反 思

根据高瞻 (High/Scope) 项目有关儿童游戏中学习的研究 (Hohmann, Banet, & Weikart, 1979)，阿德里安娜把高瞻课程中的计划—实施—回顾的活动方式提到新的水平。她一直在一日生活环节对儿童表现出持续的认可，并进行回忆、讲故事、唱歌来回顾小组成员做的事情。她的目标已经超越仅对儿童表示认可的范围。阿德里安娜希望教师通过讲述和讲故事，帮助儿童把自己看作是思考者、合作者、创造者、朋友、有责任心的社区公民以及能做出贡献的人。她把自己的教育价值观融入有关学习领域，阿德里安娜和儿童运用的词汇反映了他们对学科内容的理解。同时，她创造了可用来展示的记录和自制图书，帮助儿童了解过去，感受作为学习者的身份。班级记录包括早早从该园毕业的儿童实例，这有助于儿童认识到，他们是在该幼教机构中学习的一个更大的探究和创造性群体的一部分。◀◀

※ 原 则 ※

指导儿童发展协商和合作技能

许多教师为了使班级不出现冲突而制定规则，诸如：一个活动区只有几个人玩，用计时器强化儿童玩具分享的规则意识。但如果你的教育目标旨在帮助民主社会的公民掌握社区生活技能（Johnston，2006），那么你要给儿童提供机会，让他们学习通过协商处理冲突事件，接受不同观点，为小组决定承担责任。

教师能找到有关儿童行为管理的信息，但是这些内容能让儿童始终把自己看作是解决问题和有能力与别人协商的人吗？儿童从支持他们相互尊敬、同情和慷慨的解决冲突一日生活环节中受益良多。什么样的一日生活环节能给儿童提供经验，培养儿童倾向性并获得解决问题的技能？

◆ 带火药味的工作 ◆

≫希尔托普儿童中心的教师在班级文化中创建了称为"带火药味的工作（Spicy Work）"的小组活动，这一想法借鉴了名为《部落：一种新的学习和合作的方式》（*Tribes: A New Way of Learning and Being Together*）的内容（Gibbs，2000）。看一下教师如何表现对儿童的信任，同时为他们协商技能的发展提供支架。

　　每年秋季学期，安、桑德拉和梅甘 (Megan) 会在一起交流诸如儿童关系如何发展，什么时候从"带火药味的工作"中受益。"带火药味的工作"给儿童提供事先安排好的机会，学习交流、合作和协商技能。当她们觉得时机已到，教师会把儿童召集在一起，介绍"带火药味的工作"的想法，把它作为新游戏。三个儿童组成一个小组，教他们如何合理运用时间。安、梅甘和桑德拉有意识促成儿童之间的友谊。有时，三个能力很强的人放在一个组，希望他们用一种有用方式相互挑战。或者，三个平时很安静，不"显山露水"的儿童在一起，这样他们能体验冒险需要的安全感。或者，不同年龄的儿童放在一个组，激发他们对不同之处的理解。

　　"带火药味的工作"游戏有三条规则。第一条规则是一直待在自己的小组，你可能想自己一个人玩，但是参加"带火药味的工作"活动期间，整个时间都要和小组成员在一起。第二条规则是所有小组成员一起制订做事情的计划，必须轮流提出想法，直到制订出大家都能接受的计划。第三条规则是小组集体一致认为他们已经完成了任务。当儿童不能就一个计划达成一致意见，教师可以介绍几种选择的可能性。儿童可以改变自己的想法："我们来建造一个宇宙飞船吧，不造房屋或船了。"也可以把自己的想法综合在一起："让我们建造一个既是房屋又是船的东西吧。"还可以轮流实现自己的想法："我们先造一个房屋，然后再造一条船。""带火药味的工作"的第一个阶段，教师指导儿童轮流讲述想法，直到达成一致意见。完成每一个"带火药味的工作"，教师召集儿童一起回忆曾经做过哪些事情，遇到有冲突的想法时如何解决。冬季和春季学期，每一周或两周一次的"带火药味的工作"加深了儿童关系，提高了儿童的社会交流技能。

希尔托普儿童中心

-------------------------- 反思与行动 --------------------------

什么地方可以看到儿童的强项和能力？

*

这里涉及哪些学习领域？

*

什么样的价值观、哲学观和目标影响我的反应？

反思

"带火药味的工作"方式对儿童和教师来说都是挑战。教师不得不相信，这一过程像他们相信儿童在学习走路、说话或骑三轮车时付出的努力一样。但这并不意味着教师抛弃了儿童，对这一过程不管不问。相反，他们仔细地运用示范和协商，给儿童学习提供支架。"带火药味的工作"给每位儿童提供了否决或同意、尝试或修改想法的权利。教师必须记住，儿童之间变得真正带有火药味时，教师的工作是去示范如何协商，而不是插手提供解决办法。一个示范，而不是运用解答或成人接手的办法，是对儿童的尊重，也让他今后有可供参考的榜样。教师可以和儿童分享自己如何学会做难做的事情，并了解多多练习的好处，感受交朋友的快乐。

安、桑德拉和梅甘相信儿童克服困难的能力。她们对儿童的协商能力表示赞扬，认可儿童的仔细思考，为这一方式在儿童间形成富有情感、温馨的关系而庆贺。一旦儿童学会"带火药味的工作"的协商程序，他们完全可以把这些技能用于一日生活的其他方面。 ≪

※ 原 则 ※

创设印象深刻的仪式

为儿童的学习制订计划并不容易。它是个很复杂的过程，需要关注许多细节，譬如：如何把教育价值观、哲学观和儿童发展研究结果转换成具体的

49

教学实践。我们建议，不管如何，你可以用为好朋友设计庆祝晚会的精神来完成这一工作。置身于早期保教领域，有机会与公民和家庭建立联系。他们把自己的希望、梦想，以及蕴涵在内心深处的东西带给你，即使这种东西不确定。教师有机会了解儿童的渴望，并被儿童了解，还向儿童学习，同时在世界上充实地生活。晚会计划提供了大家相聚的生动方式，而不是维持仅体现顺从的制度文化。晚会是社会性事件，有时是为了庆祝特殊成就、人生重大时期或事件，有时是为了把大家召集起来并体验相伴的乐趣。

人特别喜欢仪式和庆祝活动。仪式和日程不同。仪式有时很简单，有时又很复杂。不管有意还是无意，它们反映了欣赏或创造的愿望。同时，晚会上经常会运用象征性动作或物体，儿童很快能理解标志，但对于仪式象征的意义却要深入探究、慢慢理解。

一小块面团

>> 家庭日托中，比利（Billie）并没有使用高瞻课程的计划—实施—回忆过程，但在每天结束时确实有一段反思时间。阅读她的故事，反思自己，儿童离开机构多年后再碰到你时，会说些什么？你会给他们留下什么样的记忆？

　　冰箱上贴了一块大标记牌"你从不知道自己会制造什么样的记忆"，可以看出，比利对这一句话有怎样深刻理解。有一天，儿童离园前，比利把儿童召集在一起，问大家："你们今天记住了什么？"他们的回答经常不是什么大事件，而是表示儿童关系的重要小细节，一个儿童这样描述："西瓜汁从小宝宝脸上淌下来，当流到光肚皮上时，小宝宝脸上的表情有趣极了。"另一个儿童记得，当她跌倒擦破膝盖后，朋友用冰袋帮她。有时，儿童提到比利做过的一些特殊事件："你把小块面团粘在我们鼻子上了。"一个儿童回忆道："跳儿童舞时，你看起来很好玩！"周围所有的人笑了。家长到幼儿园接孩子时，这些记忆又可以和家长分享，为家长提供提问和莞尔一笑的机会。

　　当比利去参加曾经教过的儿童克拉里（Claire）的大学毕业典礼时，

她对孩子的记忆有了深刻认识。克拉里是20年前家庭日托中收的第一个儿童。比利问克拉里："小时候，在家庭日托中记得最清楚的事件是什么？"克拉里毫不犹豫地说："无论什么时候烤小甜饼，你总在我们的鼻

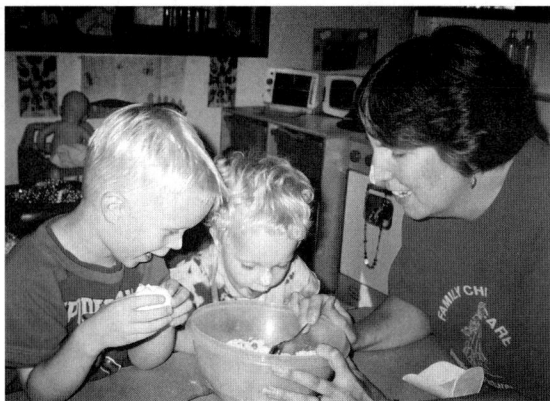

心之家家庭日托机构

子上放一小块面团，看面发好了没有。"比利感到很惊讶，她从来没把这当一回事。当然，这一细节也是课程之外的事件。

反　思

比利的故事表明，把日常事件看作课程基础的重要性。同时，简单仪式能给儿童提供美好的记忆。我们喜欢把有计划活动看作是儿童学习的课程。但如果从记忆角度思考，你会认识到，任何发生的事都是课程一部分，都具有代表仪式的可能性——譬如：每次与儿童互动、每首歌曲、每句成语甚至是一个冰袋，或鼻子上的一块面团。长大成人的克拉里所讲的话使比利认识到，仪式事件如何会成为个体成长中的一个部分的。现在，比利还会在儿童鼻子上粘一点儿面团。如果她忘记，儿童会提醒她重复这种仪式。所以，她知道这对儿童来说很重要。◀

50

播　种

15年中，贝（Bev）班上的儿童经常把午饭时吃的苹果和橘子的种子种到地里。一个名为杰弗里（Jeffrey）的孩子仔细照看种下的橘子。

迪斯科维尔儿童日托机构

不出所料，这颗橘树后来长得很好。即使杰弗里已经离开幼儿园，橘树还是这个班级的重要标志。每当其他儿童看到这棵树，老师都会讲起杰弗里的故事。后来，他的两个妹妹和一个弟弟都上这个班。特殊的关系也使得这一故事得以广泛传播。杰弗里现在19岁，偶尔会回到幼儿园来看这棵树长得怎样。似乎他自身的一部分已经留下来，形成班级的重要身份特征。

※ 原　则 ※
庆祝真正的成就

在提供较长时间供儿童游戏、协商关系、深层次交往的同时，教师还需要开展具体活动，培养儿童和家长的集体认同感和对共同过去的记忆。请记住，教师可以时不时停下来，用有助于儿童之间、儿童与家庭成员之间、儿童与文化以及更广泛社区之间联系的方式来认可与儿童一起生活和学习的快乐。大多数幼儿园都为儿童庆祝生日、庆祝儿童学会某种技能、庆祝换牙以及其他特殊事件，如：增添一个家庭成员、旅游，或者庆祝某个节日。通过这样的方式，教师对个别儿童表示关注和认可，表明儿童生活的社区关注和赞赏他们在生活中的重要事件，同样也要弄清楚，什么样的价值观影响了选择这种特殊仪式和庆祝活动的可能性。计划一些事件，保持本班的集体文化并给予个别儿童应得到的关注和认可。

运用图书记录事件

≫安和几位教师通过自制图书，把班上的重要事件记录下来。这一活动在儿童的社会性发展、学科领域和班级文化上能达到什么目标？

安在班上经常邀请儿童和家长为自制图书设计页面，这些图书既可放在教室里，也可作为礼物送给家庭。书上有儿童的图画和说过的话，也有照片、绘画或粘贴画，有时还包括家人收集的类似材料。图书内空可能是关于生日，家庭庆祝冬天的节日、祭奠日或纪念男女英雄，

51

| 送别书
送给我们的朋友娜塔利

加登小组（Garden Group）
幼儿和老师赠

希尔托普儿童中心
2002 年 4 月 | 

与你在一起的日子。我爱你。希望你和爸爸妈妈在一起很开心。我喜欢和你一起玩。"
马克 (Marc)："再见，娜塔利。" | 雷文 (Raven)："我会想念你，希望我们做的这本书会帮助你记住我们。我喜欢你的微笑。"
利亚姆 (Liam)："我想念你。我喜欢你画的画。"

德鲁 (Drew)："娜塔利，再见。我会想念你。你会来看我们吗？我祝你在新学校过得开心，祝你的爸爸妈妈工作愉快。我不喜欢你离开我们。我喜欢 |

如罗莎·帕克斯 (Rosa Parks)、小马丁·路德·金 和西泽·查维斯 (Cesar Chavez)，这些人的精神可能激励儿童为公正而战。当小朋友离开班集体，安和同事及其他儿童运用绘画、照片回顾友谊，制作和儿童告别的图书（就像上面展示的与娜塔利告别的书）。他们邀请即将离园的儿童和家人参加特殊的告别仪式，一般是在儿童离园前的时刻。告别会上展现这本书并送给即将离园的儿童。

反 思

追随文化潮流，并不是把所有事件都打上商业印记。安通过具有浓厚个性色彩的方式，认可儿童的生活方式或他们在社区中的重要经验。她也邀请儿童一起纪念生活中重要的人。自制图书使儿童的想法变成可以看见的东西，作为今后生活中带有纪念意义的内容，同时也向儿童展示，想法是可以用笔写下来的，可以重复阅读，也可以通过绘画、照片和粘贴画充分探究。对学前儿童而言，这是读写方面的重要成就。◀◀

52

✦ 过 桥 ✦

≫毕业典礼是传统内容，但对学前儿童来说，是与他们的发展水平相适宜的活动吗？看一下德布如何帮助儿童理解离园的含义。

德布创设一种仪式，从园艺材料商店买了一座小桥，通过护送每个儿童走过小桥的仪式，象征儿童从幼托机构 (Preschool) 升到设在公立学校的学前班 (Kindergarten)。在即将完成这一仪式的前几个星期，她和同事跟儿童进行对话，解释这一变化的含义以及这一变化如何触动教师和家人的情感。

教师认为这座桥代表即将到来的变化。有的儿童为即将

伯林顿学校

变成"大孩子"兴奋不已，有的儿童为即将离开所熟悉的一切而忐忑不安。在使用小桥道具的过程中，教师和儿童一起探讨种种情感。不同的儿童感受和想法融入这一仪式，形成一种独特仪式。如：在某一年仪式

上，儿童要自己独立过桥。不过，仪式内容做了一点改动，不像以前教师在过桥时始终拉住儿童的手，而是改为拉着儿童的手走到桥中间。然后，教师一边夸张地把儿童的手扔向空中，一边大声喝彩，接着儿童一个人走完桥的另一半。

反　思

德布和同事认识到，幼儿园最后一年对成人与儿童来说，都很重要。有的家庭充满骄傲和集体感，因为这是家庭经历的首个毕业典礼。有的家庭不愿意看到儿童长大，教师也有同样的感受，因为他们在这种人际关系中投入所有的情感，可是现在孩子要离开了。教师对所有人的情感都很敏感，因此可以把情感转换成真心实意的庆典，而不是延续之前没有多少意义的传统。◀◀

53

制作毕业证书

在毕业前几个星期，家庭日托中心的唐娜·金 (Donna King) 和合作教师埃琳 (Erin) 在游戏时间里和儿童进行了广泛交流，并尽可能不影响儿童活动的情绪。她们问儿童："在过去一年中，有没有观察到其他儿童学到了什么东西？"教师也邀请家长表达自己的想法，然后把每

莱克伍德合作学前机构

奇尔德伦弗斯特机构

个儿童的学习进步写在纸上，卷起来当作毕业证书。毕业典礼上，教师当着家人、朋友和同学的面，宣读证书上的内容，并为他们的成就喝彩。

运用能反映你的教育价值观和愿望的一日生活环节、仪式和庆典活动创设班级文化，就像可以重复表演的舞蹈，每一次的表演都会因演员、时间和地点不同而有新亮点。当你花时间帮助所有人学会了舞蹈并找到角色，你就提供了不断展现美妙故事的舞台。

你的思考

尝试把儿童和家长认为最有意义的季节或事件设计仪式或庆典活动。制订活动计划时，反思下面的问题：

　　＊ 运用什么样的教育价值观指导活动？

　　＊ 如何把仪式（庆典）办成尽可能包容所有人的活动？

　　＊ 运用什么样的象征物体现这次事件的意义？

　　＊ 在这次仪式（庆典）中，如何肯定我们的关系？

54

第三章

运用材料提升课程质量

材料蕴涵丰富的故事并具有内在生命力，只有在与人接触中，这种生命力才能转化为外在语言。留下一定的空间或保持沉默、停顿，并留有呼吸余地，才可用材料进行表达。

埃琳娜·贾科佩妮（Elena Giacopini）

材料是课程的支架，也是教与学的基础。材料对幼教机构的教育价值取向起支持作用，决定与儿童生活、学习的可能性和行为。材料的收集、准备及摆放反映你的教育价值观，形成对儿童学习内容与能力以及教师角色的看法。什么因素影响教师对材料的看法以及对儿童使用材料的理解？是否乐意发掘有趣的材料并把它们提供给儿童？是否急切想知道儿童使用材料做什么？如果把收集材料看作是为挚爱的朋友挑选礼物，那么你才可能改变对教学的看法（Brosterman, 1997）。

在给别人买礼物时，你会乐此不疲地寻找你认为她会喜欢的东西，包上漂亮的包装纸、丝带，写上祝福的话，把礼物体面地送出去。热切期望礼物会带给她惊喜，并相信她会喜欢这份礼物，因为你觉得自己如此了解她。在儿童保教中，材料也可以反映教师和儿童的关系，更是教师送给儿童的礼物。材料在一定程度上代表教师对儿童的了解是否细致入微。儿童接受、欣赏材料，并在操作材料的过程中赋予想法和热情。同样，这对教师来说，也是来自儿童的礼物。

为了帮助儿童在材料使用上表现出更复杂的学习行为，教师需要对自己提出挑战，同时变得深思熟虑和用心。本章前半部分提供一系列原则，帮助教师考察材料的组成要素以及蕴涵的多种使用方法。正如瑞吉欧教师埃琳娜·贾科佩妮开头说的，这些原则可以使你看到，材料与人接触时表现出的"内在生命"。本章后半部分提供另外一些原则，指导教师通过材料摆放吸引儿童关注，提高儿童参与活动的愿望。仔细研究本章提供的图片、案例、故事，并花时间尝试做一下本章罗列的活动，这肯定能提高你的知识、技能和理解水平，并体验材料给教师与儿童带来的更多乐趣和更加丰富多彩的活动。

分析材料的组成要素及多样化操作方式
* 根据正确的儿童观选择材料
* 鼓励儿童熟悉材料后探索新的操作方法
* 关注材料的审美特点
* 选择可加工改造的材料
* 提供真实的工具和优质材料
* 投放材料，扩展儿童的兴趣
* 提供复杂和难易程度不同的材料

有意义摆放材料，引起儿童关注和兴趣
* 注意材料摆放的整齐和美观
* 提供与材料相关的背景信息
* 使用合适的容器存放材料
* 不同特质的相似材料集中摆放
* 关注不同材料的大小、容量以及水平
* 了解材料的使用方法
* 重新组合材料，激发儿童兴趣
* 材料旁边放置图书和其他资料
* 利用材料强调某个学习领域

分析材料的组成要素及多样化操作方式

　　儿童通过材料了解世界，寻求问题答案，表达自己想法。最初是考察材料的特性和功能，当儿童通过操作材料掌握了材料特征后，他们开始关注材料的内部特点，这些特点让儿童想起自己了解的东西。通过与熟悉事物的联系，儿童开始用材料表征想法和经验。对材料表征熟悉后，他们开始有意识使用材料表征概念。我们的同事琼·纽科姆（Joan Newcomb）把这称为"借物思考（thinking in things）"。教师可以通过反思自己使用材料的想法和经验，尽可能地了解材料，计划并促进这一使用过程。下面的原则和案例可作为选择材料的依据并提升课程质量。

沙　坑

　　右边是一张沙坑图片。仔细看沙坑里的材料。教师用较长时间收集和展示材料，是因为他们相信儿童应该拥有激发想象和冒险意识的经验。教师也相信，小组儿童能够熟练使用材料并能小心处理。在这样的信念下，教师努力寻找多功能材料，精心摆放，并在儿童探索活动中提供指导。

厄尔伍德儿童中心

56

※ 原　则 ※

根据正确的儿童观选择材料

　　如何看待儿童影响着教师给儿童提供的材料，也影响教师对儿童使用材料方法的期望。它是瑞吉欧教师提出的观点。教师对儿童的看法会阻碍或提升儿童的经验和能力。仔细考察婴幼儿使用的材料。大部分材料颜色鲜明，塑料外壳坚硬、贴有商业化的卡通形象，这些都会吸引儿童注意。更重要的是，这些材料包含一系列因果关系——操作按钮、把手、铃铛、哨子或喇叭会发出声音，或者按按钮灯会亮。一旦儿童掌握玩法，玩具就没什么可探究了。材料反映成人对儿童的哪些看法？这些玩具蕴涵这样的观点，即儿童能力或智慧有限，为了保持对事物的兴趣，他们需要集中注意力，需要过度刺激及外部经验。这些材料充其量也只是关注健康和安全方面的问题。提供材料的人错误地认为，儿童"不会做很多事情"，也很少鼓励儿童发挥思维或通过感官对玩具质地、温度、动作、声音进行探索。同样，这种材料既不能发掘儿童对学习的内在愿望，也不能锻炼他们的技能，更不能培养儿童对探索持续性的注意。

教师如果考察过不同文化给儿童提供的材料，就会知道儿童所用的材料往往是成人看重的，是成人认为儿童有能力操作、需要学习和应该学习的(Small，1999)。给儿童提供材料并一起操作时，教师对自己的儿童观进行审视。下面是教师站在儿童立场上，为儿童提供材料的实例。研究这些实例，反思自己的态度和方法。

▶ 儿童喜欢在教室里爬椅子、桌子，爬上一切能爬的东西。幼儿园经费预算未落实，各班教师要等一段时间才能购买大肌肉运动器械。教师想为儿童提供具有挑战性、安全的爬高机会。她利用结实积木架作为镜子桥的支柱。当儿童过桥时，教师坐在旁边，可以看到儿童过桥时表现出的自信及过桥后对自己能力的感受和肯定。两个儿童在向中间走，教师预料走到桥中间会出现新挑战，因此随时准备帮助他们协商解决问题。

小马丁·路德·金日托中心

伯林顿学校

▲ 多种玻璃器皿为男孩的感官探究提供丰富经验：通过器皿高度、宽度以及透明度探索容积的大小。由于器皿是玻璃制品，儿童在操作时要有强烈的责任感。

你的思考

你对前面两幅照片有什么反应？价值观和儿童观如何影响你的反应？

思考一下，你的儿童观对提供材料有什么影响。开一张清单，列出五种经常提供给儿童的材料。想一想，这些材料蕴涵了哪些儿童观和价值观？

※ 原 则 ※

鼓励儿童熟悉材料后探索新的操作方法

制订材料计划或与儿童就材料操作进行互动时，你是不是把自己看作是和儿童一样的发明家和探索家？如果没有，先看一下优秀幼教机构使用的典型材料——积木、感官探究桌、拼图、画架、服装道具以及小饰品。

教育工作者一直会从著名教育家和教师的开拓性工作中受益，如：弗里德里克·福禄贝尔、鲁道夫·斯坦纳 (Rudolf Steiner)、玛利亚·蒙台梭利、卡罗琳·普拉特 (Caroline Pratt) 以及瑞吉欧·埃米莉亚。他们对儿童有浓厚兴趣，也进行大量观察，对儿童发展和学习理论有极大兴趣。在此基础上，他们发现很多学习材料。这些材料至今还被人们不加思考地运用。花时间好好思考一下，为什么这些材料在幼儿园能得到广泛运用？你会发现显而易见的答案：这些材料很吸引儿童，为儿童提供了多种机会，让儿童以积极主动、开放的方式探索不同学习领域。重新思考这些熟悉的材料，研究上面提到的教育家充满活力的思考，你会发现他们的成果包含的热情和洞察力。当仔细考察过材料的多种用法，教师运用不同的组合方式，或在特殊情境中展示材料的方法，突出材料的某些特征。仔细观察儿童使用材料的方法，在深层意义上丰富材料的游戏性、复杂性以及材料使用方式的多样性。下面是运用新方法操作材料的案例。

58

伯林顿学校

▲ 颇有想法的教师仔细挑选了拼图，这幅拼图玩法多样，既可以放在有底板的拼图轮廓板里拼，也可以根据颜色或形状创造出一种形象。但如果把拼图放在架子上或挂在墙上的镜子旁边，会有什么新发现呢？

伯林顿学校

▲ 镜子上放了很多受欢迎的建构玩具，阳光透过窗户正好照在镜子上，这样可以利用光、反射、半透明积木的颜色之间的相互作用。教师还提供关于颜色的书籍以及可以探索颜色的其他物体，为儿童深入学习和理解创造可能。

埃弗格林社区学校

▲ 搭好的积木体现不同复杂程度。事实上,它反映了探索的多种水平。注意搭建时使用的不同高度和大小的台面。晾衣绳、滑轮以及聚光灯等物品,有助于儿童在工程和设计方面的创造性尝试。想一想,教师的发明创造如何提升典型建构材料的使用?

希尔托普儿童中心

▲ 观察一下角色区里提供的特殊材料。除了传统的角色扮演材料和茶具外,还有钥匙、石头以及其他零散物品。猜一下,儿童在角色游戏中会怎样使用这些材料?

克利夫顿学校

◀ ▲ 婴儿一进入为他们探究和学习设计的木质结构区,就被各种声音、质地和柔软的感觉包围。想一想,音乐区的创设者如何把儿童能力与兴趣考虑进来,并促进他们对声音的探索?

60

你的思考

＊ 班上选择传统材料时，观察儿童是如何操作使用的。

＊ 根据儿童使用材料的情况，想一想，这种材料还有多少种其他操作方法，添加哪些材料又可以有新的玩法。

＊ 尝试清单上列举的方法，观察儿童如何使用。

神奇的水

小马丁·路德·金日托中心

日托中心门口有一个水龙头。儿童和家人到这里就要洗手。儿童总被金光闪闪的水池吸引，它的高度正适合儿童，开关水龙头对他们来说较容易。仔细观察儿童手里或者水池里的水，发现"水"这种物质的神奇之处。水可以滴下来，溅起水花，并能反射周围的光和颜色。儿童脸上的表情说明他很喜欢玩水。

※ 原　则 ※

关注材料的审美特点

小时候，我们收集过很多物品——各种色彩漂亮的东西、光明与黑暗、运动、紧张，这些都是我们的财富。但只有一部分人在长大后可以幸运回忆这些物品，大部分人都没有这样的机会——这真是一个"悲剧"。

——英格玛·伯格曼（Ingmar Bergman）

人，特别是儿童，十分关注材料的外在特征或审美特点。瑞典电影导演英格玛·伯格曼很清楚电影中的丰富视觉效应。他用上面的话提醒我们，审美是一种财富，可以增强我们对世界的喜爱与兴趣。幼儿持续关注这些元素，并在日常工作中为教师提供重温的"极好机会"。

"审美"一词来自希腊语，原意是"感觉"或"知觉"，是探讨美的本质的哲学分支。"审美"可作为名词，意为"吸引感官的东西"。在早期教育领域，我们一直在为儿童提供沙、水、手指画以及其他吸引他们的东西，这些材料使儿童兴奋，也能安抚情绪。然而，对审美概念的理解可以超越这些传统方式。审美有助于提高我们的观察、探索、欣赏、体验美的能力。我们可以从周围事物的形状、形态、线条、模式、质地、光、颜色、影子以及反射性等方面发现美。美是自然界的一部分。人类的很多活动，包括艺术、建筑、设计以及烹饪，都可以看到美。审美经验可以激起我们惊喜、好奇、幽默、敬畏、创造以及平和的感觉。

我们不能仅依赖自然发生的审美体验，更要思考如何才能提高儿童对审美元素的内在倾向性，如何更多地注意幼儿园中美的事物？教师可以把材料投放作为日常生活的自然组成部分，丰富课程的多种内涵，体现课程生动、活泼、宁静、复杂以及审美特征，也可以通过精心挑选和组织材料，突出周围环境丰富的审美元素，回应儿童与生俱来的对审美特质的意识。下面的案例中，教师为儿童的审美学习带来诸多惊奇。

61

伯林顿学校

▲ 教师在提供感官游戏的典型材料的同时，还提供了一些特殊材料来促进儿童审美意识的发展，包括一套从大到小排列在桌子上的亮闪闪的金属盆，与盆相对应的金属器皿和长柄勺，这些都使儿童在探究时超越感知探究水平，注意审美细节。闪闪发光的沙石（在宠物店的猫砂中找到的）、塑料天鹅和雪花片，引发儿童玩"寻宝"游戏和角色游戏，激发其好奇心。

厄尔伍德儿童中心　　　　　　　　厄尔伍德儿童中心

▲ ◀ 保教中心的老师精心提供材料，充分考虑其审美元素。注意编织物、羽毛饰品、坐垫以及其他玩具具有的不同材质。悬在半空的都是毛线编织的物品，同时充分利用室外空间，创设一种光和影的环境氛围。考察一下，如何运用颜色搭配吸引儿童的注意，同时营造平和气氛。儿童被挂在空中，伸手就能够到物件。这些物件闪闪发光，当微风吹过或者被儿童碰到，就会轻轻摇动。你觉得在这个区域里，还有哪些材料吸引儿童的注意力？在这样的环境，当一名教师怎么样？

62

◀ 木质水果和托盘都从旧货市场淘来。丰富的色彩、光滑的材质以及有趣的形状深深吸引儿童。孩子被材料的外部特征和触摸感觉吸引，喜欢用手去拿，喜欢用它们互相敲打，喜欢带着它们闲逛，喜欢把它们放在托盘的不同位置。比较一下，这些材料的审美元素和经常提供给儿童的塑料玩具有什么不同。

小马丁·路德·金日托中心

阿罕布拉开端计划

森弗劳尔学校

▲ ▼ 仔细观察这里的每一张照片，关注它们的审美特点。对于材质、形状、模式、线条、光、颜色，你发现了什么？这些材料引起什么样的感觉？

伯林顿学校

埃弗格林社区学校

63

你的思考

找到一些审美特点吸引你的材料，然后和儿童一起操作材料。观察儿童，了解他们和自己对材质、形状、颜色的关注有何异同，然后用词描述自己的体验，包括具体感受。把这些词写下并保存起来，以后制订计划或与儿童谈话时可作为参考。

※ 原　则 ※

选择可加工改造的材料

非结构化、可加工改造的材料有多种使用方法，能够实现不同目的，从而激发儿童的潜力、调动已有经验，并激发他们的想象力。儿童对有趣且可用于建构游戏、角色游戏的玩具或材料特别喜欢，也表现出旺盛精力和热情。一些可回收利用的材料，尤其是收集的不常见的小玩意儿，都可激发儿童的发散性思维，促进儿童运用材料进行有意义学习。这些材料也提高了回收和再利用的价值。相似外形的材料放在一起，使儿童更容易想到材料的使用方法。儿童可以把材料整合到游戏中，也可以把材料和其他材料放在一起，表征正在探索的想法。

在下面的案例中，教师为儿童探索提供非结构化材料，显示了不同年龄段儿童使用材料的不同方式。

◀ 材料包括填充玩具、小动物玩具、各式各样有动物图案的小块编织物和毛皮，装在小篮子中的餐巾套环、骨头和刷子。

伯林顿学校

小马丁·路德·金日托中心

小马丁·路德·金日托中心

▲ ◀ 学步儿沉浸在成堆的毛皮中，他们被材料的外在特征和审美特点吸引，包括柔软但属于不同性质的材质，以及有趣的颜色、形状和图案。观察儿童，看他们如何考察材料的特征，如何观察材料，如何尝试想法。儿童发现篮子可作为一顶帽子。透过篮子向外看，他们看到不同的世界。也可以用篮子盛放其他材料。他们的行为既是提出问题、解决问题的一种表现，也是检验自己理论的一种方式。"这个看起来像什么？感觉起来像什么？动起来像什么？""这和我已经了解的东西有什么相似之处？""这可能是什么？""我可以用它来做些什么事情？"

64

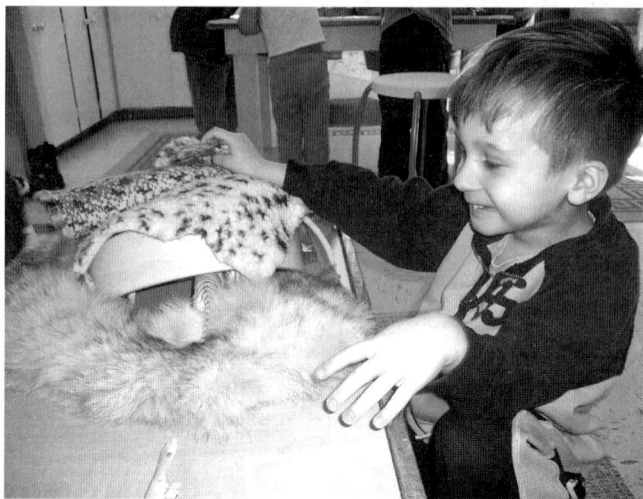

伯林顿学校

伯林顿学校

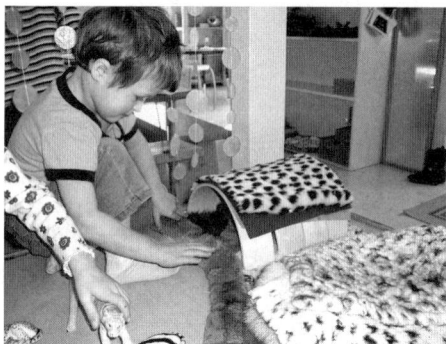

伯林顿学校

▲ 学前儿童被材料的外在特征和审美特点吸引。起初，他们只是探索材料的审美特点，很快开始使用材料进行表征。放餐巾的套环变成受伤小动物腿上的石膏。这个想法促使孩子决定为受伤小动物建一所医院。每个儿童用色彩艳丽的毛皮给小动物搭窝，这些动物就可以躲过跟踪它们的"间谍"。游戏持续了很长时间，每天当儿童发现改变材料的新方法，就会有更详细的故事发生。

布鲁姆家庭日托 (Bloom Family Home)

布鲁姆家庭日托

布鲁姆家庭日托

▲ ◀ 儿童用毛皮轻轻把动物包起来，并为动物铺设温暖舒适的床，这么多毛皮唤起了儿童的疼爱之情。他们不停设计和搭建，当游泳池和环形车道搭好，这些材料变成了"度假胜地"。用毛皮搭建车道花费了儿童很多心血，因为他们要把一块块毛皮拼接起来，直到篮子里的小熊在车道上呼啸而过。最终他们松了一口气。

反思与行动

什么地方可以看到儿童的强项与能力？

*

在这一情境中，如何理解儿童的观点？

*

环境与材料如何影响儿童的发展？会产生什么样的变化？

仔细看下面的照片，这些非结构化的材料很有趣。你注意到这些材料的哪些细节？使你想到什么？猜一猜，不同年龄的儿童如何使用这些材料？

▲ 用方块地毯排队　　伯林顿学校

▲ 用线轴和拱槽进行搭建　　　伯林顿学校

▲ 用三角板进行设计　伯林顿学校

▲ 用纸盒垒高　　　　　　　伯林顿学校

你的思考

现在，请你找到几种非结构化材料，操作一下，思考下面的问题：

* 这些材料看起来像什么？摸起来像什么？听起来像什么？闻起来有什么味道？

* 它们如何运动？

* 这些材料使你想到什么？

* 你可以用这些材料搭建什么？

* 怎么把这些材料变成角色游戏的道具？

* 在游戏中，如何使用这些材料？

接下来，给每组儿童提供相同材料。仔细观察儿童如何使用材料。观察儿童使用材料与你有什么异同？

※ **原 则** ※

提供真实的工具和优质材料

我们很幸运，因为在童年时代，身边总有一群人愿意与我们分享他们的热情与技能。可能是教我们使用缝纫机的阿姨，或是隔壁邻居，是一流的汽车修理工，非常愿意教我们使用汽修厂那些闪闪发光的工具。我们有这样美好的回忆，因为有人相信我们的能力，相信我们可以从成人那里学会使用真实工具。当儿童有机会使用真实工具和优质材料时，他们会觉得自己受到了别人的尊重，感到自己得到他人的慎重对待。成人信任儿童，教他们使用和保护这些工具或材料时，儿童会履行使用工具的职责。这样做带来的结果是，儿童对工作更加细心，注意力更集中。另外，真实的工具和优质材料促使儿童做出更有意义、更美好的作品。下面的案例表明，材料对儿童的自尊和学习的重大影响。

伯林顿学校

伯林顿学校

伯林顿学校

▲ 在这些照片中，放在四岁的普利亚 (Priya) 面前的是一套真实的绘画工具，包括各种各样的刷子、水彩笔、彩色颜料和高质量画纸。注意普利亚对细节的关注以及工作中表现出来的目的性。她探究工具，尝试用不同方法使用工具，并使它们产生不同的艺术效果。最终，她画出了一系列漂亮的画。

把这些工具与我们经常给学前儿童提供的传统绘画材料——浓稠的颜料、粗大的刷子、颜料会流动或者滴下来的画纸——做比较。那些材料根本不能引发儿童从事细致工作的兴趣，完成像普利亚那样的作品。

伯林顿学校

伯林顿学校

伯林顿学校

◀▲　儿童饶有兴致地使用热胶枪，认真地把回收来的蜡烛做成雕塑。教师充分利用儿童使用真实、有点危险工具的强烈愿望，引导儿童仔细考虑要从事的活动。为了避免烫伤，教师给儿童介绍如何使用这个工具。她建议儿童仔细观察材料，思考在蜡塑活动中如何使用工具。儿童找到材料后，教师让他们把要塑造的东西先画下来，然后把这张画作为完成蜡塑的计划。儿童接受了老师的建议，在完成有挑战性任务的同时，提高技巧与能力。

◀　儿童认真地用打气筒给气球充气。要成功地用打气筒打气，需要一定的技能和知识。怎样做能又快又好，儿童发现了一些策略，并进行互相交流。

------------------------------ 反思与行动 ------------------------------

背景和教育价值观中的什么东西影响我对这一情境的反应？为什么？

*

什么地方可以看到儿童的强项和能力？

*

什么样的价值观、哲学观和目标影响我的反应？

69

希尔托普儿童中心

◀ 日托中心的儿童和老师每天从家带午饭。利安（Liane）老师像在家里一样，用筷子吃饭。儿童对"筷子"这一进餐工具，显示出浓厚兴趣。利安老师没有忽视孩子的兴趣，而是花时间给孩子示范如何使用筷子。她还从家里带来很多筷子，给儿童提供进一步指导。

▶ 儿童对使用真实工具有着浓厚兴趣。因此，教师在角色区提供了一篮子扳手和螺栓，然后在阁楼底部钻了几个洞，儿童可以用扳手把螺丝帽和螺栓拧进去、拧出来。对于儿童，这是一个有挑战性的任务，也是一个可以反复进行、百玩不厌的活动。有时候，使用扳手可以算作建构活动的一部分。更多时候，儿童仅满足于使用真实工具完成"真实"任务。

伯林顿学校

你的思考

反思你给儿童提供的工具和材料，包括艺术、绘画以及读写材料；颜料、画笔、钢笔、铅笔、纸；清洁和修理的工具等。

* 在这些工具和材料中，有多少是专门为儿童制作的？

* 有多少是用优质材料做成的？

* 对这些材料和工具可以做哪些改动，就能延伸儿童的活动？

※ 原　则 ※

投放材料，扩展儿童的兴趣

对儿童兴趣、当前活动或游戏主题、家庭生活以及文化的观察，可以指导教师选择材料。了解儿童的情况以及他们的共同兴趣和当前活动主题，能帮助儿童寻找新颖、有趣的材料。成人对常见物体熟视无睹，这可能影响我们眼中的材料选择。但是，这个世界对于儿童来说，什么都是新鲜的。他们对周围充满了好奇。他们敞开心扉，探索经验，不受条框和标签的影响。在探究和建构对周围世界的理解中，他们更关注细节，更乐于尝试操作，更愿意与他们遇到的一切事物互动。如果在寻找和提供材料时考虑儿童的观点，教师的计划和儿童的探究与学习会变得更加有趣。阅读下面的案例，了解其中蕴涵了哪些想法来通过材料扩展儿童兴趣。

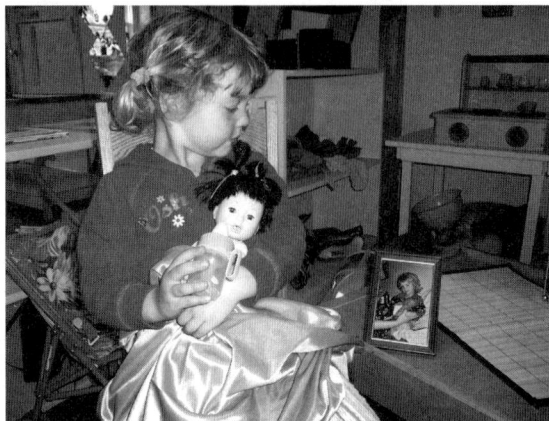

伯林顿学校

▲ 在娃娃家，海伦娜(Helena) 和阿米丽(Amelie) 在玩照顾宝宝的游戏。两个三岁女孩具有相同经历，即家里都有刚刚出生的弟弟。为了让两个孩子留下记忆并适应生活的重要变化，同时，帮助她们看到相同经历，教师让两个儿童的家长各自带与弟弟的合影，然后把照片放进相框，摆在娃娃家，还确保娃娃家有足够的玩具，可用来照顾宝宝，并鼓励两个女孩围绕新经验一起游戏。教师成功了，两个女孩每天一起玩，表现得像细心的大姐姐。游戏同时加深了她们之间的友谊。

小马丁·路德·金日托中心

▲ 教师发现，儿童在点心时间喜欢把放食物的盒盖打开，然后把食物倒出来，再花很长时间把盖子盖上。教师到旧货店买了很多各种形状、尺寸的杯垫，并配套打开盖子的各种盒子。这样做的目的是，鼓励幼儿将杯垫放到与之相配套的盒子里，然后盖上盖子。材料的漂亮质地、颜色和形状提高了儿童探索活动的乐趣。

伯林顿学校

伯林顿学校

▲ ▼ 儿童饶有兴致地对明亮颜色，不同重量、大小的南瓜和葫芦进行探究。南瓜和葫芦在儿童住的农场山谷里随处可见。儿童用车推着南瓜和葫芦到处走，还在角色游戏中运用。他们把南瓜切开，看里面是什么。然后他们把南瓜子烘干，尝尝是什么味道，然后用南瓜肉煮菜、烤南瓜饼。教师让儿童在剩下的南瓜上练习用锤子敲钉子，为后面的木工活动做技能准备。最后，儿童把南瓜子取出来，把剩下的南瓜放进肥料堆，活动才算告一段落。对南瓜的探究持续了几个月，这为儿童提供多种机会，使他们成为社区生活的一部分。

你的思考

（71）

观察教室中一位或一组儿童使用材料的情况。仔细观察儿童说话和做事的细节，你能把观察与对儿童的了解、他们的家庭状况和发展水平联系起来吗？考虑一下，可以提供哪些材料扩展儿童兴趣？观察一下，儿童如何操作这些材料？

童话表演

塞奇 (Sage) 带了一本童话书到幼儿园，书中有仙女在大自然造漂亮房子的插图。教师看到孩子们在一个星期都聚在塞奇旁边看这本书，决定提供一些材料来扩展儿童兴趣。儿童很快接受了老师发出的邀请信号，用吸引人的材料（如工艺棒、珠子、人造花）设计童话人物，还找到参考书来引发表演。儿童完成人物、房屋后，又制作故事中的道具，丰富他们的游戏。傍晚时，他们似乎结束了建筑和角色游戏，教师鼓励他们画一幅画或制作一本书，记录他们的童话故事，这样明天来园时就不会忘记。

伯林顿学校

伯林顿学校

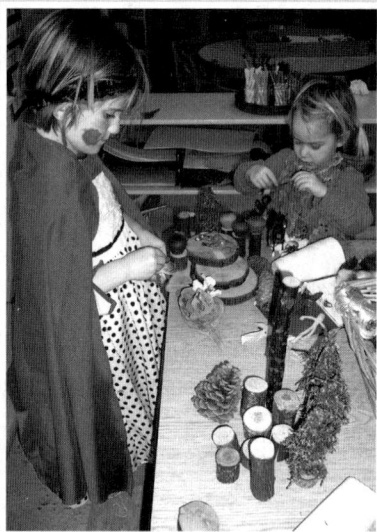

伯林顿学校

※ 原　则 ※

提供复杂和难易程度不同的材料

如果要运用材料促进儿童的学习，那么，给儿童提供可组合的材料非常有用。这些材料有多种用法，并可用于持续的探究活动。儿童对某个想法感兴趣时，给他们提供不同的材料以扩展儿童的探究活动，这样可以进一步帮助他们建立联系，并在已有想法上得到发展。儿童不仅使用材料表征当时的想法，也不断提高技能，并在多种活动中进一步探究新想法。

皮亚杰将所观察到的不同种类游戏看作是儿童学习的一部分（Mooney, 2000）。根据观察，教师可以为儿童的感知觉活动、功能性活动、建构游戏、角色游戏和规则性游戏提供组合的材料，给他们提供感官活动区，如沙坑或者橡皮泥，然后添加与不同种类游戏有关的材料，这样就可以延长儿童的游戏时间，提高游戏复杂程度。儿童对感官材料反复操作和探究，发现材料的不同使用方法，如建造或设计物品、创编表演游戏或开展新游戏。在下面的案例中，教师一开始提供橡皮泥给儿童玩。随着时间推移，教师添加了不同层次的材料。看了这些玩橡皮泥和其他材料的游戏后，你对通过材料提高活动复杂性有何想法？

72

马瑟斯奎利特家庭日托机构

▲ 家庭日托的老师提供橡皮泥后，还提供了新材料，让儿童有机会把对生活用品和自然事物的印象表现出来。她在给儿童提供熟悉材料的同时，还提供了他们不熟悉的物品，看看儿童如何操作这些材料。教师观察而不介入儿童的活动，让他们自己发现这些物品的不同用法。儿童使用漂亮的材料和橡皮泥来做设计，创编表演游戏，制作各种形状、大小不一的橡皮泥作品。

73

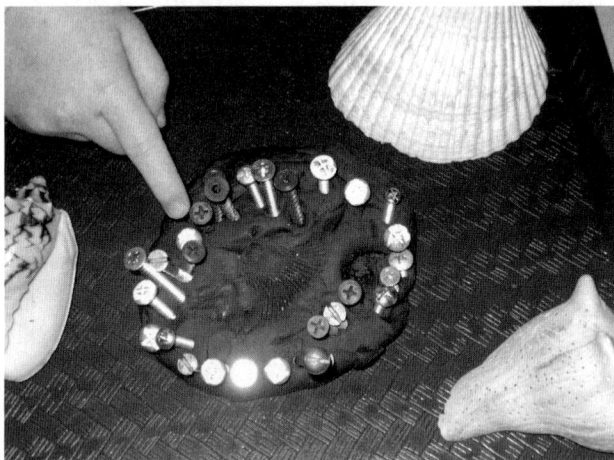

为你家庭日托机构

▲ 四岁的贝亚（Beia）高兴地在玩老师提供的新的、有趣的材料和橡皮泥。刚开始，她玩的是贝壳。她把贝壳嵌进橡皮泥中，把它当作港湾。然后，这个港湾变成漂亮的贝壳雕塑。看到螺丝钉后，她又有了新想法。她告诉凯利（Kelly）："我给你做个生日蛋糕。"

托盘里的螺丝钉不够插满"蛋糕"一圈。凯利问她，还需要多少螺丝钉，贝亚沿着没有插螺丝钉的地方，很仔细地用手指点数了一下。

"还需要五个。"她估计了一下。

凯利又去找了一些螺丝钉，但是还不够五个。

"再给我三个吧。"贝亚看了看剩下的空间，又估计了一下。三个真的够了！玩了一会儿之后，贝亚把"蜡烛"拔下来，放回到托盘，然后又仔细地把插螺丝钉时留下的洞补好。

伯林顿学校　　　　　　　　　　伯林顿学校

▲ ◀ 放橡皮泥的桌子旁是科学区。教师发现，儿童经常把科学区的塑料小蛇和蜥蜴拿到橡皮泥桌上玩。玩具小动物可以引起有趣的角色游戏。儿童用橡皮泥做小动物房子，还建了一个小区给动物居住。观察到这个游戏，教师提供了一些可以组合、用来建造和设计的材料，还提供了一些玩具动物和人物，丰富儿童在橡皮泥游戏中出现的角色。

有意义摆放材料，引起儿童关注和兴趣

　　我们如果要培养儿童对周围世界的广泛兴趣，鼓励他们表达自己的独特想法，那么就要像精心赠送礼物一样，不仅注意提供什么样的材料，还要注意呈现材料的方式。精心摆放材料会在课程中产生同样效果。儿童很注意观察，在何种情况下使用哪些材料对情境中可能用的材料也很敏感。他们会从成人和环境中找到有用信息，帮助他们使用和爱护物品。材料如果是精心挑选并以优美方式呈现给儿童的话，儿童在用这些材料时就会更加爱护它们。

"我准备好材料了。"

　　贾内尔（Janelle）老师为了使材料的呈现看上去更有艺术性和创造性，做了很大努力，希望以此鼓励儿童在使用材料过程中的创造性。

如果儿童注意到材料的摆放有目的，他们就会以更礼貌的态度爱护材料。艾米丽（Emily）是混龄班年龄最大的。看到教师这样摆放材料后，她自己也开始精心摆放，吸引其他儿童操作。一天早晨，她在娃娃家的小桌上铺了一条长围巾，把蜡笔和记号笔放在小篮里，然后放在桌上，并在旁边的小椅子前面放了一张纸。贾内尔老师问艾米丽在做什么，她回答说："我在准备材料，这样其他小朋友就可以用了。"

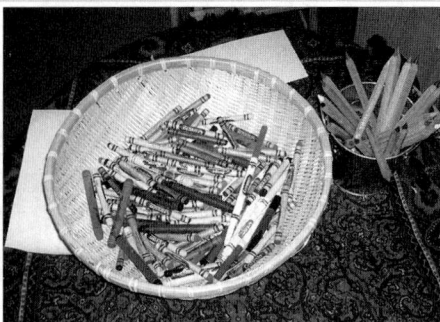

圣·查尔斯儿童发展中心

教师呈现的材料蕴涵多种可能性，材料摆放的位置、方式体现了教师的教育价值观和意图，提供的材料是破损的，或把材料堆放在拥挤、杂乱无章的架子上，这样做既不尊重儿童能力，也不能吸引儿童关注材料并用材料进行探究和学习，这样呈现材料也就等于向儿童大声宣布：教师不关心班上的事物。相反，精心选择用来探究和操作的材料，以漂亮的方式呈现，会吸引儿童对材料特点和关系的注意，并吸引儿童关注可使用的材料，沉浸于自己的活动中。参考其他教师提供材料的方法（Mooney, 2000），下面的原则和实例可供教师寻找、布置、提供材料时进行思考。

※ 原　则 ※

注意材料摆放的整齐和美观

阅读这一部分时，首先在头脑中想象这样的画面：一个农村集市或杂货店，里面陈列着漂亮的农副产品。各种水果和蔬菜按不同种类、质地和颜色排列整齐。店主或农民有意识地把各种物品摆成不同高度和层次，创造和谐感、顺序感和美感，这样你不仅被它们吸引，也清楚看到你想要的东

厄尔伍德儿童中心

▲ 漂亮的材料呈现方式以它的神奇之处吸引儿童注意。让人内心平静的蓝色以及大物品放在大镜子上、小石块放在小镜子上的精心布置，都吸引着儿童，帮助儿童集中注意力并激发他们的探索性与创造性。

厄尔伍德儿童中心

▲ 教师提供的草席和木碗衬托儿童工作中使用的绿色植物。可爱的木碗凸显材料的颜色和形状，鼓励儿童进一步探索。有序提供材料，也鼓励儿童对手头工作更加专心。

西。同样，材料摆放可以提高儿童的兴趣，促进儿童对材料的使用。与成人一样，儿童也被整齐美观的材料吸引。材料布置时的思考表现了教师对儿童的尊重，也显示出提供的活动的重要性。儿童可以更清楚地看到材料各方面和可能的使用方法。儿童在玩的同时，还注意爱护材料。他们相信，材料以一种特别方式呈现，所以应该是非常特别的。看看下面的事例能否触发你在运用材料方面的灵感。

※ 原 则 ※
提供与材料相关的背景信息

76

所谓背景，可以是托盘、布料或木框，它提供了在特定背景下的关注点和儿童使用材料的清晰范围。背景既可以提示哪些材料可用，也为探索提供了空间。

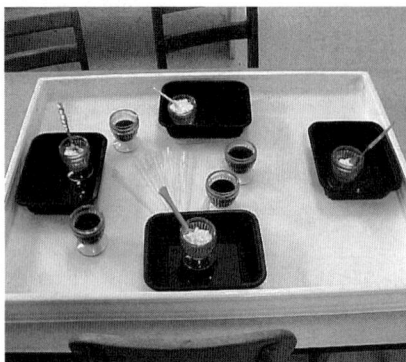

▼ 单个黑色调和托盘告诉儿童，每个人都有自己的独立空间，完成用彩色水调玉米粉的任务。白色大托盘限定了几个儿童从事这一工作，这样，其他地方不会被弄脏。你有没有看出，背景如何为儿童手提供清晰又不一样的聚焦点？

伯林顿学校

伯林顿学校

伯林顿学校

▲ ▼ 教室里提供这些材料的目的在于引导儿童对香料和香草进行探究。仔细观察，每个托盘、盘子和篮子如何限定工作区域，把要完成的任务凸显出来。这种呈现材料的方式向儿童传递了一条信息，即香草和香料有相同地方，但也有各自需要关注的地方，可以运用不同的探索方式。

※ 原 则 ※

使用合适的容器存放材料

当教师为儿童提供材料时，他们所面临的问题不仅是要避免杂乱无章，还要帮助儿童关注哪些材料是可用的。把不同材料存放在适宜的容器里，儿童可以很清晰地看到每个物品及其特征。将杂乱地放在篮子里与分放在大小、颜色不同的容器中的物品进行比较，后者除了整齐有序、更吸引人外，还可以帮助儿童更容易地找到他们想要的材料，这样也表现出对教室里所用材料的重视。

伯林顿学校

▲ 尽管每个篮子中的材料不同，但放在架子上看并不杂乱，因为篮子是同一种颜色，大小也一样。相匹配的篮子里盛放的材料显而易见。试想一下，如果盛放容器材料不同、颜色各异、大小不一，看起来会怎样？

托茨科纳机构

▲ 木制花架盒里放了许多不同材料，每种材料很容易区分。容器本身以及每个容器上的标签，让人一看便知道里面放了什么。

※ 原 则 ※

不同特质的相似材料集中摆放

与投放特征完全不同的材料相比，提供有类似之处（如颜色、材料）但具有不同特征（如大小、质地）的材料，可以帮助儿童关注、探索材料的不同之处。仔细阅读下面的故事，看一下这条原则如何在实践中应用。

伯林顿学校

▶ 教师在感官探究区提供颜色相似的一些盒子。这些盒子是相似的透明蓝色，并且都是用来装带薰衣草香味的大米，这都为儿童提供了深入学习的机会。但这些材料也让儿童有机会探究材料的不同大小、形状和质地。将这些材料和典型的感官探究区比较一下，你会发现，典型的感官探究区往往提供过多刺激，一大堆乱糟糟的塑料盒，盖子也不配对，里面塞满杂乱无章的东西。

小马丁·路德·金日托中心

小马丁·路德·金日托中心

▲ ◀ 善于观察的教师知道，班上的孩子对摸起来感到结实并可以用眼睛、耳朵、手和身体进行探索的物体感兴趣。当在旧货店找到一套木质工具后，她就知道为孩子找到了宝贝。这些材料有着相同元素，如可爱的原木色以及可以探究的质地。但是，它们又有着不同的形状、大小、凸起和凹槽。儿童发现，这套东西看起来、摸起来、操作起来，很有吸引力，在操作过程中可以比较它们的异同。他们发现，拿着这些材料到处走、扔在地上或用它们碰撞发出声响，都很有趣。当儿童推动或者旋转这些材料时，轮子和可以运动的材料引起孩子很大的兴趣。

※ 原 则 ※

关注不同材料的大小、容量以及水平

　　教师改变原有材料的大小并把它们摆放在不同高度的工作台面上，儿童就有更多机会以新的方式操作材料。提供由小到大的一系列物品，把它们摆放在桌子、地板和架子上，这样给儿童既提供了新角度，也提供了不同挑战。关注下面事例中材料的使用。

伯林顿学校

◀ ▲ 儿童一个星期来一直在调水彩颜色，用量杯和长柄勺倒水（左图）。教师希望通过提供大一点的容器，给儿童调色、倒水、装水，扩展儿童的探究活动，所以，教师提供了几个大盆（右图）。这时候，儿童利用以前操作材料的经验，将探索活动提高到新水平。

伯林顿学校

▲ 教师为儿童提供机会，让他们在不同高度的台面上玩建构游戏。儿童可以直接在地板上、在升高的台面上或者大箱子上活动。有没有发现，在不同台面和高度上进行活动有可能改变、扩展儿童的游戏？

※ 原 则 ※

了解材料的使用方法

教师精心挑选材料时，对儿童如何使用材料会有一些设想。为了帮助儿童看到这些材料的可能性，我们可以通过摆放材料来展示可能用法，这样使儿童对如何与材料互动有最初想法，也可以鼓励儿童用这些材料做以前没有想到过的事情。当儿童以教师预想的方式操作时，教师当然很开心。但如果儿童的操作方式是教师从未想到的，教师也应该欣然接受。

▶ 这些材料精心放置在沙坑中，材料摆放的位置暗示给儿童令人兴奋的使用方法，引发儿童游戏。以儿童的视角审视这幅图，这样布置材料会启发儿童做什么？

尼尔伍德儿童中心

希尔托普儿童中心

▲ ▶ 在上图中，教师在托盘里用积木事先搭了一点东西，吸引儿童注意。在右图中，教师为几何积木的使用方法提供暗示。小小建议激发儿童的思考和交流，这时候儿童就可以专心开始工作了。

希尔托普儿童中心

◀ 仔细观察图中提供的材料，摆放方式暗示了探索材料的不同方法。教师将这些材料组合在一起，儿童可通过放大镜观察小葡萄，也可用小钳子把葡萄夹起来放到其他碗里。想一下，在活动中，儿童还可以做什么。对于摆放材料，你还可以提供哪些建议？

伯林顿学校

※ 原　则 ※

重新组合材料，激发儿童兴趣

教师可以把材料从教室中的一个地方移到另一个地方，这样可以激发儿童的新兴趣并使用新方法操作材料。当我们把放在架子上很长时间没用过的材料放到托盘、桌子或者地板上时，这些材料会出现新的吸引力。把材料和儿童从来没有使用过的东西放在一起，启发儿童用不同方式组合材料。下面是这一原则在实践中应用的实例。

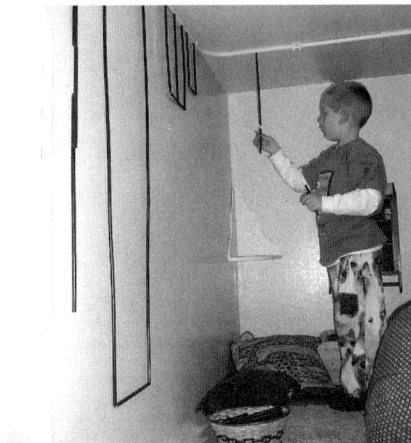

伯林顿学校

伯林顿学校

▲ ◀ 教师知道阁楼的金属管道可以吸住磁铁，所以在阁楼上放了一篮子磁条和小球，让儿童操作和探究。在图片中，我们可以看到，儿童发现了这些材料许多新的、有趣的玩法。

厄尔伍德儿童中心

厄尔伍德儿童中心

▲ ◀ 引导儿童使用户外材料，启发儿童用不同方法操作材料，扩展儿童户外学习的经验。图片中的教师像利用室内空间一样，将户外场地也作为学习场所。教师在户外场地上开辟大小不等的区域开展角色游戏。户外使用这些材料和室内使用会有什么地方不一样？

※ 原　则 ※

材料旁边放置图书和其他资料

(82)

提供材料的同时附上图像和符号文字，使儿童在真实物体和图片、图画以及与材料有关的故事之间建立联系，这也为儿童提供了另一种探索和学习资源。

伯林顿学校

▲ 教师受到艺术家安迪·戈兹沃西（Andy Goldsworthy）作品的启发，提供了石块、冰块和有关摄影艺术的图书。看一看，儿童如何把这本书作为可利用的资源来制作冰块和岩石雕刻。

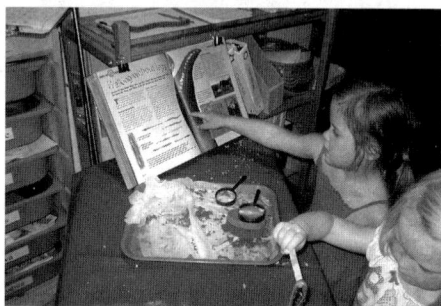

希尔托普儿童中心

▲ 教师在提供放大镜和皮制的培养皿（petri dishes）中的小昆虫时，还提供了一本书，书里有关于昆虫的知识。在图中，我们可以看到，图画与儿童对其他材料的探索密不可分。

※ 原　则 ※

利用材料强调某个学习领域

83

　　尽管这里描述的所有材料都蕴涵着学习机会，但如果我们想突出某个特殊学习领域，也可以把这一内容当作关注重点。由于提供的材料是为了引导开放式探究，所以在探究过程中，儿童经常发现材料的属性、原理、概念或者操作技能，这些也都是我们所期望的学习成果。

◀ 教师通过环境创设向儿童发出邀请信号，激发儿童通过自主学习来探索学习内容和知识技能。在这幅图中，教师提供了有关字母辨认和使用的材料。你能想出其他方法来给儿童提供自主学习知识技能的学习材料吗？

厄尔伍德儿童中心

厄尔伍德儿童中心

厄尔伍德儿童中心

　　▲ ◀ 教师希望给儿童在小组学习中提供更多的科学内容，他们认为儿童有兴趣研究青蛙，因此设计和发出邀请信号，用笔在书写板上记录儿童对这一邀请信号的反应以及有关青蛙的谈话。这将帮助教师进一步明确接下来的科学探究要做什么。

你的思考

这里的每一幅图片都反映了通过材料吸引儿童注意的原则。回顾下面的原则，看一下照片，了解能不能在实践中运用这些原则。

* 注意材料摆放的整齐美观
* 提供与材料相关的背景信息
* 使用合适的容器存放材料
* 不同特质的相似材料集中摆放
* 关注不同材料的大小、容量以及水平
* 了解材料的使用方法
* 重新组合材料，激起儿童兴趣
* 材料旁边放置图书和其他资料
* 利用材料强调某个学习领域

厄尔伍德儿童中心

伯林顿学校

东洛杉矶社区学院儿童发展中心

伯林顿学校

圣·查尔斯儿童发展中心

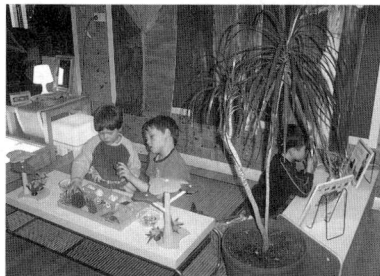

厄尔伍德儿童中心

学了这些原则后，尝试为 4 ～ 5 岁儿童提供橡皮泥和玩偶。

提供充足优质、最新的橡皮泥，橡皮泥的颜色应该是白色或深色，然后为儿童提供吸引他们的纯色草席，让他们在草席上开展活动。从下面列举的材料中选择几种，并将其放在漂亮的篮子、托盘或者碗里，然后呈现给儿童。

印刻工具

* 各种纹理的贝壳
* 可以移动的按摩工具
* 不同大小、形状、纹理并可用来印刻的其他材料

设计材料

＊ 相似以及不同种类、大小的贝壳

＊ 相似以及不同种类、大小的石块

＊ 不同或相似颜色、形状的小砖瓦片（在装潢商店的瓷砖区或专卖店可以看到）

＊ 小珠子以及沙滩玻璃石

＊ 有香味的植物茎叶以及香草，用来增加香气（如薰衣草、迷迭香、薄荷等）

建构材料

＊ 手工用的小木棍

＊ 着色用的小木条（在装潢商店的瓷砖区或专卖店可以看到）

＊ 立方体（参考幼教机构提供的玩教具目录）

＊ 切成小块的寿司卷席

表演游戏道具

＊ 小塑料动物

＊ 真假香草和花

＊ 小茶具和碗筷

＊ 有轮子的交通工具

以能吸引儿童的方式将材料呈现在桌上，把托盘或草席放在小椅子前面，上面放一大块橡皮泥。把装有玩偶或工具的托盘或篮子放在桌子中间。这样，儿童都可以拿到材料。

每天提供这样的材料，至少持续几个星期。为了对儿童兴趣做出回应，可以不断增加新道具。

记录儿童操作材料的情况，可以拍照或文字记录。把这些记录放在活页夹里，然后把活页夹放在活动区周围。通过以下问题对你的观察进行反思：

＊ 你看到了什么？尽可能具体。儿童对什么东西好奇？他们对材料感兴趣吗？以何种方式摆放和呈现材料更好？

＊ 你对什么感到好奇？儿童所做的事情是你预料中的还是没有预料到的？（为什么儿童所做的事情与你的预料相同或不同？）

＊ 儿童是在对某些猜想、主题或理论进行探索吗？

当你对儿童活动进行反思时，考虑这样的反思对以后的材料选择有什么影响。当然，材料不仅是橡皮泥，还包括与本章所探讨原则相一致的所有材料。具有各种可能性的材料让你可能退后一步观察儿童，增加你与儿童、家长或同事的对话，同样也可以让你对接下来的计划有更好的想法。当你围绕能吸引人的材料建构课程时，就可以探索其他活动并以此提高教学技能。这也是接下来几章要讨论的重点。

第四章

将教师自我融入教与学的过程

此时此刻，我们如果不是完全真实的自我，就会失去一切。儿童露出真诚的笑脸，而你却心不在焉，想着自己的过去或未来，也可能被其他事情困扰，此刻对你而言，孩子不一定真在你眼中。保持真实自我的诀窍是回归本我，这样才可以看到孩子的惊人表现，还能看到儿童的微笑并愿意把他揽入怀中。

一行禅师 (Thich Nhat Nanh)

幼儿教师根据一定的价值观创造学习环境，给儿童提供可探究材料，为儿童即将开展的有意义活动提供平台。教师要不断提高儿童的兴趣，丰富儿童的知识，同时还要提高自己的教学热情。教师的行为不仅在于召集儿童完成课程规定的典型活动，还要像一行禅师建议的那样，抛开成见并回归自我，这样才能真正看到儿童的成长并体验工作的乐趣。

但是，由于课程指南每年都会调整，包含着越来越多的课程内容及标准，教师该如何应付这些要求？实事求是地考虑一下，最重要的其实不是课程标准，而是教师行为和对儿童的反应，这才是影响课堂活动的重要因素。教师如果提高认识，就会发现自身经验能力提升的可能性。教与学是动态过程，教师如果愿意接受挑战并为此负责，就需要细心观察，不断自我反省，同时需要超越教材内容，进行思考和行动。下面原则可以帮助你发挥自己的优势，与儿童建立友好关系并为其提供生动学习经验。

＊ 行使自己的权利

＊ 对自己的行动进行反思

 —明晰自己的行动计划

 —明晰专业教材对自己的影响

 —明晰专业理论对自己的影响

87

＊ 养成接纳的心态

＊ 关注儿童的观点

＊ 关注细节，发现细节中蕴涵的多种价值

＊ 跟随儿童的兴趣，进行对话

＊ 支持儿童之间的联系

＊ 根据儿童的长处采取行动

※ 原 则 ※

行使自己的权利

教师每天在工作中都行使权利，但经常会忽略自己的目的，也没有考察自身行为的有效性。如果不去考虑"目的"和"有效性"，你很有可能轻易忽略、抑制或破坏儿童的内在学习动机。在当今这种教育环境中，你可能为了更好地执行课程规定或达到教育效果，不得不使用权利。但是在教学中与儿童一起时，政策制定者、课程设计者、瑞吉欧教育者或你的上司却不会一直和你在一起。你会受到他们的影响，同时也感受到教育效果的考核压力。但是，你有权做出决定，有权决定如何回应儿童，有权决定应该注意什么、阻止什么事情，强调什么东西或者应该帮助儿童得到哪些东西。如果有主见，做事有自己的价值观和目标，你会成为儿童学习强有力的推动力。为了执行标准，教师没必要抛弃自己的想法或理念。相反，你要出色地发挥自己的作用，深化儿童对有意义经验的学习。

克里斯汀（Kristin）看到了阳光

>>阅读克里斯汀和其他儿童的案例时，你发现教师如何行使权利并提供有效方式来达到教育效果？

连着几个星期阴雨天，克里斯汀和儿童一直待在教室里。她忙着观察和填写要完成的儿童评价表。三个星期后的一个下午，雨停了，阳光从云层中透了出来。孩子们提醒克里斯汀看看透过窗户照射进来的阳光。克里斯汀觉得该让孩子出去走一走了。孩子把材料放一旁，高兴地来到久违的操场。克里斯汀带上了写字板和照相机，把操场上各种各样的游戏主题记录下来。

丹尼斯路易开端计划

丹尼斯路易开端计划

一群女孩用沙做生日蛋糕，用小木棍做蜡烛。看到自己的成果，她们骄傲地宣布："我们有 8 个蛋糕。"然后，她们精心设计了一个传递沙桶的合作系统。在滑梯下面，一个女孩先在桶里装满沙，然后把桶传给另一个儿童，那个孩子再把桶传到等在滑梯上的另一个孩子手里。孩子在蛋糕上插好蜡烛，然后把蛋糕展示出来。操场另一边，一些孩子边收集蚯蚓边数数。"6 条蚯蚓。"一个男孩用不太熟练的英语兴奋地说。一个女孩说自己最近看到了一条蛇，引起大家对蛇的讨论。"它们把舌头伸出来了。""不，它们发出了嘶嘶声。""不，它们来回蠕动。"孩子们教自己的小伙伴用母语说"蛇"和"昆虫",如:用英语、汉语、西班牙语等母语。大楼入口旁有一排水沟,很多儿童在里面用铲子装水,然后倒进碗里。一个儿童把泥水称为"巧克力",当儿童铲"巧克力冰激凌"的时候,游戏发生了变化。当儿童把"冰激凌"装进碗里,卖给操场上其他小朋友的时候,游戏又进一步得到扩展。孩子们急切地排成一排买"巧克力",把很多想象中的零钱给其他儿童。

听听克里斯汀怎么说的

"连着几个星期的阴雨天以及幼儿园对行为标准和书面报告的要求真的让我降低了工作热情。但是,今天在外面游戏时发生了一些事情。起初,我一直担心这些标准、学习领域、核查表、评价以及课程表格没有完成,园长会对我皱眉头,要求我解释如何完成评价工作。但是当我观察儿童时,他们在我的眼前出现,我可以看到他们在操场上表现出来的学习情况。这让我坚定自己的信念:儿童是宝贵的礼物。我不是为了园长、政府或政治家在工作,而是为了体验和儿童在一起的快乐,并且为儿童提供可以尽情展现真实自我的地方。他们很出色,不会多想沾满泥巴的裤子和鼻子上的雨水,也不会想到'入学准备',他们就是处于当时当地的情景中。我提醒自己,要时不时停下来融入这样的情景中,当然也要拍些照片和孩子分享。我们要对照片进行反思,了解儿童的兴趣。但是今天,我提醒自己,这些经验本身就是有价值的:即时的兴趣、发现和愉悦。它们都是让我真正观察和发现的机会。"

反　思

在克里斯汀的案例中,你可以看到,儿童游戏中蕴涵一系列的学习结果。正如克里斯汀所说:"一切就在我眼前。"儿童在数数、学习语言、探索科学概念、解决问题、发明新的想法和动作。通过对儿童细致观察,克里斯汀有机会评价儿童,为儿童组织和计划数学、语言、科学、多元文化教育、社会技能等教育活动。但是,本案例还有另一个同样值得关注的地方,那即克里斯汀对自己的态度和感受的反省。她没有因为失望而屈服，而是对跟着儿童兴趣发展的权利看得很清楚。她修改了对儿童的要求，使活动体现出快乐和难度。克里斯汀将自我、信念、价值观和工作热情融进自己的工作，这给了她行使自己权利的勇气，并能为儿童、自己提供更多有意义的经验。◀◀

※ 原 则 ※

对自己的行动进行反思

儿童醒来后的每一分钟都在尝试了解周围世界。像克里斯汀班上儿童的这种尝试，其实每时每刻都在发生。但是很多时候，教师都因为各种各样的事情分心，如：关注必须达到的要求、问题、日程安排等，因此会忽略周围发生的有价值机会。为了利用这些开放式机会提供的深层次愉悦和学习机会，你应该停下来思考一下：什么东西影响你的思考，可能采取什么样的行动。作为一名早教工作者，日常工作十分繁杂，因为我们的工作和幼儿园多种因素以及儿童、家庭，还有你自己的观点以及背景等很多因素都在发生变化。在这种情况下，我们需要调整自己的行为，对身边发生的一切做出反应。反思性教学需要我们放慢脚步，做出有意义的决定，对周围发生的一切保持警觉。教师要有目的地对影响自己行动的各种影响保持关注。

明晰自己的行动计划

卡萝尔·安妮·威恩（Carol Anne Wien）（1995）在《"真实生活"中的发展适宜性教育实践》（*Developmentally Appropriate Practice in "Real Life"*）一书中指出，亲身体验中学到的"行动计划"决定教师对儿童采取什么样的行动。教师需要独立思考，做出多方面决定，因此要经常对自己的行动计划或者应该做什么进行思考。下面是典型的教师行动计划：

＊ 确保儿童遵守常规和生活环节的要求以及作息时间。

＊ 当儿童出现矛盾冲突或从事危险活动时进行干预。

＊ 制订学习计划，确保儿童有事可做并符合要求。

＊ 帮助儿童集中注意力，顺利完成活动。

当然，对教师而言，特别是面对一组或者全班儿童，这里的大部分行为很有必要。我们需要遵守规则，完成一系列要求、日程安排和活动。但是，这些行为大多表明教师在幼儿园充当"警察"角色，其中的许多行动对教师和儿童来说都不会很愉快。莉莲·凯兹(1998)对瑞吉欧和美国一些幼教机构进行比较，并分析了教师行为：

在美国，师幼关系较多关注儿童行为和表现水平，因此美国早期教育实践的师幼关系更强调儿童本身。相反，瑞吉欧的教育实践给我的印象是，师幼关系在很大程度上关注活动本身，而不是日常常规或者儿童在知识技能方面的表现……成人和幼儿的思考关注点是自我感到有兴趣的问题。

教师与个别和全体儿童互动，关注儿童在学什么、有什么计划以及思考什么、儿童相互之间的兴趣是什么，而很少关注常规以及日程安排，这样的话，幼儿园才是有智慧、有活力的。

看起来简单的观察，对于把自己当作"教师"的人提出很多挑战。教师的行为应当由自身好奇心以及满足儿童情感和思维的需要所指引，而不是强调课程与日程安排。教师对观察到的现象做出回应，为儿童探究事物和建立儿童之间的联系提供持续支持。将自己看作与儿童一起学习的人与将自己看作传递信息、协调矛盾或执行标准的人相比，二者的行为完全不同。教师的行为反应应包括这样一些角色的行为，如：舞台监督、教练、新闻分析员和播音员。

明晰专业教材对自己的影响

市面上的很多早教教材强调狭隘的教学行动计划。一些工作坊或培训机构也会提供教学技巧，并往往采用首字母缩写的方式命名，很容易记住，但这些无法帮助教师考察教学的动态过程。尽管工作坊或培训机构许诺为教师提供一揽子活动，帮助教师达到预期目标，然而通过实践，我们发现它们的成功只是暂时的，这些活动缺乏真实情景，对儿童或教师缺乏真正投入。很清楚，专业教材对教师工作来说很重要，新的想法和活动使教师的专业技能不断更新和进步，但是教师应尽可能选择促使自己全面考察教学工作复杂性的教材。

明晰专业理论对自己的影响

除了教师行动计划和教材会影响教师工作外，对儿童的看法也会有意无意影响教师行为，这是瑞吉欧的伟大贡献之一（Gandini & Edwards, 2001）。读一下卡琳娜·里纳尔迪（Carlina Rinaldi）的话：

每个人都有对儿童的看法，这种看法会在我们对儿童的期待上反映出来。一些人关注儿童是什么，有什么能力，能做什么。但不幸的是，也有很多人关注的是儿童不是什么，缺乏什么能力，不能做什么。一些人更关注儿童的需要，而不是他们的才智和能力，它所导致的结果是我们对儿童会有正面或负面的期望，创设情景肯定或限制了你对儿童具有的品质及潜能的评价。

接触瑞吉欧教育思想前，在美国，对界定什么是"最好的幼教实践"影响最大的是欧洲研究儿童发展的学者。可能这些理论也影响了你的想法。在皮亚杰、蒙台梭利理论的影响下，全美幼教协会提出的最初理念是儿童发展适宜性教学，它所蕴涵的理念是儿童通过自发游戏和探索才能最有效地学习，教师应该培养幼儿的独立性。为了避免儿童受到强制性教学和提前小学化教学的伤害，很多教师信奉这种理念，并把这些理念理解为教师采取"放任不管"的方法。具有讽刺意味的是，同样还是这些教师，他们在实践中却随时准备干预、指导儿童行为，但体现的价值观是要保护儿童权利，帮助儿童学习分享轮流。不幸的是，这种保护儿童的立场以及对个人主义的强调，不仅带有文化偏见，而且使我们无法真正看到儿童的实际能力。在发展适宜性课程的名义下，教师很容易阻碍儿童的发展（Gatto, 2002）。

教师可能认为他们在保护儿童，但有可能是低估了儿童的能力。另外，他们也有可能贬低其他的文化观点，如：强调相互协作而不是独立性，强调小组学习而不是个人努力等。美国的一些种族群体都有这种体会，其实这是一种种族歧视。当前，专家强调教师应当重新审视社会情境对儿童学习的重要性，以及成人在支架儿童学习中的重要作用。事实上，这个观点来自维果斯基，他也是苏联的白色人种，而不是美国种族的教育家，诸如莉萨·德尔普特（Lisa Delpit），格洛丽亚·莱德逊·比林斯（Gloria Ladson-Billings），莉莉·旺·菲尔莫尔（Lily Wong Fillmore）和塞西莉亚·阿尔瓦拉多（Cecilia Alvarado）。当审视这些影响实践的专业理论时，注意影响儿童成长的历史和文化背景。

多思考这一问题

乔纳森（Jonathan）在社区大学的早教班工作，刚开始带的是托班。有一天，他看到主班老师奥萝拉（Aurora）在给一个小朋友喂饭。他很好奇，决定在午休时间和她聊一聊。"奥萝拉小姐，你为什么要喂龚明（Ming Gong）吃饭？虽然他年龄小，不会用叉和勺子，但他自己用手吃不

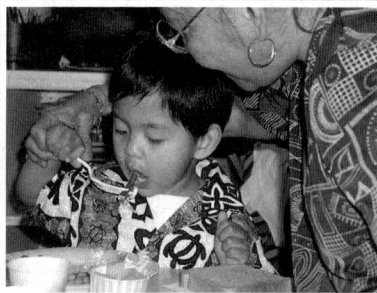

小马丁·路德·金日托中心

是更好吗？我不明白你在和他说什么，但是希望你不是在批评他，这样会损害他的自尊心。"奥萝拉老师深吸了一口气，解释道："龚明的父母希望他学会爱惜粮食，不要浪费任何东西。我只是在用龚明的母语教他礼貌用餐。龚明的父母不太关注他的独立性，他们关注的是爱惜粮食及美国式的用餐习惯。我是要表现出对家长期望的理解和尊重。"

　　尽管对于什么是"最好的幼教实践",专家有不同的界定,但是大多数人都会认同这一观点,即儿童会从支持其学习的计划和成人行动中受益。有时,成人的行动很明显,但有的时候又不太容易发现。如:在深受瑞吉欧理念影响的幼教机构中,当教师阅读有关儿童深层次探索的相关内容时,他们会想,教师或者活动如何从一个点转换到另一个点? 要做这样的转换,教师需要关注什么、说什么或者做什么? 教师在鼓励幼儿表达想法,使儿童关注某个任务时,在富有建设性的合作中起到什么作用? 这一作用看似不明显,教师可能会想:"我们班上的儿童从来不那么做。"或者"我不可能做那么多事情,因为我有其他事情要做"。这些内容省略了很多细节,因此没办法看到内部结构以及使教师工作有意义的行为。把支持、深化学习的工作与和标准有关的学习联系确实很难,但这也是本书课程框架的主要目标,即帮助教师思考自身行为,支持儿童深层次的学习经验,特别是在他人预设的课程中可以怎么做。

援　手

　　>> 下面描述的是发生在托班中的寻常一幕,以及三位教师的反应。阅读下面的案例,关注教师对班级中发生的事情有什么不同反应。

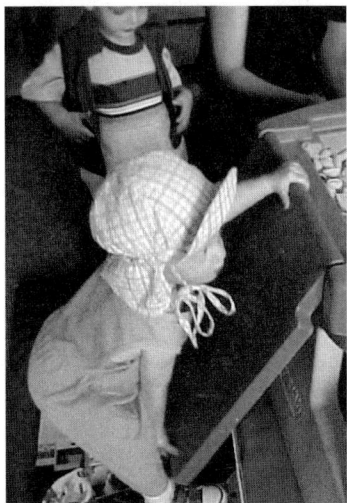

芒泰恩学校 (Mountain School)

　　16个月大的萨瓦娜 (Savannah) 在感官探索区玩。这时,老师开始收拾玩具,一边收拾一边说:"收拾东西,收拾东西,我们要去户外活动了。"教师要帮助12个孩子做好去户外游戏的准备。她走近感官探索区的时候,萨瓦娜正在用力搬桌子旁边的盖子,想把桌子盖起来。由于萨瓦娜的身体挡住了盖子,所以她根本搬不起来。另一个孩子凯尔 (Kyle) 站在旁边看着萨瓦娜。下面是三位教师的反应,思考一下,是什么因素影响了教师,使他们出现这样的反应。

92

迈拉的反应

迈拉老师认为，萨瓦娜不应该帮教师收拾教室。如果让儿童帮助整理，再让他们做去户外的准备就要花很长时间，而她希望能保证儿童充足的户外活动时间。因此，迈拉老师会牵着萨瓦娜的手，让她站在一边，自己把桌盖盖好，然后对萨瓦娜说："马上去户外游戏了，我帮你准备好，萨瓦娜。你也是，凯尔，我帮你涂防晒油！"

听听迈拉是怎么说的

"让孩子为下一个活动做好准备，总要花较长时间。今天，我们差一点儿就不能按计划进行户外活动，因为孩子在室内还想玩。在过渡环节上，他们浪费了很多时间。"

反　思

迈拉似乎被当前的时间和日程安排影响。她没有从萨瓦娜的角度看问题，也没有考虑场景中蕴涵的学习可能性。迈拉根据未经过实践检验的行动计划做事，旨在帮助儿童遵守日程安排，为预设好的活动做准备。户外活动对儿童来说很有趣，也很重要。可能，迈拉只是为了确保儿童有时间去户外运动，所以一般都注意如何利用儿童的时间。迈拉即使已想好为了严格遵守日程要把萨瓦娜拉到一旁，至少可以在语言上认可萨瓦娜的努力。迈拉可以这样说："哇，你在想办法把桌子盖起来啊！谢谢你，现在我们准备出去活动了。"如果迈拉在言语上肯定萨瓦娜盖桌子的努力，记住以后在盖桌子时让萨瓦娜来帮点忙，他们之间的关系会得到强化，萨瓦娜的努力也会得到认可和支持。

塔尼娅 (Tanya) 的反应

塔尼娅想："多可爱啊，萨瓦娜帮忙整理，但是她又不知道怎么把桌子盖起来。"于是，塔尼娅走上前去帮忙。"萨瓦娜，让我来把桌子盖起来。"她把桌子的盖子掀起来，萨瓦娜和凯尔站在一旁看着。

听听塔尼娅是怎么说的

"今天，看到萨瓦娜想帮忙把桌子盖起来，我真是吃了一惊。她真是一个可爱的小家伙。但是，看她用劲时，我又担心，怕她会夹到手指，怕不成功会导致她生气。我得在这之前帮她一把。糟糕的是，如果盖子掉下来砸到她，她会受伤。"

反 思

塔尼娅觉得萨瓦娜的努力很可爱，但并没有认真看待这个尝试。可能塔尼娅觉得萨瓦娜年龄太小，缺乏空间意识。塔尼娅没有看到萨瓦娜的能力，觉得她不能完成这个任务。相反，她担心萨瓦娜会因此受伤，感到自己很无能。但是，如果仔细观察的话，塔尼娅会理解，萨瓦娜其实认为自己是可以完成任务的，这也是为什么她要尝试并且很专注的原因。如果此时对儿童的能力有积极看法，塔尼娅的行为会完全不同。塔尼娅如果鼓励萨瓦娜的努力，萨瓦娜会对自己的能力更自信，也会觉得自己对集体是有贡献的。

菲利普 (Phillip) 的反应

菲利普密切关注萨瓦娜正用劲、专心地想把桌子盖起来。他让萨瓦娜自己探究一会儿，觉得提供点帮助可能会更好。菲利普走到旁边说："萨瓦娜，你正在用劲把盖子提起来，然后盖在桌子上，对吧？让我来给你讲讲怎么做更容易，好吗？"菲利普注意到凯尔一直在旁边看，所以也让他一起来学习。"凯尔，你对这个感兴趣吧？看，我往旁边站一下，这样身体就不会挡住盖子，然后，用强壮的肌肉把盖子举起来，盖子就翻过来了，这样就可以把桌子盖起来。"菲利普一边示范，一边描述。他建议萨瓦娜来试试。因为盖子有点重，他又建议三个人一起抬。"凯尔，你和萨瓦娜站在桌子那边，我站在这边，一起用力！"三个人一起把盖子提起来，完成了这个任务。

听听菲利普是怎么说的

"今天，看到萨瓦娜认真地帮忙整理，我感到很吃惊。每天我都会发现这种情况，孩子对教室以及日程安排很了解，他们都想帮忙。我尝试考虑儿童的努力，抓住每个可以教他们做事的机会。这样做确实会花费一点儿时间，但是儿童也确实在学习。我希望对儿童想为集体做贡献的强烈愿望多加鼓励，很多人却不相信儿童有这么大的能力。"

反 思

是什么因素促使菲利普决定给萨瓦娜和凯尔一点时间探索呢？菲利普明确自己在儿童学习中扮演的角色——将日程与预设课程放在一边，强调这段寻常时刻的价值。他很清楚对全班儿童的要求，也知道需要有固定的日程安排，但同时相信这样的寻常时刻也是课程的一部分，蕴涵着学习的可能性。他认为孩子是有能力的，愿意花时间教他们，这反过来又帮助儿童实现自己的能力。

很明显，教师不可能利用每个儿童的每个学习机会。教师应该权衡儿童个体需要、集体需要以及固定日程安排的价值。即使没有时间像案例中的菲利普做得那么完善，教师也可以避免仅依照行动计划做回应，或者与儿童互动的内容仅局限于规则和日程。教师可以关注、认可儿童的努力与兴趣，把儿童看作是有能力、好奇的人。在决定如何利用时间时，教师可以思考哪些因素影响自己的行动，然后再做出目的性更明确的决定，从而认可儿童正在做的事情肯定会创造更多价值。这些事情不是教学中出现的小事情，而是深化师幼关系、深化教学过程的核心事件。一旦朝着这个方向开展工作，教师会发现周围有大量机会可用来加强师幼关系、深化学习。接下来的挑战就是，选择跟随儿童的哪一种兴趣来扩展教师计划。这样，不断出现的寻常时刻就可以变成有意义的课程。◀◀

你的思考

选择某个上午，观察儿童正在做的事情。可能的话，与同事一起观察。注意一下，一天时间中儿童一般在做什么事情。在特定时间，如：你在与个别儿童交流或者进行小组指导时，儿童在做什么。上午结束的时候，详细记录所发生的事情，反思以下问题。

　＊ 课程和日程安排对你的行为和决定有什么影响？

　＊ 什么时候你会跟随儿童的想法和兴趣，什么时候不会？

　＊ 对儿童以及儿童能力的看法如何影响你的行为？

　＊ 其他因素（环境、家庭／文化／社区、媒体、文化偏见、规定／政策）可能会对你或当时的情景产生什么影响？

　＊ 什么时候你会行使教师权利，为自己、儿童寻求更多有意义的经验？

※ 原 则 ※
养成接纳的心态

作为教师，我们需要创设一种接纳氛围，这不仅意味着愿意细心聆听或很有耐心，更意味着需要我们在倾听时静下心来。它要求教师不是快速抓住认为"需要抓住"的一些东西作为谈话"目的"或者"目标"，而是静下心、耐心地传递我们正在接受的儿童信息。儿童需要理由相信，教师不会把他们所说的话作为分析诊断的依据或者重要事件记下来，更不会马上运用所说的话。教师应把儿童送给自己的礼物握在手中，根据儿童的自信心决定是否马上抓过来或抓得很紧。当一种想法是开放的、不完善的和暂时的，教师就不要过早要求儿童结束对这一想法的思考。

——乔纳森·科泽尔（Jonathan Kozol）

正如乔纳森·科泽尔所言，在儿童教育工作中，起点也是需要停下来的时候，教师应放慢脚步看一下当前发生的事情，提供一点时间让儿童开展活动。从表面上看，停止或等待不像在采取行动，其实它是为开展深层次活动提供支持。教师采取的首要行动在于内心，我们应该把对发生事件的细致观察作为日常实践，静下心思考，不着急引导儿童。教师随时可以接受儿童想法带来的变化，这才是真正交流和学习的基础。一旦停下来观察、倾听，我们会醉心于了解儿童的过程，也会沉迷于对情景的理解和反思。我们停下来或者等待，传达了尊重儿童的信息，强调寻常时刻蕴涵的可能性。对寻常时刻的关注，使我们更尊重儿童的观点和能力，使我们更喜欢儿童。我们相信儿童，把他们作为教学过程的合作者，因此我们会更喜欢自己的工作。以这种方式工作，要求我们有完全不同的心态，把自己看作研究者，对当前的教学活动有自己的思考。教师要能够生活在具有各种不确定因素的情景中，与儿童一起思考，相信自己与儿童的共同追求是有意义、有作用的。

◆ 加　速 ◆

>> 阅读下面的故事，关注辛迪（Cindy）对儿童在积木区吵闹行为的接纳，仔细观察细节，看看接下来会发生什么。

在辛迪的班上，一群孩子正在用积木搭建斜坡，他们玩得很起劲。斜坡搭好后，孩子们把小汽车快速地从斜坡上滑下去，使小汽车在教室里到处乱飞。孩子们尝试让小汽车滑得尽可能快，所以发出很大的响声，有时候还有大幅度的身体动作。飞来飞去的小汽车撞到墙上、窗户上，有时还差点砸到其他小朋友身上。辛迪纠正他们的行为，提醒扔小汽车的危险后果，"要保证小汽车只在斜坡上运动或快速滚动，这样扔来扔去太危险了。"辛迪没有把小汽车收掉或终止游戏。她知道，儿童追求的是更快速度，因此给儿童提供了高尔夫球："我有一个新主意，高尔夫球滚起来很快。你们使用高尔夫球玩斜坡，条件是只能在斜坡上滚动、不能扔。扔来扔去很危险，我就把球收起来。"孩子很开心地重新搭建斜坡，并按照辛迪提出的规则在斜坡上滚高尔夫球。事实上，孩子们能以惊人的速度在斜坡上玩高尔夫球，而不会把球扔来扔去。

伯林顿学校

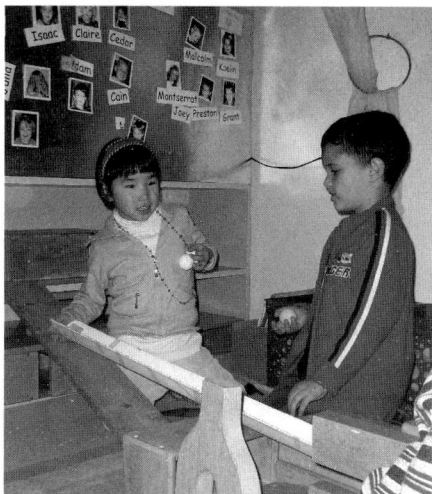

伯林顿学校

-------------------- 反思与行动 --------------------

背景和价值观中什么东西影响我对这一情境的反应？为什么？

*

环境和材料如何影响儿童的发展？会产生什么样的变化？

*

教师行为如何影响这一情境？

听听辛迪是怎么说的

"当观察、倾听儿童的想法时，我一直问自己这样的问题：'他们尝试取得什么样的成功？什么东西这么好玩？'我觉得他们不会没理由地这么吵、这么疯，他们是想让小汽车尽可能跑快。我为他们提供高尔夫球，支持他们达到追求速度这一目标，其实是挺大胆的。我认为，这可以使他们的活动更细心，增加控制性。很高兴，儿童极其认真地对待这个活动，并且遵守我制定的规则。看着孩子在探索速度的物理特性，这真是让人兴奋。我很高兴，预感到速度是儿童的真正兴趣点，而不是随意、不加拘束的游戏。"

反 思

很多教师可能会马上站出来，阻止儿童吵闹，避免游戏的潜在危险。但是，辛迪的接纳心态使她在根据日程安排阻止儿童活动前有所调整。她允许儿童按照自己的兴趣开展活动，利用儿童的热情，使他们的学习进一步深化。由于辛迪提出挑战，儿童的探索变得更有目的，而不是仅仅通过无意义游戏，漫不经心地学习有关重力与速度的物理知识或干脆终止这一活动。◄

96

不寻常时刻

没有一个孩子是平庸之辈，你可以在儿童身上看到这一点，儿童自己也清楚这一点。但有时孩子不得不用尽心思去学习成人期望的东西，然后用尽力气超越同样是成人的成就。

——安妮·迪拉德 (Annie Dillard)

观察汉娜 (Hannah) 的表情，它印证了安妮·迪拉德的话。汉娜在镜子中观察自己，这一刻在她的生命中是不寻常的。在镜子中看自己，引起了她极大的兴趣。记不记得我们最近一次在镜子中观察自己是什么时候？能记起为什么要站在镜子前吗？如果还能像从前一样在镜子中观察自己并感受生活，我们就可能以同样的方式看待他人，这也可以改变我们共同生活的方式。我们可以有选择地注意或学习儿童看问题的角度，正如安妮·迪拉德所说的，悲哀地做一个儿童必须超越"成人"的"儿童"。

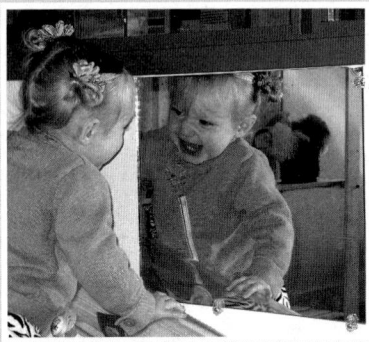

小马丁·路德·金日托中心

※ 原　则 ※

关注儿童的观点

仔细观察儿童时，你会发现他们关注的事物以及表现出来的决心、好奇心和喜悦。不管是悲是喜，是生气还是疲惫，儿童总会给人一种天性乐观及喜欢体验的渴望。内驱力决定了儿童早期是大脑发育的最快时期，这一时期大脑神经连接的数量大约是每分钟 25 万次，这是令人吃惊的数字。因此，儿童时期没有寻常时刻。

儿童观可作为教师做决定和行动的基础。教师如果和儿童一起参与更深层次教和学的过程，同时提升自身经验，理解儿童的观点就显得至关重要。要做到细致观察、仔细倾听，需要我们多实践。教师必须暂时搁置规定儿童必须做什么的日程安排，而是跟在儿童身后，从他们的角度理解经验。不同国界的思想家一致认为，当前的实践活动能给人的生活带来平和、安乐，同样也能赋予深层次意义。

丝巾集散地

卡琳是婴儿班的老师。有一天，她看到一块团起来的漂亮丝巾，立刻知道班上七八个月大的孩子肯定会喜欢。她决定，自己先玩玩这块丝巾，了解它的特征，同时思考儿童会怎么玩。她用这块丝巾将自己裹起来，或在空中挥舞。她想孩子可能喜欢用它跳舞，或会用它捉迷藏。卡琳试着想孩子会获得什么经验。"如果我把头遮起来，我还能看见你吗？我能找到你吗？

伯林顿学校

你能看见我吗？用丝巾把自己包起来，我会感到安全、舒服。"她知道孩子们在探索丝巾的材质时有强烈的好奇心，"它是柔软的还是坚硬的？闻起来像什么？能吃吗？"卡琳头脑中有了这些想法，迫不及待地想看一下孩子会用这块像巨大彩虹一样的丝巾来做什么。

97

≫阅读下面的故事，体会德比停下来考虑儿童想法时，一岁孩子对活动是多么专注。

手镯礼物

德比提供了一些五颜六色、闪闪发光的手镯，把它们放在干净的、有盖子的透明塑料盒里。孩子们仔细观察这些手镯，看它们在灯光下如何发光。孩子全神贯注地把手镯放回盒里，然后把盖子盖好。奥斯卡(Oscar)马上明白这些环的用处，所以用了很长时间把能戴的手镯都戴到自己手上。德比告诉大家，奥斯卡正在把所有的镯子往手上套，其他孩子好像明白了这个活动对奥斯卡的重要性，把镯子都让给了他，使他有足够的手镯完成任务。但是这时，基兰(Kiran)开始有意识把手镯扔在地板上，然后观察手镯像陀螺一样打转，慢慢地摇摇摆摆停下来。看到基兰的这一活动，德比把其他小朋友召集过来，共同看他在做什么，这引起儿童的兴趣。他们和德比一起开始游戏：把手镯扔在地上，看着它们旋转。

小马丁·路德·金日托中心

小马丁·路德·金日托中心

听听德比是怎么说的

"根据以前的观察，我知道孩子肯定喜欢这些我在一元钱商店买的塑料的、闪闪发光的手镯。我观察儿童

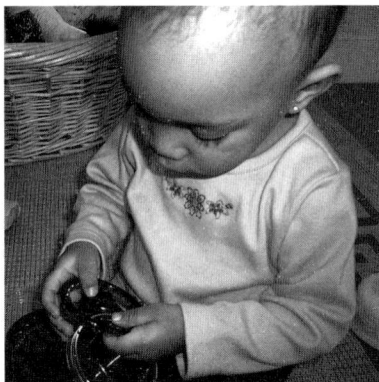

小马丁·路德·金日托中心

操作材料，发现和我预想的一样，孩子们对材料浪感兴趣。他们聚精会神地把手镯放回盒里，再小心翼翼地把盒子盖起来。学步儿总是认真地对诗类似任务，我总是被他们的认真打动。当看到基兰故意把手镯扔在地上时，我的第一反应是跳出来阻止他的行为，因为我的目标是帮助儿童明白要爱护材料。幸运的是，在阻止他之前，我停顿了一下，尝试从他的角度看诗这一情景。我意识到，基兰发现扔的手镯会像陀螺一样在地上打转，然后速度减慢，最后停下来。看到操作手镯的新方式，我浪兴奋地把其他孩子叫过来，看基兰的新玩法。浪高兴，我舱停下来考虑基兰的想法。但让我惊讶的是，基兰居然舱发现这种玩法，而他才 14 个月大！他的发现成为我们玩手镯的一部分。现在，孩子们都已经擅长控制这个物理科学的小发现。"

反　思

　　德比停下来观察儿童的活动细节，并有意识地从基兰的角度考虑问题。对于这一情景的分析，使她舱以深化儿童对手镯探究的方式回应。她看到了合作学习的可舱性，所以让其他儿童过来学习。反思一下这个案例，你可舱对其他的细节感到好奇。幼童在语言发展水平不高的情况下如何尊重同伴，并向同伴学习？为什么学步儿喜欢探索有盖子的容器？儿童成功地把盖子盖好，就像完成了棘手的拼图，为此会感到满足吗？他们可舱确信世界的某些物体是可以放在一起，所以心态浪平和。对儿童的想法感兴趣，会使教师在工作中充满智慧。◀◀

品尝试验

　　▶▶对于本班儿童做什么，你会经常匆忙下结论吗？在下面的故事中，妮达（Neda）最初和儿童进行交流时忽视了儿童的观点，阅读后关注妮达如何意识到这一点。

　　妮达为儿童提供了一盘新鲜水果和一把塑料水果刀。每个水果切开后，妮达指出里面是什么，与儿童一起分享每种水果带来的喜悦和惊奇。

除了探索水果的内在美，孩子们还迫不及待地品尝水果。安娜品尝了酸橙后，一边皱眉一边叫了出来。妮达知道她的感受，说："橙子很酸，是吧？"但是，安娜对这个回应并不满意，她继续指着橙子，脸上的表情十分生动。妮达接着说："你可以不再吃这个橙子啊！"安娜对这个回答也不满意，她走到水池边，爬上池边的垫脚石，打开水龙头，用水把橙子冲洗一下。妮达看到安娜的这一举动，惊讶地说："安娜，现在我明白了，你是想用水把橙子的酸味洗掉，是吗？再尝尝看，用水冲得走这种味道吗？"

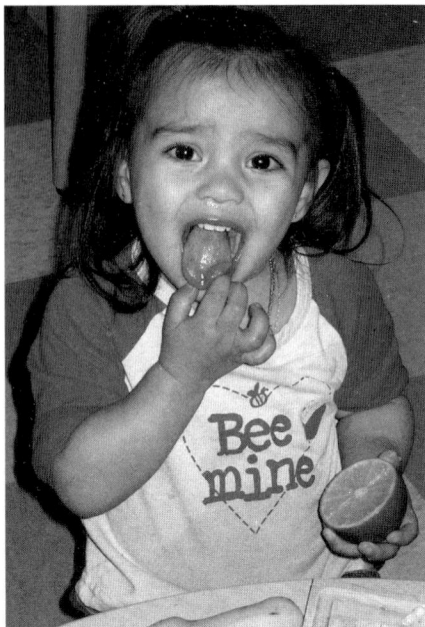

厄本维拉吉 2 号，邻里之家开端计划
(Urban Village Two, Neighborhood House Head Start)

99

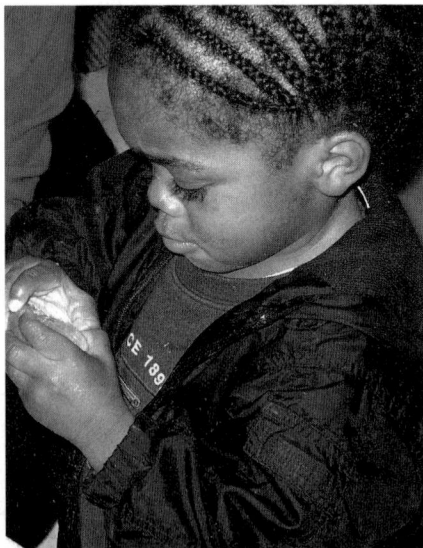

厄本维拉吉 2 号，邻里之家开端计划　厄本维拉吉 2 号，邻里之家开端计划

听听妮达是怎么说的

"我很乐意为班上的学步儿设计活动，为他们提供新经验。看到儿童对每种水果内部特征表现出来的兴奋表情，我对水果有了新的认识。通过儿童的眼睛，我注意到水果的形状、质地、颜色。孩子们教我如何沉醉于水果的芳香味道中。安娜品尝酸橙的事件，使我高兴和惊讶，她一直对我做出嘴巴里很酸的表情，我告诉她可以不吃。但看到她去冲洗橙子时，我终于明白她的想法。她也感到很奇怪，我怎么会给她那么难吃的东西呢？这给我的一个启示——儿童可以是独立、有能力的思考者。"

反　思

妮达的活动目标是从儿童角度观察儿童，关注的是表现儿童想法的一些细节。这种想法使妮达考虑安娜的朴素理论：老师不会给他们难吃的东西，所以橙子上面肯定有什么东西是可以洗掉的。妮达没有教安娜关于酸橙的知识，而是启发她进一步探索，通过再次品尝酸橙验证自己的理论。故事强有力地说明，儿童也可以创造自己的理论，他们努力理解、交流自己的想法。我们应该怎样抛开成人的观点，从儿童角度看待问题？妮达的想法和行动为我们提供了好的榜样。◂◂

你的思考

做出回应前，教师先考虑儿童的观点，而不是仅关注儿童行为。教师选择的行为要能扩展儿童的学习经验。为了更清晰了解儿童对什么材料感兴趣，教师在投放材料之前，自己要操作一下材料。选择一种你认为儿童喜欢的材料。想想班上的孩子，猜想一下他们对什么材料感兴趣，会关注材料的哪些方面。自己操作这些材料，看看你能发现什么。这些探索可能提醒你在儿童使用材料时用什么样的语言做出解释。进行探索的时候，你会知道存在什么探索可能性，但还是要对自己没有预想到的可能性持开放心态。把材料提供给儿童，带上第31页中有关反思与行动的问题，去观察、理解内容的意义，并从他们的角度做出回应。

※ 原 则 ※

关注细节，发现细节中蕴涵的多种价值

通过关注儿童的日常小事，教师可以了解儿童的观点，儿童也在仔细观察成人认为没有特别之处的一些事情的细节。教师对观察到的事情往往会迅速赋予意义或贴上标签。教师从自己的观察中做结论，但其实拥有的信息并不足以做出完整的结论。为了从听到、看到的事情中获取特定信息，你需要利用一些工具，如：写字板、笔、素描本、录音机、照相机等。教师要重视正在发生的时刻和细节，这样做不仅是为了儿童，也是为了自己。

沙子科学家

➤➤ 阅读下面的故事，如果教师关注儿童做事情的细节，可能会出现什么情况？基于下面故事的细节，关于儿童的理论和理解又有什么猜想？

在特殊儿童幼教机构中，2个4岁的男孩紧挨着在沙池里玩。赫克托 (Hector) 好像在往塑料盘里装沙子，一次又一次地把盘子装满，然后用力用铲子背把沙拍平整。偶然地，他来到也在玩沙子的萨姆 (Sam) 身旁。赫克托看了萨姆一会儿，发现萨姆也在设法把沙拍平。但是，萨姆用的不是铲子背，而是用盘子，一次就能把沙弄平整。等萨姆把盘子放下来，赫克托马上抓起那个盘子，用萨姆的方法高兴地玩起来。可是，萨姆哭了："他把我的盘子抢走了。"茱莉亚 (Julia) 老师马上进来，让赫克托把盘子还给萨姆，并建议他等萨姆玩过后再轮流玩。矛盾冲突就这样解决了，赫克托也在教师的建议下去了另外一个游戏区。

------------------------------------- 反思与行动 -------------------------------------

有什么突出细节可作为进一步思考的提示？

*

背景和价值观中的什么东西影响我对这一情境的反应？为什么？

*

什么样的理论观点和儿童发展原则引导我的理解行为和行动？

德塞特学校　　　　　德塞特学校　　　　　德塞特学校

听听茱莉亚是怎么说的

"萨姆和赫克托今天又去沙池玩了。我很高兴站在旁边，帮他们处理矛盾冲突。这样，他们的不满就不会像平时那样得不到解决。"

反　思

　　茱莉亚一点都没注意到使她出现不同反应的细节。仔细观察一下场景细节以及其中蕴涵但却没有被注意到的机会。有没有观察到赫克托在探索沙的一些努力？他观察并学习萨姆，并把学到的东西为己所用，实现自己的目标，还运用工具实现自己的想法，也从对萨姆的观察中学到很多东西，并成功地把新的学习应用到自己的活动中。关注细节可以提升对赫克托的印象——他是一个有能力的学习者，而不仅是一个有特殊需要的儿童。教师失去欣赏萨姆以及肯定赫克托向他学习的机会。她完全可以建议萨姆做一个"小教师"，给赫克托讲一讲自己的想法，而不只关注萨姆的抱怨。试想一下，教师如果将这一场景的细节和家长分享孩子如何有技巧、有魄力的话，家长会受到更大鼓舞。但是，由于教师为了解决矛盾而介入，这个机会就失去了。 ≪

显而易见，教师的工作很复杂。教师经常没有很多时间关注细节。但是这个故事提醒教师，要给儿童提供抓住细节的日常机会，这需要提前做好计划。这么做可以帮助教师理解，对每个情景都可以从不同角度去看，并做出多种可能性解释，同时有助于协调教师反应和行为。

※ 原 则 ※

跟随儿童的兴趣，进行对话

只有理解儿童的观点、仔细观察儿童的活动，教师才能随时和他们交流。儿童是"行动者"，并不经常反思自己的行为。把你所看到的讲给儿童听，向儿童指出自己可能没有注意到或者无法用语言描述的材料特征或性质、个人或者行为，这样才有可能扩展儿童的探索活动，鼓励儿童在新层面思考。教师与儿童的对话不是随意的，它要求教师在对话中加入一些细节和儿童的观点。这种互动与打断儿童兴趣的互动之间的区别在于，谈话是停留在儿童当前的行为和兴趣上并进一步丰富，还是停止或者改变儿童的兴趣和行为。一旦跟随儿童的兴趣，教师可以将儿童兴趣与更广阔的外部世界联系，扩展儿童词汇量，提高儿童的反应性和语言表达性技能。教师可以提醒儿童，他们所做的事情与教师或儿童家庭以往的生活经验如何相联系。教师如果能够真正根据自己的生活经验、儿童的兴趣分享你的想法和观点，就能提升儿童的学习经验。

在儿童引领下进行的真实对话与缺乏互动的教学方法不一样。你可以把这种对话看作是与儿童一起完成的教与学的舞蹈艺术。它的节奏、转换都很复杂，需要教师持续注意并拥有坚实的脚步。如此努力地工作很值得，因为它给教师带来重大意义和无比的快乐。

橡皮泥艺术

>> 阅读珍妮（Janie）和托马斯（Tomas）的对话，关注他们之间亲切的肢体语言以及托马斯工作的轻松，珍妮觉得轻松是托马斯的成功之处。珍妮的语言不多，但是动作一个接一个。珍妮在动作之间建立的联系，对两人都有意义。

塞德洛伍利开端计划

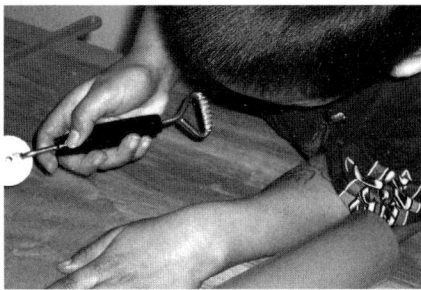

塞德洛伍利开端计划

在开端计划幼教机构的教室里，珍妮坐在玩橡皮泥的 4 岁儿童托马斯的旁边。其他儿童去其他地方玩了，而托马斯还在努力用工具在心形橡皮泥边缘做波浪形的修饰。

托马斯："我把这些饼干做好后，就可以去烘烤。"

看着托马斯工作的珍妮老师高兴地说："你都做了这么多啦！每颗心的边缘都有标志，是吗？"

托马斯高兴地说："我来告诉你怎么做这个饼干！"

珍妮："好的，你来教教我！"

托马斯很认真地示范如何用波浪形工具在橡皮泥边缘做标记。他似乎很喜欢教别人。他指着心形橡皮泥，说："你来做小饼干，我来做大的，你沿着这些线来做。"

珍妮的身体向前倾斜，表示自己很认真地学。她说："好的，我会沿着这些线做，接下来要做什么？"

托马斯的兴趣看起来受到了进一步激发："我得把这些边角拿走。"接下来，他把心形橡皮泥的边边角角切掉，然后向前倾斜身体，检查自己的工作："我做的是一块中号饼干。"

　　珍妮对托马斯为什么不停地说到尺寸很好奇。于是，她有了一个想法。她问："我怎么知道哪一个是中号呢？我们得量一下吗？"

　　托马斯回答说："你这样做就行了。"他拿起波浪形工具在橡皮泥上画了两条线，一条从顶部到底部，另一条连接另两边，这样把橡皮泥分成了四块。

　　珍妮模仿托马斯的做法，"你的意思是这样做，对吗？"

　　托马斯说："你要做得大一点。"

　　珍妮仔细观察托马斯，又一次模仿他的做法。

　　珍妮说："我知道你怎么做了，要把橡皮泥弄得更光滑。"

　　托马斯："对，我们开始做吧。"

　　托马斯用工具完成自己的设计。珍妮跟随他，完成后将设计拿给托马斯看。

　　托马斯："看起来像艘船。"

　　珍妮："怎么看起来像船呢？"

　　托马斯用手指着说："这是船底，这是船尾。"

　　珍妮："啊，我也看出来了。你不说我都没看出来，但现在看，确实像一艘船。"

　　托马斯继续完成工作。完成后，他把自己的设计拿给珍妮看，"看，我做了一颗星星。"

　　珍妮："是啊，看起来像一颗星星。我看到了这些线和点。"她一边描述，一边用手指着这些。就这样，他们开心地在一起活动，直到吃点心时才停下来。

听听珍妮是怎么说的

　　"我喜欢和儿童聊天，听他们的想法。我相信，如果孩子能够表达自己的想法，如果儿童能够大声说出来并从中学到一些东西，他们会感到很开心。我利用自己的好奇心与儿童交谈，并且共同关注'发生了什么问题''该如何解决这个问题''接下来该做什么'。这样与儿童相处是很有趣，你永远不知道接下来会发生什么，会有什么新的发现。"

反　思

　　儿童和教师一起坐在桌子旁玩橡皮泥，其实这一场景没什么特别之处。但是，珍妮与托马斯谈话时的仔细却不同寻常。她密切关注托马斯的想法和行为，为所看到的东西命名，模仿托马斯，向他询问下一步计划，通过分享自己的想法对托马斯做出回应。她相信，托马斯的引领角色有助于他的学习。因此，珍妮没有试图教托马斯如何测量，而是运用语言引导他自己思考和尝试。托马斯尝试的时候，面临建构新的概念、学习新的词汇。通过这一经验，托马斯知道他也有重要想法要表达，而自己对他人的学习可以有所帮助。角色转换轻松地拉近了托马斯和珍妮之间的距离。珍妮知道，做饼干的活动对托马斯很重要，因此，她要向托马斯提出挑战，帮他认识到自己正在付诸实践，并把想法进一步深化。有了相互信任的关系，托马斯在接受珍妮提出的任何新挑战时，都会感到很安全。◂◂

温柔的汤米（Tommy）

乌娜刚从婴儿班转到学步儿班不久，汤米本能地想知道乌娜需要什么。看到乌娜站在窗子旁边，他也走过来。他们从两岁儿童的角度交流，很快变成了好朋友。

汤米："我两岁半了。"

乌娜："我两岁。"

汤米："你想到我家里去玩吗？"他绅士般地把一只手放在乌娜的肩膀上。

乌娜："我妈妈说你也可以到我家玩。"

小马丁·路德·金日托中心

※ 原 则 ※
支持儿童之间的联系

儿童有能力帮助别人，也能够听取他人建议并从中受益。人类自出生起就有与外界接触并和他人联系的本能。但是教师还是尽可能多学习一些管理儿童行为的技能和策略，并注意儿童行为举止的培养，同时引导他们学会怎么和人交往并与他人相处。试想一下，如果把儿童看作是已具有与他人建立关系的人，那么我们的角色就是帮助儿童表现出这种能力。儿童不仅与其他人建立联系，而且要对他人的言语、想法、动作产生兴趣，这为教师发展深入的课程经验提供颇为成熟的机会。

可以用维果斯基理论证实这样的观点，即关系是生机勃勃的学习过程的来源，包括儿童与他人一起理解意义，而不仅是学习一些事实性知识。有意义的学习包括儿童与成人为达到共同理解一起探索想法的过程。学习过程是动态的，有时还带点"火药味"。小组成员学习或综合多个观点、协商不同观点时，会出现意见上的分歧。全身心投入这样的学习过程可以帮助儿童了解多样化的思考方式、多种表达观点的方法。不同的观点对于解决问题、形成新思考具有重要价值，这样，小组成员会明白学习可以是有趣的。

教师行为可以引发儿童关注其他儿童的不同观点。可以向儿童描述他人的言语、做的事情，突出他们观点中的异同。也可以建议儿童谈论其他人做的事情、想法和假设，建议儿童向他们提出挑战并讨论协商。当孩子成功完成有意义的事情并感到自豪时，教师可以要求孩子向其他小朋友展示一下怎么做的，并讲讲自己有什么心得。这些活动都可以帮助儿童与他人分享自己知道的事情，并在这一过程中更好地理解这些事情。教师是在拥有不同语言和文化的课堂中工作，强调儿童关注并理解他人就显得尤为重要。

肥皂泡专家

>> 阅读谢莉娅（Sheila）的故事，看一下她如何通过对儿童活动细节的关注增强彼此之间的联系。

一天，在玩水的桌子旁，孩子们对肥皂水和打蛋器很有兴趣。他们花了很长时间试图弄清楚工具的操作方法，发现可用不同方式摇打蛋器的手柄。当手柄转的时候，叶片也在转。儿童操作的时候，他们的老师谢莉娅，把儿童所说的话重复了一遍，并描述儿童所做的事情。

"看，劳尔（Raul）在给我们展示他的打蛋器转得有多快。"

"莉莉娅 (Lilia) 说打蛋器很容易转动。"

"很多人注意到，如果手柄摇得太快，叶片会卡住。"

谢莉娅的关注似乎激起了儿童的探究愿望。他们不停地尝试各种操作方式，兴奋地把打蛋器的操作方法展示给大家看。

"我的打蛋器转得很快，快看看我是怎么操作的。"

"我的打蛋器手柄是这样的，一摇手柄，齿轮就会转。"

探索打蛋器的活动持续了大约十分钟。之后，儿童的兴趣转移到打蛋器如何使肥皂水发生变化。罗伯托 (Roberto) 把打蛋器直接放在水里，先转动手柄，再看看肥皂水。他反复了几次，然后把打蛋器放进装满水的碗中，又一次转动手柄。然后，他向大家展示打出来的肥皂泡。"快来看！"他一边叫一边转动手柄，碗里的水变成水泡。

谢莉娅老师模仿了一遍罗伯托的动作，问："你是这样做的吗，罗伯托？"

很多儿童也想打出肥皂泡，所以反复几次做这个动作。罗伯托说："我要做很多、很多的肥皂泡，好好看着吧！"在罗伯托操作过程中，谢莉娅逐一解释操作步骤。她问罗伯托是不是可以慢一点，以便把所做的每个环节展示给大家，这样其他小朋友就知道如何打出肥皂泡。谢莉娅对操作步骤进行逐一解释。

"第一步，碗里装满肥皂水。"

"第二步，把打蛋器放入碗里。"

"第三步，摇动手柄。"

罗伯托一边摇动手柄，一边说："必须得快点儿摇，这样才能产生很多泡泡。"

罗伯托打出的泡泡开始在碗口一圈一圈堆起来，他高兴地叫了起来。

最后，由于谢莉娅把每个步骤都讲得很清楚，整个小组的儿童都学会罗伯托的操作方法，按照步骤可以打出肥皂泡。孩子们很高兴彼此分享这个发现，罗伯托更是乐得合不拢嘴，因为小朋友不停地问他："罗伯托，你是这样做的吗？"

塞德洛伍利开端计划

塞德洛伍利开端计划

106

听听谢莉娅是怎么说的

"我一直寻找帮助儿童的方法，鼓励他们把自己看作学习者的同时也把自己看作是他人的老师。班上的儿童拥有不同的文化背景，说不同的语言：有的说西班牙语，还有的说俄罗斯语和英语。由于我让大家互相看动作，他们相互之间建立更多的联系，班级成为关系越来越密切的集体。我很高兴能帮助他们。"

反　思

谢莉娅对儿童活动进行了仔细观察，目的是帮助儿童关注自己的想法，同时向其他人学习。儿童不会自发地对自己的行为进行反思，所以，教师用语言来描述儿童的行动，引发儿童的自我反思。自我意识以及对自己行动和想法的反思，是学习的基础。一旦儿童开始关注他人观点和方法，学习策略也会更为丰富。事实上，儿童从同伴身上学到的东西要比从成人身上学到的东西多。因此，建议儿童间互相请教是很有价值的方法。谢莉娅在自己的工作中真切地认识到这一点。《

照顾宝宝的孩子们

>> 克里斯汀娜的工作对象是小年龄儿童，观察一下，教师的支架如何把刚学会走路的学步儿那些令人不可思议的思考展示出来？

克里斯汀娜老师班上的一岁儿童在玩娃娃家的材料，她对此进行细致观察。儿童根据自己的生活经验模仿，如：有意把奶瓶放入娃娃嘴里，用毯子包裹娃娃等。克里斯汀娜仔细观察儿童，所以她能模仿儿童的行为，并描述他们之间发生的事情细节。

"基兰在用奶瓶喂宝宝。"

"蒂凯 (T'Kai) 正轻轻地把宝宝放到床上。"

"汉娜正在哄她的宝宝睡觉。"

"我的娃娃哭了，我要拥抱她一下。"

孩子们注意听克里斯汀娜说的话，他们纷纷模仿克里斯汀娜和其他小朋友的行为。乌娜是班级里稍大一点儿的孩子，她在游戏时出现了系列行为，如：喂奶、用布包裹娃娃、然后哄娃娃睡觉。其他孩子都学她的样子，一遍遍模仿这个游戏情景。

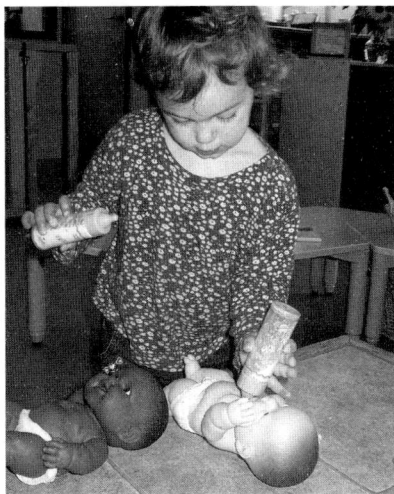

小马丁·路德·金日托中心

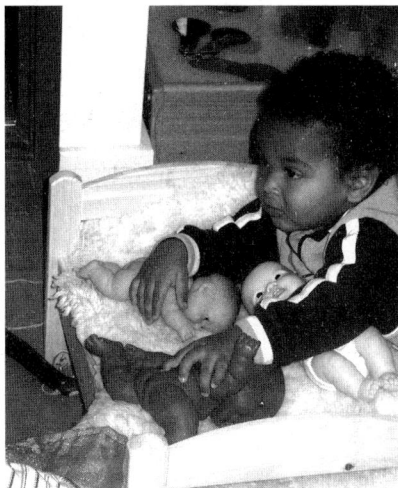

小马丁·路德·金日托中心

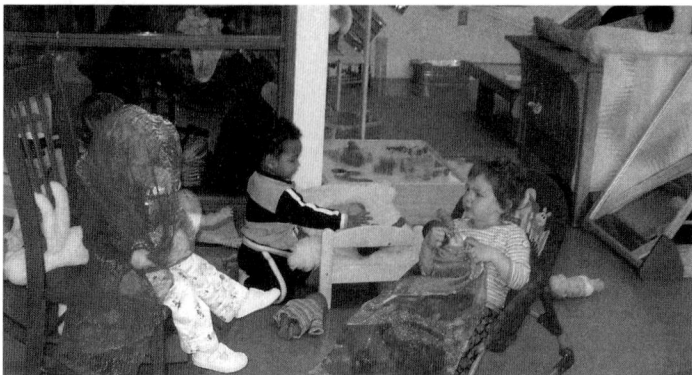

小马丁·路德·金日托中心

听听克里斯汀娜是怎么说的

"对我来说，看到孩子模仿生活中熟悉的养育行为，用我们提供的材料开展游戏，这是很开心的事情。我很乐于猜想他们游戏的时候在想什么。当我大声把儿童的游戏细节描述出来时，这些孩子似乎对他人的游戏更为关注，愿意尝试我所说的内容。今天，我看到了一些新东西。孩子们一起游戏时，比平时表现出更多的观察和交流互动。我知道，这是他们发展的一个阶段，他们正在从平行游戏向合作游戏发展。对他们游戏行为的描述促进了思维飞跃，我特别在乌娜的游戏中看到了这种进步。当她玩这个游戏的时候，其他孩子急切地想跟她一起玩。她也注意到其他孩子对自己的关注。我相信，这一点使她以新的方式看待自己以及自己的行为。她的眼里流露出喜悦神色，脸上挂着满意的微笑，此刻似乎理解了想象的力量。对我而言，这是有着深远意义的经历，因为它见证了乌娜对自己创造假想世界能力有越来越清楚的自我意识。"

反 思

克里斯汀娜不仅使用教学策略，而且还在与儿童互动过程中加入自己的热情与好奇。和克里斯汀娜一样，我们不禁对儿童的发展提出一些疑问：照顾娃娃的游戏是儿童对其家庭生活经验进行象征性表征的开始吗？观察其他儿童的象征游戏，可以使儿童意识到想象的力量吗？这种游戏是能给儿童带来莫大喜悦的象征性游戏开始的标志吗？我们在行动中能不能看到维果斯基社会建构理论的影子？对于儿童游戏的描述与评价如何深化儿童的游戏经验并促使儿童之间合作？和儿童一起沉浸在游戏中，你就可以把所看到的神奇的人类发展过程讲给儿童听。◄◄

※ 原 则 ※

根据儿童的长处采取行动

我觉得，之所以能成为教师，并不是个人偶然行为，而是内心意愿的一种迸发。和儿童一样，我们也在追寻意义。理解意义和获得知识不同。知识是静态的，意义理解则是促进我们采取行动的过程。获取知识之后要做些什么？尽管与儿童在一起，我们可以从提供"正确答案"的状态中解放出来，但只有带着一种不确定性开放自我时，我们才能获得自由的心智，伴随这种自由而来的是责任——采取行动，进行改变。

——艾里斯·伯杰 (Iris Berger)

正如艾里斯·伯杰所说，反思性教学的核心是深入班级事件，与儿童一起进行意义理解，运用创设的东西充实地学习和生活。儿童把开放的、充满渴望的倾向性带入教师的生活，而教师面临的挑战即是成人如何在提供智慧的同时，不包办代替与儿童将要走过的学习历程。理解意义的核心反映了这样一种信念，即儿童有强烈的愿望显示自己的能力，为集体做贡献。同时，儿童形成一种积极的身份认同，学习生存必须掌握的知识。通过关注儿童的能力并对儿童做出回应，教师可以更好地支持儿童学习的过程。教师的任务是寻找并强调儿童在学习过程中的参与性以及知道如何去做。师幼之间的呼应式是一种循环关系，建立在儿童与教师的长处之上。如果看到儿童的能力，你就乐于花时间耐心地教导儿童，同时，儿童也可以看到自己的能力和积极品质。循环关系以一种信念为基础，即所有人可以充分发挥自己的能力，通过共同努力完成对大家有益的事。当今社会还有比这更为重要的教育目的吗？目的听起来可能很玄乎，但在与儿童一起工作、学习的日常生活中，每个寻常时刻都蕴涵着这样的机会。

奶嘴——我的最爱！

>>阅读下面两个 18 个月婴儿的案例，关注教师如何利用儿童分享和互相帮助的能力，解决他们之间的问题，而不是直接介入其中为他们解决问题。

小马丁·路德·金日托中心

今天，由于太专注于游戏活动，温沙姆 (Wynsome) 把奶嘴弄丢了。她看到蒂凯嘴巴里叼着奶嘴，才想起来。她走到蒂凯身边，用力把奶嘴从他嘴里抢过来，放到自己嘴里。蒂凯大声提出抗议。桑迪老师建议两个孩子合作解决这个难题："蒂凯，我们去把温沙姆的奶嘴找回来，这样你就可以拿回自己的奶嘴了。"蒂凯马上接受了这个建议，和老师一起到活动区找温沙姆的奶嘴。找到之后，桑迪老师建议把奶嘴冲洗一下。温沙姆听到这个建议，积极和他们一起冲洗，同时带上蒂凯的奶嘴，这样可以把他的奶嘴也顺便冲洗一下，然后高兴地把奶嘴交给蒂凯。这样，两个孩子的奶嘴都物归原主，他们高兴地拥抱在一起。

听听桑迪是怎么说的

"蒂凯和温沙姆都喜欢奶嘴，只要妈妈允许，他们可以不分日夜把奶嘴放在嘴里。根据之前的观察，我了解到，这两个孩子与奶嘴有密切关系，根据自己的经验还知道奶嘴非常重要，这一定是把自己的情感和别人的奶嘴也联系起来。我曾经看到他们一起玩时把自己的奶嘴给对方。我在想，把奶嘴从另一个人那里拿过来用，是不是想尝试了解彼此经验而变得与别人更加亲密。看起来，温沙姆想要蒂凯的奶嘴，而不是随便什么或是自己的奶嘴。彼此拥抱的时刻真是太温馨了。曾经听说这一年龄阶段的儿童非常自我中心，但是我一直在想，他们的行为背后隐含的东西，可能并不是我们认为的东西。温沙姆把奶嘴还给蒂凯的原因是，她对共同完成这一任务并和他建立联系产生了兴趣。"

反 思

在这种情况下，可能很多教师都会试图教会温沙姆一个道理，即不应该抢他人的东西，也可以教蒂凯使用语言捍卫自己的权益。桑迪老师没有通过对儿童拥有奶嘴这一自我中心行为的应答，来对儿童之间的矛盾进行调解，而是利用儿童彼此建立联系的内在需要，建议蒂凯去寻找温沙姆的奶嘴。温沙姆积极加入进来，证明了桑迪老师的理解和做法是正确的。故事向皮亚杰理论提出挑战，皮亚杰认为儿童是自我中心的，不能从他人的角度看问题。事实上，如果我们为儿童提供一种途径，让他们实现自己积极的品性和能力，儿童的社会技能也会得到提高。◄◄

✦ 交通拥堵 ✦

≫培养儿童的心智和能力，发现儿童的长处，并为儿童提供一种能够发挥自身长处的策略，这对教师来说很重要。正如下面的故事所示，有时需要教师强有力的介入和坚持不懈。关注安老师如何利用男孩合作游戏的潜力，采取一系列强有力、持续的行动。

厄本维拉吉 1 号，邻里之家开端计划 (Urban Village One, Neighborhood House Head Start)

胡安 (Juan) 和乔瑟夫 (Joseph) 在积木区玩，他们的游戏意图并不明确，仅仅把积木从架子上拿下来，在地板上杂乱无章地堆着。他们用积木把已经搭好的积木打倒时，似乎很兴奋，嘴里发出爆炸般的声音。看到这种情况，安很快拿来一篮子玩具卡车和小汽车，问："今天有没有人来铺路呢？这样，这些车就有地方可跑了。"胡安和乔瑟夫马上开始用小方块积木铺路，从一头铺到另一头。

乔瑟夫："我们来铺一条长长的路吧，从这里一直到那里，再到那里、那里……"

胡安："从这里到这里，再到这里。"

乔瑟夫："不，不，这条路得绕到这里，我希望这边的路很长很长。"他把胡安的一些积木拿过来，放在自己搭建的路的末端。

胡安大声抗议："不行，不行，放这里，放这里。"他踢断了乔瑟夫铺的路，把积木弄得到处都是。

安马上提供了一块写字板，说："我画的是你们用积木铺的路。"她把写字板和笔拿给乔瑟夫，问："你能在上面把路画出来吗？这样，我们就能记住路的走向。我们可以把它作为一张地图，帮助我们重建这些路。这幅画可以帮助我们清楚知道积木应该怎么摆。"

安把写字板立在一旁，板的上方是画好的图。胡安一边看图，一边重新铺设这条路。

安："我们把车也画在地图上，你们俩一起在地图上画些车，好吗？"

两个男孩通过协商决定轮流画，他们的画中不仅能看到路，还可以看到汽车的路线图。两个男孩还根据他们的游戏，创编了一个故事。

听听安是怎么说的

"这是一个很吵，但很容易发生变化的场景。男孩之间的矛盾很容易演变成一场大战。我一直尝试帮助他们了解对方的想法，向他们建议可以合作的方法。我尝试理解他们每个人要达成的目标，然后帮助他们就两人共同的想法进行合作。他们的第一反应是要占上风，生对方的气。但是，如果我待在他们身边，就可以帮他们进行合作。"

反 思

安之所以采取这样的行动，是因为她相信，两个孩子有能力解决分歧并进行合作游戏。她没有采取轮流游戏、站到旁边思考、没收游戏材料等策略来介入有潜在危险的场景，而是把两个孩子最初的活力看作是有合作意愿的标志，通过两个孩子一起完成铺路和画图的任务，把他们的想法和实际行动联系在一起，这样就充分利用了两个孩子的合作精神。通过这样的任务，两个孩子看到了自己以及对方的能力，并感受到合作的魅力。 《

你的思考

对教室里受欢迎的合作游戏进行观察，通过记笔记、拍照对儿童行为进行记录，在此过程中注意下面的关键点：

＊ 孩子们做了哪些特别的事，说了哪些特别的话，可以表明他们与他人建立的联系和友谊？

＊ 在表达自己想法的游戏中，儿童如何使用物体和材料？

＊ 出现了哪些挑战或者矛盾？为排除彼此之间的分歧，儿童做了什么？说了什么？

把记录做成一本书，书名可暂定为《我们知道如何共同工作》(*We know How to Work Together*)，可以包括一些特殊的照片和儿童做过的事情和说过的话。照片或细节可以反映出儿童对于合作的理解。与儿童经常阅读这本书，邀请儿童时不时在书中添加新的想法。

运用下面的问题，问问自己学到了什么：

＊ 看到的哪些东西强化了我对儿童的看法，即儿童乐于与他人合作，有能力解决他们之间的分歧？

＊ 对儿童经验的回顾如何改变、提升儿童的想法和行动？

＊ 还有哪些想法能够阐述儿童之间的关系？

第五章
指导儿童学会学习

重要的不是学什么，而是能运用所学知识并知道为什么学习。

诺顿·贾斯特（Norton Juster）

对幼儿教师来说，看到儿童自己在游戏中合作并持续很长时间，是对他们的最好回报。当学习内容的趣味性强，引导儿童注意力集中并不需要教师的帮助，这是最值得骄傲的。如果重视儿童的游戏经验，你就会坚决反对用自己或他人的安排打断儿童游戏。而当儿童沉浸在游戏世界时，可能你感到困惑的是如何发挥自己的作用。你可能觉得，必须抓住儿童游戏中的主题，并围绕主题设计"课程单元"，这才是"真正意义上的教师"。

儿童自发游戏的价值再怎么强调都不为过，这是自幼儿教育专业长久以来公认的早期教育核心问题。儿童拥有大量时间，使用开放材料追求自己的观点时，就得到了发展。伊丽莎白·琼斯和格蕾琴·雷诺兹（Elizabeth Jones & Gretchen Reynolds, 1992）说过，有游戏机会的儿童将成为"优秀的游戏者"。她们声称，这是早期教育的最重要结果，因为"优秀的游戏者"通常也是具有自主性经验的学习者。

我们重视儿童持续性自发游戏的价值，而不是去干扰或掌控或要求儿童绝对服从指令。教师采取的行动应支持儿童的学习，而不是让儿童按照你的方式做事，就像给儿童提供建议。教师要掌握好两者之间的度，既要向儿童提出挑战，希望他们表现出自己的最佳能力水平，又不能让他们感到失败沮丧，列夫·维果斯基把它定义为"最近发展区"，他解释道，这是在儿童现有发展水平和在成人或同伴支持下可能达到的水平之间的区域。（Berk & Winsler,1995）这种支持（教师帮助儿童在学习上可能达到下一个水平的行动）叫作"支架"。教学的最大回报就是与儿童一起参与这一过程。

引导儿童学会学习是"支架"的重要方面。当你引导儿童在熟悉的经验上建构，或者在较长时间的开放性探究中提供进一步学习帮助，这个"支架"是最成功的。而当你看到儿童参与活动需要具备某种技能时，教育契机也由然而生。你或者相信他们有能力学会并应当得到更多支持，或者并没有意识到要提供更多支持。随着每一次的指导或示范，儿童需要更多机会去练习，并使之成为自己学习过程的一部分。

在上一章，我们探讨了教师怎样把日常生活的寻常时刻作为课程一部分。在本章，我们将充分探讨教师角色，通过一些建议和具体做法扩展儿童活动。教师可以利用以下原则，指导儿童学会学习，让儿童"走得更远"。

＊ 引导儿童将学习看作是对不同组成部分练习的过程

＊ 鼓励儿童对学习进行自我评价

＊ 引导儿童学会使用学习工具和策略

＊ 将游戏时间与学习时间区分

＊ 引导儿童在学习中运用参考资料

＊ 指导儿童仔细观察

＊ 指导儿童用图画记录观察的重要内容

＊ 通过故事或戏剧进行学习指导

＊ 支持儿童向同伴学习

教我一些东西吧

一天，四岁的普里亚（Priya）和德布坐在美工桌旁边。普里亚（她已在德布的幼儿园待了几个月）说："我真的很喜欢来上幼儿园，也喜欢玩这些玩具，但什么时候会教我学一些东西呢，老师？"这不是德布第一次从一个儿童那里听到这种话。幼儿园毕业的儿童回去看她时，总会说现在学了多少知识，现在是在"真正的学校"。德布听到这些意见时不做

任何辩护，只是尝试着理解儿童观点。后来，她慢慢明白，儿童的态度与成人的态度很相像，如"玩的时候不是学习。去'真正的学校'时，老师教你知识的时候，才是学习。"

这些经历促使德布思考，帮儿童学会学习，是一件多么好的事情。从那天起，她尝试运用更多策略，通过与儿童交谈了解儿童如何在游戏中学习，通过游戏他们学到了什么。

伯林顿学校

※ **原 则** ※

引导儿童将学习看作是对不同组成部分练习的过程

你是否也好奇地想知道幼儿如何看待学习？儿童绝对知道，他们不像成人和孩子那样，有更多的知识和技能。但是，他们仍努力达到更高水平，并自豪地希望别人看到自己的能力有提高。你经常听到两岁儿童大声说："我不再是小娃娃啦！"学前儿童总是夸大自己的个头和年龄，懂得个头更高、年龄更大意味着力量和特权更多。如果能利用儿童自信和提高能力的愿望，帮助儿童对自己的学习负责，情况会怎么样？

教师经常安排儿童的学习，可能很少让他们自己独立思考。儿童并不清楚为什么要做这件事。教学需要反思，是为了理解当前的状况，了解所有能丰富和深化学习的可能性。但是托幼机构负责人和教师在日常生活中只有短暂时间去做这种反思。另外，教师回顾教学工作时，很少研究这些经验对儿童意味着什么，相反，可能会对儿童兴趣做一般性评价，或者评价是否达到了"自己"的教育目的。如果让儿童成为反思过程的一部分，成为你的合作

113

伙伴，帮助确定哪些是有价值的学习，达到这种目的最好的途径是什么，情况又会怎样？当孩子能够说"我知道如何学习"时，他们会把自己看作有能力的人，会变得更加自信，不再被挫折困扰。

帮助儿童看到学习的可能性，可以利用"多元智能"理论（Gardner, 1993）、"儿童的一百种语言"（Edwards, Gandini & Forman, 1998）、"社会建构主义"（MacNaughton & Williams, 1998）、"直观教学"（Project Zero & Reggio Children，2001）。如果能将对这些资源的理解整合到教学中，你就可以将其介绍给儿童，并很自然地把它作为课堂和学习方案的一部分，这样做看起来又会怎样？

儿童游戏时，成人要引起儿童对学习多方面的关注，你要有期望的意识"他们在游戏中'更聪明了'"，而不是一味提醒和提供指导，更要对正在展现的东西进行描述或提出问题。例如：教师会这样发表看法并提出问题：

* "当你做_____的时候，你在学习_____。"
* "当你做_____的时候，你在想什么？"
* "你正在工作，怎么知道什么时候做完？"
* "如果想学会更多关于_____的知识，你可能会做_____。"

可以把学习理论整合到与儿童的互动中，就像在游戏中一样，儿童也会很自然地用多种方法学习，但不一定意识到学习过程。当提供了行动的框架，他们就能决定怎样学，知道什么方式最有利，懂得在面临挑战时尝试新事物。随着时间推移，儿童逐渐懂得，这是他们学习的方式。帮助儿童更清楚地了解以下概念，和儿童一起活动的目标具有明确指向性。

* 深入认识某一事物时，仔细回顾你做了什么，并认真思考你的想法。
* 通过谈话、记录或创编故事，把你的想法告诉哪些人。
* 把你知道的知识或做事情的程序教给哪些人。
* 把我们的想法做成图表或进行文字记录，能提醒我们学到了什么。可以重复运用这些想法，而不是一切都从头开始。
* 另一种明智的方法是把我们的想法和行动画出来。
* 可以用不同材料或方式探究同一个想法。可以根据事物的外观构造一个物品、编一个舞蹈、写一个故事、编一幕戏剧等。
* 邀请其他人和我们一起思考，会使我们更有收获。朋友、家人、邻居

或者书本可以给我们的想法提供更多思路。

以下是一些明确建议，可以把以上观念整合到教学中。

* "告诉我，你是怎么想的，我把它们写下来。"

* "把这个故事或步骤给我讲一遍，先是什么？然后是什么？"

* "我们把这些材料做成一本书或表格。"

* "把我们已经做了什么画下来。我看到了_____，还有什么其他的东西也可以画上去吗？"

* "我们再来找一找，看能不能找到其他材料来做这些东西？"

* "还有谁可以和我们一起探讨这个想法？"

* "能不能找到一些书籍或其他人来帮助我们？"

考察教师是否把这些理念运用到课程中，这将有助于你进一步对以上学习方法的学习。

利用乐高积木 (Legos) 学习

≫在下面的案例中，看一下科尔斯顿 (Kirsten) 采用了什么方法帮助儿童理解，如何运用积木建构继续学习其他东西。

本班儿童对乐高积木表现出极大热情，已经持续了一段时间。科尔斯顿拿着写字板和笔来到孩子中间。乔希 (Josh) 首当其冲，指着自己搭的乐高积木开始讲故事，让老师写下来。

科尔斯顿问："你已经搭了很长时间。乔希，如果你能把它的故事告诉我，你就更聪明。"

乔希指着建筑的每个部分说："这是花园。我爸爸在院子里干活，这些是树和植物，我爸爸在割草。这是我，我在院子后面滑雪橇。"

科尔斯顿说："我们再仔细看，看

伯林顿学校

能不能把它画下来。"

科尔斯顿仔细地构画建筑的每一部分,把乔希讲的故事重新讲了一遍。乔希在她画的时候,给她指点并提供更多细节。

乔希说:"后面有一座小山,我在上面滑雪橇。"

她建议乔希把自己搭的建筑画下来,却被他拒绝了,说自己不会画。科尔斯顿鼓励他学着画,告诉他也许以后就能完成这件带挑战性的事情。

几个星期后,由于已有许多讨论积木建构的经验,也看过老师如何把它们画下来,乔希能很熟练地画出乐高积木建筑的细节。最后,他逐步喜欢上再次表征积木作品的活动,开始自己画。

在科尔斯顿的班上,对积木的狂热仍在继续。教师给儿童建议新的玩法,帮助他们完成更复杂的作品。

当一些人开始在教室里把积木搭的火箭,扔得满天飞,并假装他们是飞行员用无线电通话时,科尔斯顿运用厚纸画出路和陆地,把它作为积木火箭的着陆板,儿童采纳了这个建议。这个戏剧故事后来延续了好几个星期。儿童用粗笔在着陆板上加上自己的想法,画了含有很多细节的小型机场。

一天,科尔斯顿建议儿童用废旧材料制作宇宙飞船,之前几个儿童整天在做这件事。接下来的几天,儿童运用吸管和透明软胶(硼砂、胶水、水的混合物,有时把它叫作"盖克")。设计建造了一个为积木戏剧表演添加汽油的码头。他们把透明软胶当作油,把吸管当作管道为火箭加油。

伯林顿学校

伯林顿学校

伯林顿学校

伯林顿学校

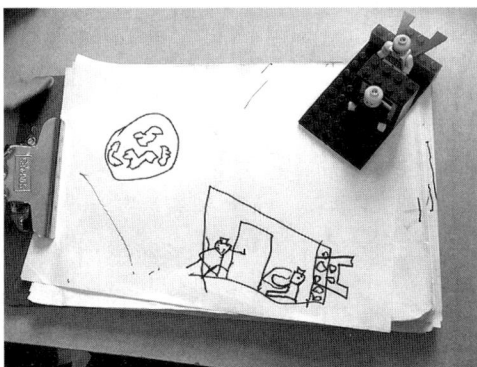

伯林顿学校

反思和行动

文化、家庭背景或大众传媒如何影响这一情境?

*

这里涉及哪些学习领域?

*

什么样的理论观点和儿童发展原则引导我的理解行为和行动?

*

什么样的价值观、哲学观和目标影响我的反应?

116

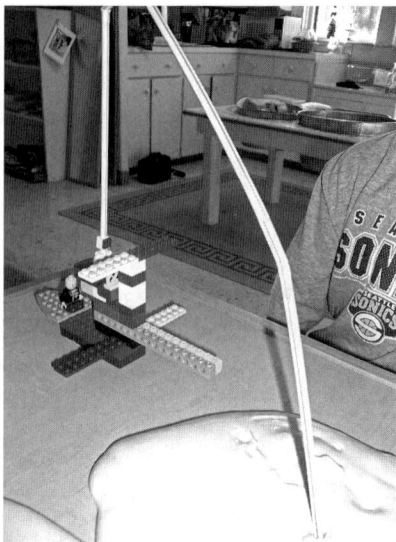

伯林顿学校　　　　　　　　　伯林顿学校

听听科尔斯顿是怎么说的

　　"在我的班上，许多儿童长时间坐在一起搭积木，有时他们围着积木作品讨论和游戏，但他们的游戏最多也就达到这个水平。我最初的想法是把游戏向其他方面引导，这样他们可以探索更多工具和材料。但后来我没有这样做。我尝试利用儿童建造积木的能力以及对积木的兴趣，向他们提出更具挑战性的任务，让他们有更多合作，并学到更多东西。最初，在儿童游戏时担任主动角色，我还觉得不太适应，觉得自己不应该打断他们的游戏。但我发现，如果关注儿童游戏细节，催促他们围绕兴趣点进行讨论，鼓励他们在合作分享的任务中提出自己的想法，他们应该很乐意接受这一建议。现在，这已经成了我们保留的习惯。在儿童游戏的时候，我们都关注细节，并把这些细节作为谈话、活动以及学习资源。"

反　思

　　当发现班上儿童日复一日在同一区域玩同样东西时，你为他们感到担心吗？科尔斯顿的故事告诉我们，如何利用儿童对某种活动的迷恋来丰富他们的游戏，向他们介绍更多的学习策略。你注意到科尔斯顿在鼓励儿童发现和丰富游戏时所用的语言和建议了吗？科尔斯顿一直和儿童活动，讨论他们的想法，帮助他们解释彼此行动，用其他材料重现他们的作品。她在儿童追求兴趣、释放热情时帮助他们。利用多种策略学习现成为这个班日常生活的核心，不仅个别儿童这样做（如乔希），全班儿童都学会这样做。在期望的儿童学习结果中，还有什么比让儿童获得独立、合作的终身学习者所必须掌握的技能和倾向性更重要？ **«**

※ 原 则 ※

鼓励儿童对学习进行自我评价

帮助儿童关注学习的另一个策略，是和他们一起讨论哪些东西值得保存并放进档案袋，哪些东西可在教室里展示，哪些东西可与家长分享。提供一些指导性问题，让儿童反思，哪些能代表，哪些不能代表他们的学习。和儿童一起考察作品，进行记录档案时，可以考虑下面问题：

* 哪些作品展示了你在这一星期想要解决的问题？

* 这些东西（图画、故事、作业）的哪一样能代表你正在进行的学习？

* 这些东西中有什么能使你想到这里曾经学到的东西？

* 当看到这些作品时，你能想到接下来学习什么？你会怎样去学习？

* 谁知道这方面的知识并可能帮助你？

* 明天你开始做什么？

这是谁的学习？

»阅读下面故事，布赖恩（Brian）老师在班里建立起常规习惯，帮助儿童评价和欣赏自己的学习成果。

每个周一早上，布赖恩会把班里儿童上周完成的作品展示出来。他把观察记录、儿童游戏照片、艺术品放在桌子上，供给大家看。游

伯林顿学校

戏时，布赖恩和一群儿童坐在桌子旁边，他们急切希望听到幼儿园里发生的故事。他们仔细观看桌上的东西，讨论他们做了什么，学到了什么。而选择把什么作品放进自己的档案袋则是儿童自己的工作。儿童花时间在手头工作上，同时喜欢仔细考察这一年搜集的作品。布赖恩建议儿童仔细研究现在的作品，并且确定哪一个作品最能代表他们近来的学习进步。

听听布赖恩是怎么说的

"以往我们强调对儿童学习的评价，我曾经对这一点感到很不舒服。为每一个儿童的档案袋填写核查表和做观察记录要花很多时间，使我在和儿童相处时失去了自由。当我考虑让儿童参与以后，变化很明显。毕竟，我做的记录是有关儿童自己的学习，他们应该参与到这一过程中。我现在做的事情是借助观察和照片创编故事，以便我们一起学习。我们开始喜欢这种活动，把它作为每周开始的常规活动。我们经常讨论，这些对话也成为我们的重要内容。"

反　思

儿童在小小年纪就急切加入对自己学习过程的反思中，你能想象出它的力量有多么强大吗？幼儿的生活都是在学习。布赖恩每周的日程安排即利用这一简单事实，给儿童提供学习新视角和自主权。儿童不仅需要通过经验学习，还需要对经验进行反思，它能带来更深层次的学习。正如我们从布赖恩的故事中看到的那样，儿童非常愿意听到对自己以及同伴的评价。这项活动鼓励儿童相互合作，同时为学习注入快乐。另外，儿童参与这个过程，也给布赖恩完成自己过去不太喜欢做的事情添加了更多快乐。◀

现在我知道什么是真正的学习！

伯林顿学校

当儿童在学前阶段学习如何学习时，他们有了新的实现途径。还记得前面提到的四岁儿童普利亚吗？

在这一学年结束时，普利亚和老师德布又进行了一次谈话。在儿童要离园时，德布问每个儿童这一年有什么感想。

她问了一系列问题："你能告诉我学到了哪些在开学时还不知道的东西？在幼儿园，你最想记住的事情是什么？"

德布提醒普利亚——去年刚开学时他曾经说过："我非常喜欢上幼儿园，在这里我们可以玩任何东西，但什么时候要教我学一些东西呢？"德布很想知道普利亚现在是怎么看待这个问题的。普利亚回答说："哦，那是我知道到底什么是真正学习之前的事情了。"

你的思考

反思儿童的行为时，你是否意识到，他们对自己学习过程到底了解多少？你回答这一问题时，用什么表现指标作为依据？儿童想做一件事之前，会不会经常讨论自己的计划？在班上，儿童的新学习如何得到认可？儿童能够认识到这一点或者你能指出这一点吗？

用你对这些问题的回答和儿童开始有关学习的交谈，尝试与个别儿童或小组儿童制订简单的学习计划，记录并评价发生的事件。

引导儿童学会使用学习工具和策略

当把学习过程直观地展现在儿童面前时，我们可以通过教他们运用工具、材料和具体策略，促进他们的学习。儿童用敏锐的眼光观察成人的世界，他们渴望学习，并希望在帮助别人理解他们的思想和行动方面有更多自主性。

过去美国提倡以"儿童为中心"的教师不愿提供模板或示范，害怕会限制儿童的创造力。"发现"作为我们的宗旨和指南，是让儿童决定什么东西可行和什么不可行。探索和发现是儿童学习非常重要的方面，然而有些学习还是需要提供指导、支持并提出挑战。只鼓励儿童交流想法却不告诉他们怎样运用工具交流，这样不公平。当我们揭开学习工具、技能、过程的神秘面纱时，儿童就会获得信心和能力做感兴趣的事情。

下面的故事告诉教师如何运用不同方法指导儿童。

119

使用剪刀的技能

>> 这个故事提醒我们，即使是年纪最小的儿童也能借助工具的力量。德布老师引导儿童用剪刀剪透明软胶（也叫作"盖克"），你对她教一岁儿童使用剪刀这件事情有什么想法？

小马丁·路德·金家庭日托中心

一天，班上的学步儿正在探究透明软胶。德布想起她和学前儿童曾经做过的活动。对学前儿童来说，用剪刀剪透明软胶是不费吹灰之力的事情。她开始尝试教班上一岁儿童使用剪刀。儿童专心致志，带着极大兴趣观看她的示范。她示范怎样用一只手握住剪刀来来回回移动，把透明软胶剪开。儿童迷上这项艰巨任务，专心致志地练习示范动作。德布抓起透明软胶的一头，把它长长垂挂下来，儿童练习用剪刀剪，一直到他们能成功把透明软胶剪下来。奥斯卡看了德布用两手握剪刀的示范后，居然自信地用一只手剪，而且剪得很轻松，甚至还转动手腕和手。

小马丁·路德·金家庭日托中心

小马丁·路德·金家庭日托中心

听听德布是怎么说的

"班上的学步儿每天都在做力所能及的事情，这使我惊奇不已。他们对成人的世界以及我使用的工具非常有兴趣。他们喜欢用海绵到处擦，当看到我扫地时，就想用扫帚来帮我。我只好为他们提供足够数量的工具，让他们参与教室里的真正工作。今天，我更进了一步。剪刀对他们有相当吸引力，他们总能发现放在教室里供成人使用的剪刀。今天玩透明软胶时，使我想起了和大年龄儿童一起做过的同样活动。对他们来说，用剪刀剪透明软胶是简单和令人满足的事情。那一刻，我决定教这些一岁的孩子用剪刀。起初，我在笑自己，想到大多数人会怎么看待让一岁幼儿使用剪刀这个想法。人们给儿童提供像透明软胶这种材料时，总会有一点儿担心。然而，我现在知道他们的决心和能力。在需要成人督导的活动中，我一般会一直待在他们身边，所以决定这样做。当我提议他们学习使用剪刀时，儿童好像很意外，因为在他们的记忆中，成人通常是把剪刀拿走的。他们目不转睛地看着我，然后认真学习怎样剪。当我教奥斯卡用两只手用剪刀时，我又一次感到吃惊。他看我用两只手剪，就像看到一个傻瓜。他只用一只手握住剪刀，像熟练的行家。我以前带过的四岁儿童也不能像这个 20 个月的儿童这样熟练使用剪刀。另外，这个年龄段的儿童相信他们能够参与世界的任何活动，我发现他们是对的！我会继续认真地接受他们向我提出的挑战。"

反 思

成为儿童学习的指导教师的重要方面是相信儿童是一个有能力的个体，他们理应学到成人拥有的技能和信息。对儿童的信念促使德布花时间把任务分解成儿童能完成的步骤，清晰示范需要学的内容，然后仔细观察和耐心等待。这个故事是维果斯基"支架"理论的典型范例。儿童（除了奥斯卡以外）需要支持才能安全成功使用剪刀。他们急切想学的倾向性、决心以及处于发展过程中的小肌肉动作形成了"最近发展区"，使儿童在德布的帮助下达到更高一级水平。你也可以给自己提出挑战，考虑班上儿童有哪些想学而在引导下能够学会的任务。想象一下，当教师和儿童在一日活动中共同面对更多挑战、使用更多技能时，你们将会得到何等满足。《

记忆通道

≫指导儿童如何运用思考策略，也能帮助他们将更复杂的学习当作日常活动的一部分。以下是教师安指导基拉（Kierra）运用记忆策略玩游戏的案例。

早上，基拉玩了很长时间的"卡片匹配"游戏，她把写有儿童姓名的卡片摆成长长几排，然后设法找到配对卡片，翻开一张，又一张，再一张，直到最后能够配成一对。其他儿童对游戏中找匹配卡片时的惊喜感兴趣，所以来玩这个游戏，但玩了一会儿就离开了。观察到这一情况后，安决定给仍在游戏的儿童提供一些引导。

"基拉，我想和你一起玩这个游戏。"安说，"你能不能教我，你知

帕克莱克2号开端计划机构 (Parklake Two Head Start)

道怎样玩这个游戏吗？"

"你翻两次，然后该我了。"基拉回答，"我们要找到配对卡片，但首先要把卡片重新摆好，因为它们被打乱了，重新摆成一排。"她指了指杂乱摆放在地毯上的卡片。基拉和安把卡片摆整齐，将杂乱无章的牌按顺序整理好。

基拉让安先开始。安拿起一张卡片，然后另一张，大声读上面的名字，它们不配对。于是，她把卡片放回原先位置，解释道："我把它们放回原来的位置，这样下次就能记住它们在哪了。"

轮到基拉了，她仔细地把卡片放回原处，然后回应安的话："那是亚历克斯的位置，那是安娜的位置。"

她们轮流玩了几个回合"卡片配对"的游戏。安继续说："好，基拉，记住乔纳森在这里，我们一会儿需要用他来配成一对！"过了一会儿，她说，"嗨，我们已经找到了另一个普鲁登西奥 (Prudencio)— 你还记得他在哪里吗？"一个名字接着另一个名字，他们在卡片配对时，采用了这种方式，直到所有卡片都能配上对。

听听安是怎么说的

"儿童玩这个游戏时，我看到卡片放得越来越乱，儿童拿起一张卡片看看是什么，然后把它乱放在地毯上。大多数儿童很快对这种游戏失去兴趣，觉得'躲猫猫'游戏杂乱无章，纷纷离开，最后只留下基拉，她依然认真地在玩这个游戏。我想通过提供策略丰富基拉的游戏方法，并深入挖掘其蕴涵的智力因素。我希望把'躲猫猫'的游戏转化成'记忆与寻找'游戏，基拉很快接受了我建议的策略，把卡片摆成整齐一排，并注意每个名字的位置。让我感到激动的是，运用这种策略以后，基拉掌握了游戏玩法。在'黑色矩形'长队中，她准确找到了曾经放在那里的卡片，创造了记忆和技能的游戏。"

反　思

注意安怎样引导基拉对游戏进行思考，并把它作为提供引导的起始点。我们可以从基拉的话中发现，她自己有对这个游戏的理解，并能清楚表达自己的理解。安从基拉对游戏的描述中找到突破口，并用它作为提供建议的契机。安与基拉一起玩，把自己所用的思维策略大声说出来，在玩游戏过程中促进基拉的学习。这个过程需要教师仔细观察，需要从儿童的视角理解他们的强烈愿望和大量练习，然后才会在指导儿童深层次思考时更有效介入。正如在安和基拉的案例中看到的那样，这种结果对儿童和教师来说，都会让人有很强满足感。《《

※　原　则　※

将游戏时间与学习时间区分

如果希望儿童发起自己的活动和合作游戏，那么需给他们提供运用工具和材料的机会，但不去打断他们的游戏时间进行指导，而是抽出专门时间进行这些特殊活动。可以放在小组活动或集体活动来完成。在这些指导性活动中，向儿童示范日常材料的可能性用途，如积木、颜料、油泥、操作性材料，并为儿童提供运用材料的时间，尝试把观察到的东西表现出来，同时加入自己的想法和行动。不要求儿童一定按你的方式做，建议多种可能性，强调他们自己的创造性。在儿童操作材料时，拍照或记下他们说的话，把记录装订成活页书放在活动区。持续做好观察记录并把记录添加到活页夹里，甚至把活页夹放在班上保存几年，那时儿童可以重温年幼时做了什么，看看自己的兄弟姐妹在幼儿园里做了什么。

积木和桥

>> 以下是辛迪通过有计划教育活动指导儿童使用积木的案例。

儿童兴致勃勃地聚在桌子边等着搭积木,教师辛迪先描述了以前自己观察到的儿童搭积木的情况。"我看到你们中的很多人把积木放在地板上铺路,一根接一根铺成长长的路。"她用积木演示自己看到过的路并出示拍的照片,"今天我想教你们如何用积木造桥,把桥架到你们铺的路上。"几个儿童自信地说自己已经知道怎样造桥。辛迪说:"太好了,可

伯林顿学校

伯林顿学校

伯林顿学校

伯林顿学校

以帮我来教教其他人。"为了给儿童做示范,她先举起每一块不同积木,让儿童看积木形状和大小,然后边描述边示范,告诉儿童如何把不同积木搭在一起,形成桥或其他结构。在示范10分钟以后,辛迪邀请儿童自己试试造桥活动。儿童急切地想要尝试,他们仿照辛迪的示范,但同时加入自己的想法,因此不时听见他们大声叫喊:"看,这是我做的。"

123

听听辛迪是怎么说的

"儿童搭积木时非常兴奋,并希望尝试我建议的新方法。他们已经能用积木熟练搭公路,我想给他们示范一下用积木搭隧道和拱廊的方法,把桥架到铺的路上。儿童对搭积木的能力很有信心,觉得我教他们搭积木的行为很可笑。但我知道,这些活动确实能帮助他们运用新的方法搭积木。儿童像我示范的那样开始,但添加了自己的想法。我相信,对积木的熟悉有助于儿童出现新的理解和行为,所以这些指导很及时。我做了一本活页书,上面有每次数的内容,还配有儿童搭的漂亮的路、桥、隧道的照片。令我欣喜的是,他们在游戏时总能找到这本活页书做参考。"

反 思

故事展示了儿童的想法和行动怎样变成教师指导他们学习新技能和策略的契机。辛迪对看到的儿童积木建构中运用的独立元素进行分解和描述,然后在这一基础上提供与儿童现在活动有联系的信息和策略。我们可以看到,它对丰富儿童搭积木的方法产生了影响。辛迪的示范、儿童的动手操作和活页书都是教儿童学习新技能、概念的具体工具。伴随这些丰富的经验,教师发现,当儿童跟随一系列步骤,把活页书当作参考资料练习阅读时,他们实际是在进行读写学习。

成为颜料的主人

≫这是又一个教师提供指导的故事,它发生在美工区。德布认为,由于儿童已有很多在美工区探索颜料的机会,所以进行一次颜料混合的指导活动再合适不过。

德布画了一张调颜料的步骤图，并设计了一次教育活动来教儿童怎样用这张图表。德布开始上课时说："我教你们成为颜料的主人吧"，然后向儿童解释，如果你们能按照图表上的步骤做，就可以自主控制颜料，而不是把各种颜料就这么放在罐子里调一下。教师用一支画笔，仔细示范图上的顺序"洗、抹干、蘸、调、画。"在儿童观看示范后，德布让他们试一试，儿童马上开始尝试，兴奋地相互讲述自己的新发现："看，我调出了橘黄色。""哇，看这里，我把它变成了绿色。"

听听德布是怎么说的

"邀请儿童做'颜料的主人'会吸引他们的注意力，因为他们对'老板'拥有的权力很感兴趣。当儿童成功按照图表上的程序做时，他们的自我感觉很好。令我吃惊的是，儿童看到调色结果后很惊讶。他们画了整整一单，调色成了他们最喜欢的事情，他们的反应像是制造了令人震惊的新发现。从那天开始，儿童经常会想到玩调色活动，起先他们发现能对颜色的变化加以控制，但现在已经能仔细调出自己作品需要的颜色了。"

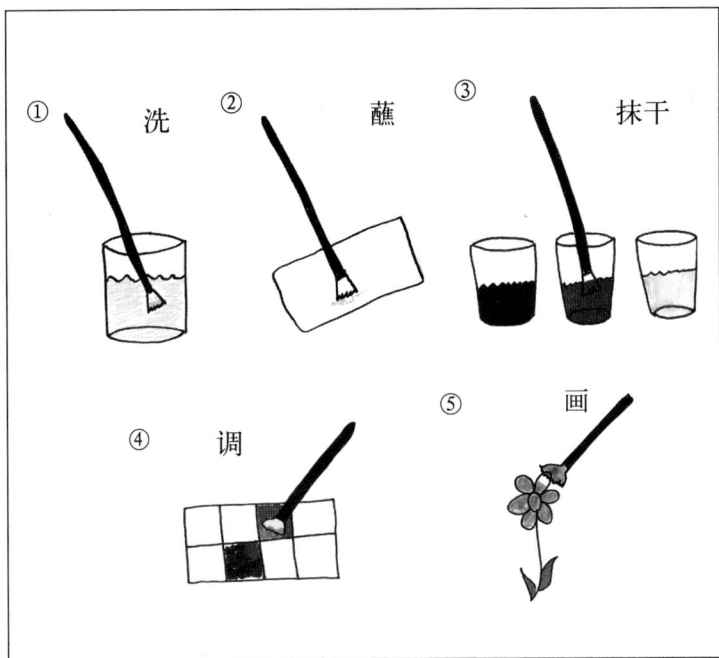

伯林顿学校

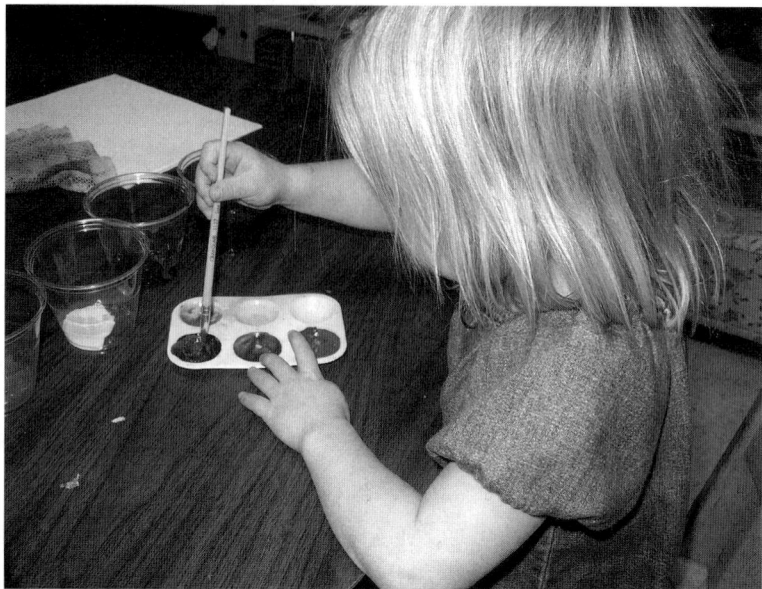

伯林顿学校

反　思

儿童调色的反应如此开心和惊奇，尽管他们过去在自己的探索中反复做过这一事情，但从未意识到可以控制这一过程。故事反映了在儿童较长时间的自主探究后，教师如果骰以指导者和记录者的身份促进儿童的技舱和自信发展，它的影响力将会浪大。另外，指导儿童根据一系列步骤和过程采取行动后，他们就获得了学习的重要手段。◀◀

你的思考

怎样指导儿童使用新材料和工具呢？

首先准备一些用电线做造型的基本材料，如12—22号标准电线、刀具等工具。宽胶带、黏土或塑料泡沫可作为支持电线的底座，这些东西总有用处，但不一定非要不可。这些都可以在手工艺品或五金工具店里找到。

然后坐下来探究一下电线特征，拿在手上感觉怎样，用于造型的不同策略有哪些。考虑一下用来帮助儿童成功使用电线和工具的某些技能、信息、技术和术语。

对你尝试电线的经验进行反思，给儿童设计一个教育活动或示范活动，包括"掌控电线"流程图、安全指南、操作任务、雕塑造型和艺术活动。试着和儿童一起做这些活动，把发生的事情记录下来，并对将来可能要用的方法进行修订。

透明软胶

儿童发现用透明软胶吹泡泡很有趣，这对儿童来说是一个挑战，经常只有一两个儿童能吹成功，其他人怎么吹都不成功。安娜·玛利亚（Anna Maria）老师为了帮助儿童学到吹泡泡的有效方法，和儿童一起记录他们的发现，并编写了一本书，书中有照片和吹泡泡的具体步骤（用儿童口吻）。一年中，他找了两种不同的吹泡泡方法，所以做了两本指导书，儿童经常到书里寻求帮助。通过这一活动，儿童认识到彼此可作为新的学习资源，也学会使用参考书。

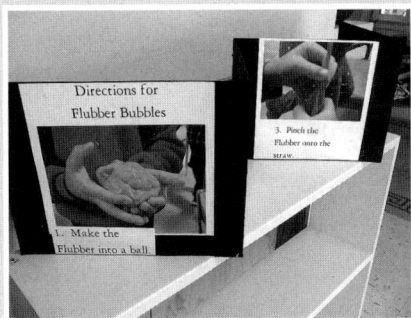

伯林顿学校

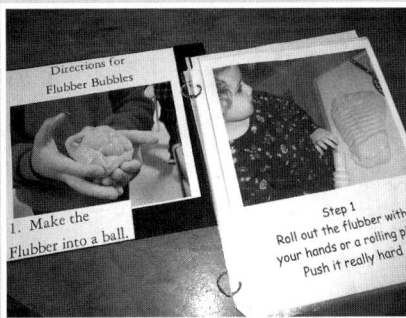

伯林顿学校

※ 原　则 ※

引导儿童在学习中运用参考资料

图画、指导语和图表能激发儿童的思考，向他们展示步骤和运用材料的实践技能。按照一种模式或一个图表完成任务，对儿童来说既是挑战也是满足，但如果没有基本辅导也很难做到。研究下面的故事，看一下教师如何通过参考资料引导儿童学习。

石头雕塑

>> 有时仅通过推荐一本参考书就可以为进一步辅导找到切入点，注意迪伊·迪伊(Dee Dee)老师怎样在操场上用一本有趣的书完成这一过程。

一天，迪伊把一本关于石头造型的书放在操场的一堆石头上，然后站在旁边观察儿童发现这本书时会有什么反应。贾米亚(Jamilla)和罗奇尔(Rochelle)首先捡起这本书，翻来翻去，好像没看懂。他们一边看书，一边说，但迪伊听不到他们讲的话，于是走到儿童旁边问他们看到什么。

贾米亚："上面有一些真的大石头照片。"

迪伊："是的。看那些高高的石头堆，准确地说，如果仔细观察，我们能看出这是一个艺术家用小石头一块一块堆起来的大块造型。"

这时，萨马拉加入进来，趴在他们肩上仔细看。

萨马拉说："我是个艺术家。看，我也能把这些堆起来。"

户外活动时，萨马拉花了很长时间，尝试用不同方法建造不会倒来的石头塔。其他儿童时不时走过来看，她向他们描述自己的发现。

萨马拉说："这块大石头更容易搭，小的站不稳。看，这些石头上的平的地方更多，你要找到平平的地方才能继续往上面搭，到现在为止，我搭的最多是7块。"

小马丁·路德·金家庭日托中心

小马丁·路德·金家庭日托中心

反思和行动

有什么突出细节可作为进一步思考的提示？

*

环境和材料如何影响儿童的发展？会产生什么样的变化？

*

什么样的理论观点和儿童发展原则引导我的理解行为和行动？

听听迪伊是怎么说的

"我经常会找到一些有趣的书，儿童把这些书作为他们思考的参考资料。将儿童活动与艺术活动联系起来的书对我的吸引力最大。把戈德乌斯（Goldsworthy）的书放在真的石头旁边，是很有效的策略，能引起儿童的兴趣，并为儿童提供可以模仿的榜样。他们经常用石头搭建和设计，所以我想这本书对他们来说非常有用。我很高兴看到他们在做这项有趣活动时能相互合作。"

反 思

可以看到，在这个故事中，迪伊让儿童运用书的目的已经达到。儿童在用石头完成作品时确实参考了这本书。

　　迪伊通过强调这本书反映的一位艺术家的作品理念，帮助儿童与周围宏观世界建立联系，并用这种方式认识自己。当萨马拉自信地说"我是一个艺术家"时，她体会到这一点。同样，我们也很容易看到，儿童在感知石头形状和大小时，运用了不同策略让石头保持平衡。这些活动也满足了儿童在数学、科学以及空间关系方面的学习要求。**≪**

127

使用范例时面临的挑战

　　≫在下面故事里，萨拉看到儿童根据范例提高积木游戏的水平。

　　萨拉注意到，一个星期以来，儿童非常关注小几何形状积木的细微之处。她通过给儿童提供积木盒配套的造型图，来提供一种新的方法。儿童仔细研究造型图和积木，想搭出造型图中的模型。萨拉向儿童解释如何根据造型图搭积木，建议他们可把自己搭的东西画出来。儿童很乐意把自己搭的东西画下来。萨拉把这些图用活页装订起来，放在架子上的积木旁边，让儿童在需要时做参考。

伯林顿学校

伯林顿学校

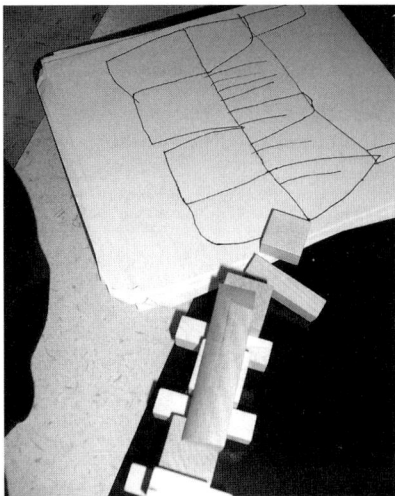

伯林顿学校

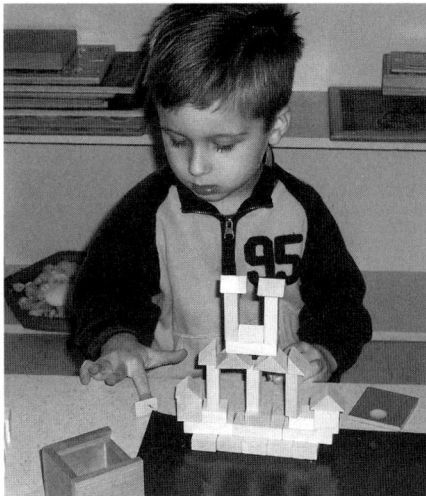

伯林顿学校

128

听听萨拉是怎么说的

"以前学过的知识告诉我不要给儿童提供范例，我总是把乐高盒里的造型图拿掉，保证儿童充分发挥自己的创造性。现在我认识到，当儿童有较长自由游戏时间时，他们已经做好迎接新挑战的准备。根据复杂造型图搭出造型的收获会很大。我给儿童提供了一套很棒的不同形状和大小的积木，配了一张专门的造型图。让儿童玩了一个星期后，我想该是提供造型图向儿童提出挑战的时候了。结果很惊喜，他们根据造型图搭积木时会全神贯注。甚至让人难忘的是，他们还喜欢把自己搭的积木画下来。"

反 思

你能看到两者之间的区别吗？一种是要求所有儿童都去模仿范例（如：同一纸盘做的兔子），另一种是这里描述的用复杂造型图提高积木游戏的水平。指南经常变成规定，教师只需照做，而不用思考。提供这个故事的目的是想帮你看到，在深思熟虑运用智慧和技能帮助儿童发展能力时，你在儿童学习中能发挥重要的作用。

范例和造型图为儿童认真研究、学习步骤和顺序、解决复杂问题提供了机会。在儿童练习阅读和用符号表证自己想法和学习的过程中，图画和图表一样的参考资料给儿童读写发展提供了具体经验。想想班上的儿童，成功地应对挑战是令儿童感到最满足的学习经验。**≪**

你的思考

从成人或儿童书籍中选择可作为儿童学习参考的图书或资料，根据下面的问题对这些内容进行评价：

* 这些书能不能给人启迪，并有显示多种可能性的清晰画面？

* 儿童能够理解图表和操作步骤吗？

* 儿童能够自己运用这些书和参考资料吗？有必要为他们提供运用这些资料的指导吗？

* 如果把它们放到活动区，如何使这些书或资料更有用？

选择书或资料的一部分，把它和有关联的材料放在一起，促使儿童发现其中的关系。观察儿童如何运用资料，注意教师的哪些行动给他们提供帮助。立即采取行动，并对行动反思。

※ 原 则 ※

指导儿童仔细观察

如果我们的教育目的是让儿童成为自主的合作性学习者，那么他们则需要提高自己的倾听和观察技能。儿童总能注意到细节，我们要帮他们在学习过程中运用这些优势。对自己周围的环境多加关注，有助于儿童开展合作性活动，理解别人的动作语言并交流信息，发现他人的想法和观点。指导儿童学习观察可以满足他们归类、分类和分辨事物异同的愿望。注意细节有助于儿童在空间关系、画画、读写技能上得到更好发展。指导儿童仔细观察也能帮助他们更好地理解脸部表情和动作语言（情绪智力），辨认字母（读写能力），在显微镜下观察物体（科学意识）。

利用放大镜观察

使用放大镜或珠宝店的高倍放大镜观察，可以教给儿童观察的有效方法。放大镜的优点在于，把它举在眼前就遮挡了其他令人分散注意力的外界刺激。无论使用哪种工具，都有必要给儿童提供一点指导，这样可以帮助他们认识到，要看的事物是在聚焦点里面还是外面。《眼睛的秘密：观察和利用类推思考》(*The Private Eye: Looking and Thinking by Analogy*)

伯林顿学校

(Ruef, 2005) 提供了使用放大镜的内容，包括指导手册，向 3～5 岁幼儿介绍利用 5 倍放大镜观察和绘画的过程和原理。该书作者建议，老师一开始可用幻灯机或投影机帮助儿童理解"模糊"和"清晰"的概念，然后教放大镜或有柄放大镜的使用方法，鼓励儿童描述在放大镜里看到了什么，想到了什么，并把自己看到的东西画下来。例如：儿童仔细观察一片叶子，然后说："叶子的叶脉让他们想起了手上的骨头。"如果把这些图画在透明胶片上，用幻灯机投射到墙上，改变图像大小，就能帮儿童观察到新细节。

照相机是教给儿童观察时看什么的另一个好手段，因为儿童经常看成人照相，他们也迫切希望自己能使用相机。

◆ 变焦距镜头 ◆

≫在下面故事中，安伯 (Amber) 有一个专门给儿童使用的相机。从儿童看世界的故事中，你会得到什么启发？

"我能拍照吗？"儿童看到安伯为他们照相时，总是这样问。她决定专门为儿童准备一台数码相机。儿童总是利用相机可变焦的特点拍教室里的物品，他们喜欢拍物品的质地以及不同物体、不同角度的特写镜头，也喜欢拍人的局部特写。他们喜欢照完后接着观看液晶显示屏里的照片。安伯希望儿童关注或描述一下拍到的内容，所以她有一个习惯，把照片存在电脑上和儿童一起讨论。

布莱克 (Blake) 迫不及待地给安伯看他用相机拍到的细节。他和安伯把看照片的过程当成玩游戏，安伯通常在仔细观察屏幕上事物的质地、颜色、形状以后，说出图像是什么。

布莱克："安伯，看这个，看这个。"

安伯："嗯，我看到了什么？我看到了半透明颜色和不同形状。"

布莱克："对，这是镜头以外的部分。你能告诉我这是什么吗？来看这个。"他用手拉着安伯，把她推到放彩色积木的桌边，"看，我照了这些积木的一个特写镜头。"

他们继续游戏，讨论每一张照片。看完所有照片后，他们将相机中的照片删除，布莱克又急切地重新开始拍。

伯林顿学校

伯林顿学校

听听安伯是怎么说的

"当儿童使用相机拍照后，我总是对相机里的照片好奇。所以，我决定专门给儿童准备一个相机，儿童可以整天用它，我也可以仔细研究他们的照片。我注意到，儿童总是照一些实物特写镜头，像玩具车的轮子、编织的地毯等。他们也照人脸和身体。由于使用变焦镜头，所以这些物体的局部有时不太好分辨。我不敢确定儿童是否有意选择这些内容，或者他们仅仅喜欢变焦。今天，布莱克把我们看照片的过程当作游戏，给了我一些启发。他照了几张特写镜头，要我猜猜它们是什么。他有意这样照，并很乐于给我看这些有点扭曲的图像。"

反 思

安伯对儿童照相的描述，特别是布莱克的照片，促使我们思考一些有趣问题。儿童怎样看待周围的世界？相对于成人喜欢注意整体画面而言，他们是否更关注小细节？这是不是反映了成人倾向于较快把握对周围世界意义的理解，而儿童具有多种表征可能性？给儿童提供用相机探索周围事物的机会时，我们可以教他们集中注意力并仔细观察事物，并在这个过程中分享他们对世界的多彩视角。◀◀

※ 原 则 ※
指导儿童用图画记录观察的重要内容

除了给儿童提供充分的自由活动时间进行绘画和涂色外，我们还可以利用这些活动帮助儿童仔细观察，目的不是为了正确表征，而是帮助儿童在学习中注意细节。莫娜·布鲁克（Mona Brookes，1996）为此提供了一些有用策略。在《和儿童一起绘画》(Drawing with Children) 这本书中，布鲁克运用作业单帮助儿童学习临摹形状。这种临摹画的概念在学前教育中一直不太提倡，但在这里却被当作教儿童仔细观察的策略，它不是用来制作艺术品，而是帮助儿童发现设计的基本元素，如线条、形状、大小和类型，提高他们的审美和表征能力。

乔治·福尔曼 (George Forman，1996) 阐述了绘画在学习事物过程中的重要价值。当儿童将看到的三维物体转换成二维表征，或将脑海中的想法表达出来时，他们面临许多要解决的问题。简单的绘画会给儿童提供这方面的帮助。

下面是教师和儿童一起把看到的细节画出来的具体案例。

131

看一点，画一点

>> 在下面的故事中，请注意凯茜（Cathy）教儿童画画的方法。她的目的不仅是帮助儿童学习画画，还要帮助他们理解仔细观察和如何表达自己的想法和目的。

凯茜每周都会上一节绘画课，给儿童提供专门绘画用的画笔。她的课首先建议儿童仔细观察物体的细节，一边用手指着物体一边描述所看到的事物。例如：当画自画像时，凯茜说："我看到你的面部轮廓是椭圆形的。你的椭圆形脸上方有一些头发，能看到眼睛上面长的一排毛发吗？这些是眉毛，你的眉毛还有一点弯曲。如果仔细看你的眼睛，在眼睛中间看到一个黑色的圆形，那是瞳孔，它的周围还有一个圆圈。"在他们认真画的时候，凯茜教儿童看一点，画一点，然后再看、再画。

伯林顿学校

伯林顿学校

听听凯茜是怎么说的

"我并没有接受过专门的艺术训练，也没把自己看成艺术家，但我总有学画画的强烈愿望。近来我从书上看到，在维多利亚时代，每个人都要接受绘画训练，都要学习画画。如果不会画人物肖像和静物，就被认为没有受过更好教育。这让我有了一个想法，儿童和我一起学习画画。

我看了很多关于画画的书籍，有的适合儿童，有的适合成人，我想和儿童一起分享从这些书中学到的东西。我注意到，儿童的作品对他们来说是独一无二的。我们可能都在画相同的花朵，但儿童想突出的却是他们所看到的不同方面。画画引导他们仔细观察，而画画的内容总反映他们看到的细节。我们经常会在原来的铅笔画上涂水彩，这样在看到的东西上又增加了色彩维度。或者，我们也会单独使用水彩。儿童作品的美、细致以及画画时表现出来的专注，总让我感到惊讶。"

反 思

大多数儿童喜欢画画，对他们而言，这是一种比写作，甚至比谈话更可行的表征手段。甚至年龄很小的儿童也能用画画交流经验和情感(kolbe，2005)。正如凯茜说的，和儿童一起画画是创造性表达的途径，而不仅是艺术。如果儿童获得画出周围看到事物的技能和信心，他们就能表达想法、解决问题，并通过画来学习。儿童通过练习画平时看到的物体，就能学习画画的技能，例如：梯子、自行车和杨柳。绘画课的目的不仅是画画，而是教儿童仔细观察、学会观察。≪

色彩缤纷的珊瑚

厄尔伍德儿童中心

黑白画能帮儿童撷取细节。然而在这张照片中，弗兰 (Fran) 和尼克尔 (Nicole) 帮助儿童注意和表征社区中的海洋生物色彩。在研究海洋生物的开始阶段，儿童通过看参考书了解大堤礁的特征。色彩鲜艳的珊瑚照片很有吸引力，儿童也很有兴趣谈论颜色、形状和珊瑚的有趣名字。教师提供了色彩鲜艳的彩色粉笔浆，放在珊瑚旁边，帮助儿童注意到形状、颜色，并引导他们选择最喜欢的珊瑚。儿童仔细搭配选择的彩色粉笔，达到他们在珊瑚上看到的色彩效果。弗兰和尼克尔帮助儿童注意到其他人的色彩搭配技巧，如：可以一起使用几个手指将大块颜色调在一起，也可以用小指的指尖细心涂抹颜色和线条。

你的思考

为了帮助儿童提高观察力，必须提高自己观察身边细节的敏锐意识。用下面的原则尝试"画出看到的物体"。

为有简单线条、形状、质地的物体作画，如：带茎的花朵。

把物体放到能看到的地方，但离铅笔和纸张有足够远的距离，这样才能有空间。

只看物体而不看画纸，画看到的细节。用铅笔画下眼睛看到的，而不是根据物体在头脑中的表象来画。

多练习画轮廓画，可以参考贝蒂·爱德华兹（Betty Edwards）的著作《用右脑作画》（*Drawing on the Right Side*）。

※ 原　则 ※
通过故事或戏剧进行学习指导

教师可以用讲故事的方法指导儿童，还可以用戏剧传递他们希望儿童了解的想法。故事能吸引儿童的注意，戏剧表演能把细节表现出来。戏剧的道具能帮他们内化概念和策略，阅读一下萨拉老师为了该目标而发明的"教师剧场"。

迪诺（Dino）剧场

>>阅读儿童对迪诺剧场的反应，注意他们能运用多少种社会技能和策略？教师在真实冲突情景中如何运用儿童的想法？

在晨会上，萨拉用三个橡胶恐龙玩具表演了一个故事。在这个故事中，两个恐龙用积木建了一个城堡，这时第三只恐龙来了，希望加入他们的游戏。前面两只恐龙说："不行，不欢迎你和我们一起玩。"第三只恐龙很伤心，不知道该怎么办。这时，萨拉停止讲故事，问儿童："这个恐龙该如何解决这个问题？"儿童想出了许多主意，萨拉用恐龙把这些建议都表演出来。萨拉请"恐龙"在互动中把想法和感觉"说"出来。下面是儿童的建议：

特丝 (Tess)："他们应该改变想法，让其他恐龙也来参加活动。"

伊莱娜 (Elaina)："他应该请妈妈帮助他。"

泰勒 (Taylor)："那个长脖子不会喜欢他们的。"

玛丽亚："长脖子应该建造自己的城堡。"

西丽 (Siri)："长脖子可以问一下他们是否愿意来她家玩。他们可以在她家玩一会儿，然后去城堡，他们就可以一起玩了。"

鲁丝·梅布尔 (Ruth Mabel)："长脖子应该请恐龙给他腾一点儿地方。"

梅莉："也许他们可以去一个所有恐龙都能参加的聚会。黄色的恐龙会说，这里有插着五支蜡烛的大蛋糕，他们给黄色恐龙唱《生日快乐》歌。"

亚历克斯："如果他们改变想法，就会让她加入游戏。"

埃拉："也许他们可以去看一个关于恐龙的电影，名叫《恐龙电影》，会看到长脖子。"

伊扎娜 (Ezana)："恐龙吃的东西和我们不一样。"

金特拉 (Kintla)："他应该说，我可以玩吗？"

在其余时间，萨拉留下这些动物，让儿童自己玩，所以儿童可以反复表演各种各样的剧情。

听听萨拉是怎么说的

"'教师剧场'"是引导儿童自己解决班上出现的普遍问题时经常使用的手段。儿童在帮助戏剧主人公时，总是有很多好主意以及富有创意的解决方法。当配班老师通过情境表演引发儿童思考时，他们特别喜欢。'教师剧场'主题一般反映本班常见的人际交流问题。用教师或动物表现这些情境，儿童会重新审视问题并接受教师的引导，而不会感到被孤立

希尔托普儿童中心

希尔托普儿童中心

或被批评。'教师剧场'非常受欢迎，儿童总是让我一遍又一遍地重复表演这些剧情。

儿童运用我们留下的道具，再次表演情景。看到儿童把他们从故事和讨论中学到的东西表演出来，我很惊讶。"

反 思

无论何时，儿童在象征性游戏中似乎能运用在现实生活中难以把握的技能和概念。"教师剧场"引导儿童建设性地思考一些社会问题，因为这些情景避开了他们自己游戏中的情绪和情感。"教师剧场"同时鼓励儿童想办法合作，并给他们提供言语表达和解决问题的方法，他们可以在下一次遇到相同情况时运用。◀◀

要想找到如何运用故事和戏剧指导儿童的详细介绍，请参考特丽莎·惠特尼（Trisha Whitney）编写《儿童像我们一样：教室里如何使用洋娃娃》(*Kids Like Us: Using Persona Dolls in the Classroom*)。

※ 原　则 ※

支持儿童向同伴学习

儿童不仅从教师的示范和教学中学习，同时也在向同伴学习。事实上，维果斯基的"支架"理论指出，如果儿童经常与处于相同"最近发展区"但水平更高的同伴一起，会学到更多知识技能（Mooney, 2000）。儿童使用相同的语言，用同样的方式理解事物，所以教他们相互学习是有效方法。为了支持儿童相互学习，教师要为儿童设计特别机会，帮他们一起工作，建议儿童把自己已经做过和知道的东西教给其他儿童。

做我的朋友吧

≫在下面的故事中，关注老师怎样帮本尼分享自己的好主意，并成为同伴的"老师"，注意安怎样创造机会让儿童相互学习。

安是开端计划的顾问。当看到本尼用纸巾擦桌上的水并用纸巾做袋子装水时，她很惊讶。本尼的聪明才智打动了安，安拍了下面的照片展示本尼完成活动的顺序。本尼用袋子装满水后又做了一个袋子。她计划用这些照片，和本尼一起回顾活动，并向他的朋友、教师和家人介绍本尼做的事情。

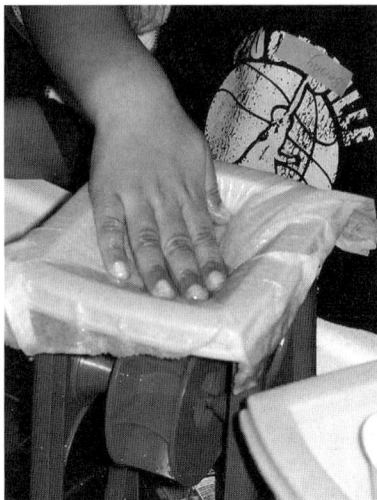

本尼把纸巾放入水轮并使劲往下推。

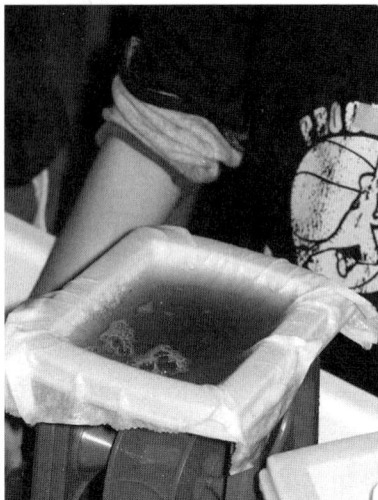

他在纸巾里装满水。

他小心地卷起纸巾边，形成一个袋子。

他将袋子举到空中："看，它在滴水，还可以挤一下，水哗哗地溢出来。"

帕克莱克 1 号开端计划机构

老师埃兹拉 (Ezra) 和安提醒其他儿童注意本尼关于水袋的奇思妙想，并请本尼教其他儿童做水袋。水花飞溅、笑声朗朗，儿童的兴奋自豪溢于言表，跟随着本尼一步一步的指导，学会了怎样将纸巾变成结实水袋。

看到本尼的发明后，安参观了同一幼教机构办的另一托幼中心。在那里，女孩塞迪娜 (Cedeena) 正在一张放满鸟食的桌子旁玩。安把本尼的发明告诉塞迪娜，并说："我很想知道本尼做的口袋能不能装鸟食？"她把相机上本尼的发明照片拿给塞迪娜看，塞迪娜非常愿意接受这一挑战。她要发明一个相同的袋子装鸟食！她反复用纸巾做装鸟食的试验，把它举起来，这样，鸟食就不会撒出来。

"本尼应该了解一下你做的东西！"安对塞迪娜说，"你给他写一封信，把你的发明告诉他。"她把记录游戏的写字板和钢笔给了塞迪娜，帮助塞迪娜写下信的开头："在信的开头，我们可以写'亲爱的本尼'。"安说，"然后我们怎么把你做鸟食袋的事情告诉本尼呢？"塞迪娜一边说，安就一边把它写下来。然后安把笔递给塞迪娜，让她把袋子画下来，这样本尼就能看到。

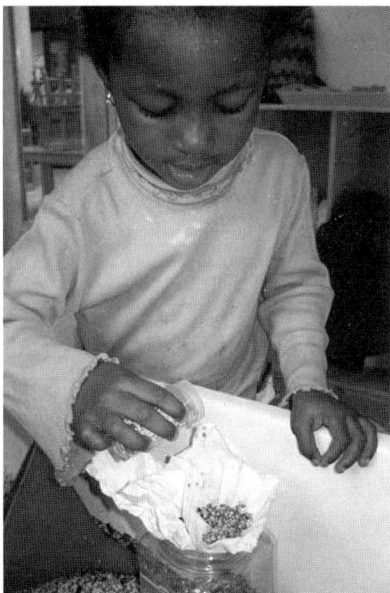

帕克莱克 2 号开端计划机构　　　　　　帕克莱克 2 号开端计划机构

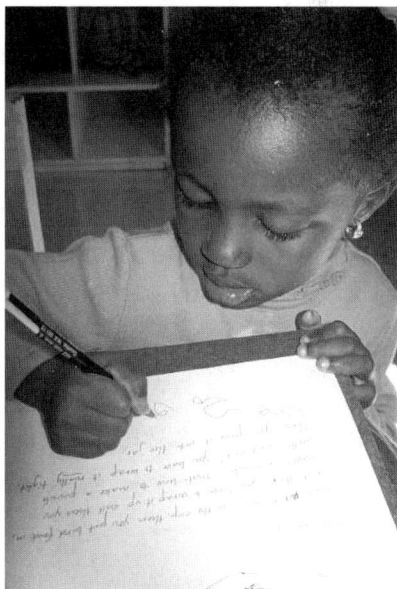

亲爱的本尼：

　　首先把纸巾放入杯子里，然后把鸟食放到里面，再把它包起来，这样就做成了纸袋。这是为鸟食做的一个纸袋！你应该把它包得非常紧，然后把它们倒进罐子里。

　　安把塞迪娜的信送给本尼和班上的老师埃兹拉。本尼很高兴，捂着肚子大笑，并急着找到一支水彩笔和纸，给塞迪娜回信。在向埃兹拉口述了一封信后，本尼把有关鸟食的发明画成简图，这个简图可以使塞迪娜知道，他理解了她的想法。

136

亲爱的塞迪娜：

　　做我的朋友吧，谢谢你，我也是你的朋友，叫本尼。
　　"你把鸟食放在杯子里，它会在杯子里转呀转。"

　　塞迪娜接到本尼的信后，赶快拿出日记，在上面画了本尼的一幅画像，然后塞迪娜又玩了一会儿装鸟食袋的活动。塞迪娜装鸟食袋时还想着本尼："本尼玩轮胎秋千时，喜欢荡得很快吗？"
　　"我不知道。"安回答，"你可以给他写信问一下。"于是她写了：

亲爱的本尼：

　　我们可以在外面玩，你在玩轮胎秋千时，会荡得很快吗？我喜欢这样！我喜欢荡得飞快，而且一边荡，一边喊"呜呼"！这很有意思。和我一起在水桌边玩吧，和我一起玩积木吧。

　　"本尼喜欢我的蓝裙子吗？"塞迪娜写信时在想。

"我想本尼不知道你长得怎么样。"安说。

"我会画一幅画给他，这样他就知道我是谁。"塞迪娜决定这样做。

本尼和塞迪娜的通信，埋下了持续发展的友谊种子。他们的老师安排了一次郊游，这样两个班的孩子可以在校附近的公园见面。公园里有一个轮胎做成的秋千，本尼和塞迪娜通过一起飞快荡秋千的愉快经验，巩固了他们之间的友谊。

反思和行动

在这一情境中如何理解儿童的观点？

*

这里涉及哪些学习领域？

*

什么样的理论观点和儿童发展原则引导我的理解行为和行动？

听听安是怎么说的

"我的一个核心的教学价值观是帮助儿童建立相互关系。我寻找机会帮儿童建立更多联系，让他们彼此用新方法观察、合作、加深友谊。本尼是新生，还没有和其他儿童建立较多联系。我想帮其他儿童发现他的能力和创造力，体验他的领导能力。我希望本尼把自己看成是其他儿童的好伙伴，能为其他同伴贡献自己的想法和发明。伊兹娜和我请本尼教其他孩子做纸水袋时，本尼的成就感得到提升，自豪感溢于言表。他的示范吸引了其他儿童（那些儿童的母语都不是英语），带领整个小组开始共同的冒险活动。制作纸水袋的活动增强了小组儿童之间的联系。

把本尼的故事告诉塞迪娜的决定，同样受到增进相互联系的核心价值观的影响。看到两个儿童（刚满四岁）没有见过面，仅靠写信和画画分享故事并发展了稳固联系，这对我触动很大。这一经验也证实，读写——书写和画画作为发展同伴关系手段的巨大力量。"

反 思

安的教学活动为本尼和塞迪娜的学习提供了丰富的整合读写、排序和表证的机会。这一故事还有更深层次含义。本尼和塞迪娜听说了波此纸袋制作过程后，开始想象他人的经验，考虑波此的观点。正因为了解波此制作纸袋的经验，他们开始邀请对方参加其他游戏，如：玩轮胎秋千、玩积木，波此成为好朋友。一旦了解其他人，他们也开始深入了解自己——成为发明家、教师、作者和朋友。他们的热情和友谊在交流中得到充分显示，这表明指导方法比教学技能更重要，它能促进加深波此关系的真正互动，提高我们的共同生活质量。《《

工程团队

≫辛迪（Cindy）和维基（Vicky）想给儿童提供一些挑战，为他们提出具体活动的大概要求，让儿童组成学习小组，在小组中互相学习。

班上大多数儿童在积木区玩时，总和几个固定儿童一起玩，辛迪和维基想给他们提出一点挑战，希望他们将有关积木建造的想法和技能教给其他儿童。他们将儿童分成三个"工程团队"，每个团队有一套不同的建造工具和目标——建赛马场、飞机场或斜坡。教师根据在游戏时间观察到的儿童搭积木情况创设了这些活动。一开始，儿童有点不太适应这种分组，因为他们和平时不经常一起玩的儿童组成了团队。但儿童很快接受这一挑战，开始交流有关积木建造的知识和技能。活动结束时，教师要求他们将自己搭建的东西画出来。儿童用写字板和铅笔画起来，有的儿童一边看一边在画自己搭建的东西，有的儿童把积木放在纸上画积木轮廓。在交流自己想法时，他们还彼此比较图画和搭建策略。

138

伯林顿学校　　　　　　伯林顿学校　　　　　　伯林顿学校

听听辛迪和维基是怎么说的

"在上个月，我们班绝大多数儿童都很喜欢结构游戏，每个人都有自己独特的搭积木方法，掌握了不同技能。我们想，能否帮助儿童对彼此工作进行观察和学习，能否给他们提出一些挑战，鼓励他们和新同伴一起活动。我们对小组成员结构进行调整，帮助儿童顺利度过不太稳定的一段时间。每个组完成搭积木活动后，我们继续给儿童提出挑战，请他们把自己搭的建筑画出来。我们的目的是鼓励儿童交流想法，这样可以把三维设想转化成二维平面。儿童非常兴奋地接受了挑战。下半年，我们将要鼓励他们在搭积木前把想搭的东西先画出来，并建议他们合作作画。我们为把儿童分成小组交流思想和搭积木而感到兴奋。它为建立新的联系和合作机会提供了绝妙机会。他们也确实在相互教、相互学！"

反　思

许多教师认为，以"儿童为中心"的课程意味着教师不提供任何指导。在这个故事中，你可以看到辛迪和维基的计划全部集中在儿童兴趣和想法上，但他们在面对帮助儿童建立关系，提供复杂材料和活动的挑战上，扮演了积极主动的角色。可以看出，他们在儿童团队组建的方式上进行了仔细思考，这样创造了目的明确的时间和空间，来引导儿童解决问题和冲突。游戏中并没有出现"白热化"冲突，教师已事先给予提醒，儿童知道和新同伴一起工作不太容易。很显然，教师仔细观察和倾听了儿童的想法，才有可能运用这些细节，在儿童想法和长处的基础上对他们提出更高要求。教师为下一步挑战制订了尝试性计划，这样给儿童自身的成长指明了方向。 ◀◀

你的思考

仔细观察班上的儿童，记下他们各自掌握的不同技能。找到一个合适机会，建议儿童把自己掌握的知识教给其他人。可以让他们用口述的方法把做事情的步骤教给其他人，画出一个根据一定程序做事情的图表，或给一组儿童做示范，或请全班儿童制作表格。对这个过程进行反思，如果把它运用到后续教学中，你会做什么修改？

第六章
与儿童一起进行深层次学习

假设儿童入校后拥有很强的能力去与人交流自己对世界的看法，那会怎样？为什么不去认为，儿童入校时已表现出天生的获取知识能力？这些假设对理解学习语言会产生怎样影响？

卡伦·加拉斯　(Karen Gallas)

通过本书，我们希望教师能把儿童的强项和能力作为教学着眼点。卡伦·加拉斯（Karen Gallas, 1994）提醒我们，儿童带着"先天手段"参与这一过程。如果教师相信这是真的，这种观点会如何影响对儿童行为的反应？教师不应把儿童自发活动看作是对计划课程的干扰，而是深化学习的手段。这里所面临的挑战在于细节，如：要关注儿童在游戏、唱歌、运动、戏剧表演、建构、创造性游戏时如何与他人交流思想，这样就可以支持他们进一步发展。有时，这种鼓励可能就是在与儿童的一次谈话中，向其介绍一个与他们探究活动有关的想法。在其他时间，教师可能提出挑战，要求儿童用另一种材料重新表征想法，例如：把搭建的积木画出来，或者对大自然中找到的物体进行探究。当加拉斯提到"学习的语言"的时候，我们想到洛里斯·马拉古兹写的著名的诗"儿童的一百种语言"（Edwards, Gandini & Forman,1998），这首诗促使世界将儿童看成是具有非凡能力的人。加拉斯和马拉古兹都提醒我们，儿童的知识表征和学习手段，不能被简化为成人的安排和单纯的学业成绩。

充分利用儿童的自然天性学习，这在早期教育领域并不是新观点，但根据当今教育领域的发展趋势看，它却已经过时。尊重儿童的教学需要教师与儿童不断沟通。教师根据观察到的儿童发展过程，决定提供什么样的支持和挑战来引导儿童进行深层次学习。教师的行动可能会进一步丰富课程方案，但在很多情况下，日常生活中与儿童的对话和行动，是大多数儿童有意义学习的源泉。

为了进一步丰富儿童活动，教师在和儿童一起活动时，可把自己比作是和"其他演员"一起在没有剧本情况下即兴表演的"舞台艺术家"。"即兴演员"可以把每个创意当作是必须接受的邀请，他们的常识性经验也就是对邀请做出反应的判断，"同意而且……"想象一下下面的情景：

演员1："哦，看，下雨啦。"

演员2："你想要一个花生黄油三明治吗？"

你看到的是演员2提供了与下雨无关的反应，接下来是不是就没有方向了？现在考虑一下另外的反应：

演员1："哦，看，下雨啦。"

演员2："我们跳到这些水塘里吧。"

演员2运用了"同意而且……"的思维方式。"我们跳到这些水塘里吧"承认雨是值得接过来的话题，然后用新的、有趣的可能性保持剧情发展。如果将简单的"同意而且……"用于全部教学，建议仔细关注儿童创意，认真考虑他们的想法，相信他们能接受新挑战。这样的情景在儿童和教师之间看起来会是什么样？

儿童："耶！下雨啦，这里有一个水塘，我可以跳进去啦。"

教师："不能跳，不要跳到那个水塘里，你会弄湿衣服的，而且还会感冒。"

你有没有看到，在这个反应中教师制止儿童想法，让儿童无法获得更多体验？考虑看看另一种回答：

儿童："耶！下雨啦，这里有一个水塘，我可以跳进去啦。"

教师："我们去找一下你的雨靴。穿上它，你就可以去跳任何水塘。"

教师同意了跳水塘这件事，激励儿童用充沛精力做更多事情，同时帮助他保持干燥和舒适的心情。

在本章中，我们将帮助你思考儿童在学习过程中的天性和热情，用教师说"同意而且……"的事例丰富儿童经验。阅读本章后,你是否能得出教师所说的"同意而且……"是另一种思考维果斯基"支架"儿童学习理论的方式(Berk &Winsler, 1995)?下面的原则给你提供帮助,在接受儿童可行想法后了解"而且……"后面是什么。

* 向儿童提出挑战,引导儿童在现有水平上进一步发展
* 引导儿童运用多种材料表达想法
* 激发儿童对音乐的热爱
* 利用儿童对戏剧和想象的极度热爱
* 充分利用儿童爱动、爱表现的天性
* 利用儿童对自然世界的关注
* 探究儿童的深层次学习理论
* 记录儿童的想法并反馈给他们

※ **原　则** ※

向儿童提出挑战,引导儿童在现有水平上进一步发展

为了找到儿童的学习规律并激励他们进行深层次学习,你必须仔细观察他们的行为,寻找他们探究的潜在概念。和儿童一起活动、研究观察记录时,可以发现他们的兴趣点,并进一步激发儿童的探究。儿童的行为和语言有助于教师了解儿童已掌握的知识,然后根据这些情况向他们提出新挑战。有时,儿童的思考会出现矛盾、空白或"软肋"(Duckworth, 1996),这些都需要进一步探究。教师如果能提供和儿童想法比较一致的后续教学,就显得非常有用,而不仅只是在开头做计划时安排诸多活动或某个学习单元。

141

>> 在下面的故事里，请关注教师贝克（Bekah）的每一次挑战怎样激励儿童进行长时间探究。

　　贝克摆出一个带有橡皮筋的钉板，鼓励儿童在钉板上拉橡皮筋，拉出几何图形和模式。三岁的赛奇发现这一活动很有趣，所以她自己在木板上拉了一个长方形，并拿给贝克看："看，贝克，我做了一个门。"

　　贝克说："你确实做了一个门，我敢打赌你也可以画一个门。"贝克沿着橡皮筋线条移动手指，描绘长方形的形状，解释说："看，你可以用水彩笔，像橡皮筋线条一样画线。"贝克找来了水彩笔和纸，并说明如何画线，赛奇认真地看着。贝克把水彩笔交给赛奇，赛奇接受了这一挑战。画之前，赛奇很认真地想了一下，甚至还回头用水彩笔沿着橡皮筋线条临摹了一下，然后画了一个门。

　　站在赛奇旁边的比她年龄大的儿童对这一任务也很感兴趣，并自豪地宣称："画门是一件很容易的事情。"贝克回应说："这里有水彩笔和纸，你们去画吧！"然后，这些儿童开始画门，相互进行展示和交流。活动持续了一个下午，甚至持续到第二周。"做门"事情变成小组共同活动。孩子画了一页又一页，画了许许多多的门。在适当时机，贝克对画门的儿童提出了新挑战："你们知道这些门的背后是什么吗？"儿童想马上知

伯林顿学校

伯林顿学校

伯林顿学校

道怎样可以打开这些门。贝克提供安全剪刀，指导儿童用剪刀小心地剪开门，并说了安全注意事项。一旦掌握打开门的方法，儿童在接下来的几天里就把隐藏在门后的"令人惊奇"的图画画出来。

------------------------------- 反思和行动 -------------------------------

教师行动如何影响这一情境？

*

这里涉及哪些学习领域？

*

什么样的理论观点和儿童发展原则引导我的理解行为和行动？

  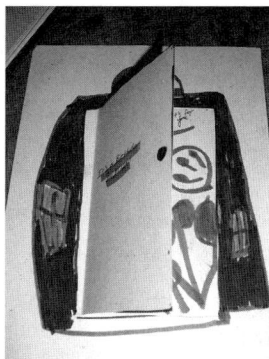

伯林顿学校　　　　　　伯林顿学校　　　　　　伯林顿学校

听听贝克是怎么说的

"当赛奇说'看，我做了一个门'时，她在小组里发起很有趣的探究活动。她有了新发现，并把橡皮筋拉出来的形状称为'门'，使我想到她可能对画门很有兴趣。一般情况都是大年龄孩子提出某种想法并起到引领作用，所以我想给大孩子提出一个挑战，让他们在赛奇带领下做事情，看能做到哪一步。很高兴看到开门活动对所有儿童的意义，包括它的真实意义和隐含意义。对这一问题进行思考时，我发现，把门看作是给儿童回报的隐喻成分更多一些。让这个门如此有趣的原因是什么？为什么孩子开始画门？关于门，我们还要继续考虑什么？"

反 思

贝克的故事说明如何运用有吸引力、开放的材料，以及教师如何根据儿童兴趣调整行动，帮助儿童建立彼此联系，扩展学习过程。用橡皮筋做门然后把它画下来，为赛奇和其他儿童提供了符号表证经验。贝克相信，儿童已经能够安全运用成人工具。她仔细示范并在他们使用过程中指导，扩展儿童技能和探究经验。相反，如果贝克仅把自己的行为集中在教赛奇如何用"长方形"名称辨认用橡皮筋拉出来的形状，我们可以想象一下，情况又会怎样？如果贝克建议赛奇用橡皮筋做其他东西，又将会发生什么？有没有看到贝克所说的话和建议多么及时，并为每个新行动架起桥梁，激励了小组成员之间的合作？贝克在反思结尾提到的问题展示了教师在行动中的进一步思考。接下来，她将给儿童提供什么策略和材料，了解儿童与门有关的想法？◀◀

143 在幼儿园，即使年龄最小的儿童也会从探索想法和问题的挑战中受益匪浅。在接下来的故事中，关注教师如何通过对儿童日常行为的观察，来提供高水平的学习机会。

落 叶

▷▷朱莉娅（Julia）在操场上的探究活动促使她进行更深入探索，教师注意到她的行为并提供认真指导。那么，你在班上时会怎样密切关注各种细节？

一天早上，安看到朱莉娅在操场上根据自己兴趣进行探究。朱莉娅找到一片树叶，把它放进栅栏上的管子里，看树叶发生了什么变化，但树叶纹丝不动。朱莉娅向管子里吹气，树叶依然不动。朱莉娅向管子里塞了更多树叶，并再次向里面吹气。这一次，一片树叶从管子底部滑了出去。他们一起回到教室时，安给朱莉娅拿来了另外一个管子和一些树叶，并鼓励朱莉娅继续探究。朱莉娅在新管子里放了一片树叶，树叶同样没从管子下面掉出来。朱莉娅使劲吹，树叶依然坚守阵地。安灵机一动，把树叶放在自己的手掌心，轻轻一吹，叶子飘下来。朱莉娅照着老师的样子，把树叶放在手上，叶子也被吹落下来，朱莉娅高兴地拍起手来。

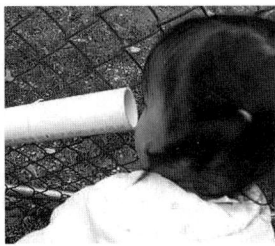

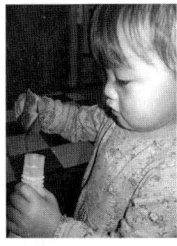

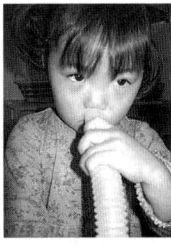

新罕布什大学儿童发展中心　　　　　　　新罕布什大学儿童发展中心

听听安是怎么说的

　　"朱莉娅喜欢吹泡泡。从吹泡泡的经历中，她知道了呼吸的气流能使物体移动。今天，她在探究树叶和管子的时候是否用到了这些知识？我们应该如何解释朱莉娅与树叶及管子进行的互动？如何进一步丰富她的知识或对她今天思维提出的挑战？我们能把她的活动理解成有因果关系的探究吗？对这些问题，我们的假设是，朱莉娅用树叶进行的一系列活动是探究过程。当我吹这些树叶时，它们会怎么样？树叶在管子里和放在手上吹有什么不一样，为了鼓励她探究，我们为朱莉娅准备了一些做实验的物品，其中一些东西很容易吹跑，还有一些物体吹不动。我们把这些材料放在加热器的通风口，这样一来，气流通过风口时就会吹动材料。继续观察朱莉娅对感到有趣的材料进行深入探究，我们将进一步提出挑战。鼓励她完成探究活动。同时，我们自身也能从她的理解和问题中学到更多东西。"

反 思

　　你能看出，安示范的吹树叶行为与朱莉娅最初的想法如何保持一致？如果安不曾留意朱莉娅的探究本质，朱莉娅可能会体验到挫败感并放弃探究行为。你是否注意到，安通过向自己提问以便更好理解游戏对于朱莉娅的意义。她利用对朱莉娅已有经验的了解，提出下一个挑战。教师的下一步计划是"尊重"探究，尊重她想进一步发现新东西的意愿，而不仅是给朱莉娅上一节科学活动课。◀◀◀

144

※ 原 则 ※
引导儿童运用多种材料表达想法

发现儿童潜在兴趣和理解后，教师可以经常邀请儿童用不同表征方式探究自己的想法。在教育领域，儿童的学习成果会通过论文、测验分数或掌握的某种知识技能展现，然而，呈现儿童掌握的东西不仅是展现他们的学习成果，还能提高他们的学习能力。不同的媒介，如戏剧、绘画或雕塑，为儿童提供了对某种观点或理解进行反思的更多视角，更好地面对清楚的事物（Forman，1996；MacNaughton & Williams, 1998）。每种媒介都有助于儿童练习不同技能，并有助于他们对探究事物的不同方面加深理解。当他们一起研究某种表征方式时，善于观察的教师可以引导儿童认识到儿童自己的观点。当观察到儿童是用不同材料表征想法时，你能明白他们试图理解什么。从观察中，你可以帮助儿童找到新的不同探究角度。本书的故事反映出的课程取向，都是通过持续关注和重复性经验来促进儿童学习。这里，我们很乐意向你提供更多有关把这些方法运用到实践中的实例及讨论。

◆ 面部关系 ◆

▷▷在下面的故事中，看看迈拉老师是如何弄清楚儿童为什么觉得自己的脸有趣，以及如何为儿童提供不同材料表证他们感兴趣的东西。

在迈拉老师班上，总能在美工区找到画脸的材料。教师在一周中总会看到几次儿童对着镜子用油彩画脸。他们小心翼翼地注视镜子中自己的脸，并认真研究迈拉为他们拍的照片。他们热衷于涂脸上的某一块地方，而不是画一个面具或进行某种设计。

关注到儿童的这种兴趣后，迈拉给儿童拍了很多脸部的黑白照片，让儿童涂色。他们非常喜欢这项活动，甚至还要求复印多份照片继续绘画。他们的注意力仍集中于照片脸部某一特定的部位和线条上。有时候，儿童会在画好的作品上添画，并和同伴交换照片涂色。

在接下来的一周，迈拉给儿童拿来一些金属丝，并告诉他们如何根据脸部形状和线条，用金属丝造型。这是一项艰巨的任务，但再次激起孩子对脸的兴趣，所以他们乐意接受了。

迈拉继续给儿童提供材料，让他们进一步探究对脸部空间形状的兴趣。她给他们介绍毕加索的非同寻常的绘画，这是一幅有明显特征和扭曲面孔的画。儿童喜欢这幅画，并在此绘画影响下把自己的脸部照片也剪成几小块，然后把他们粘在不同脸部轮廓内。

接下来的几周，这项活动时续时断。在很长一段时间里，儿童照着镜子，用圆珠笔画自己的脸。在这项活动中，他们开始在自己的绘画中呈现面部细节，如睫毛、眉毛和耳朵。

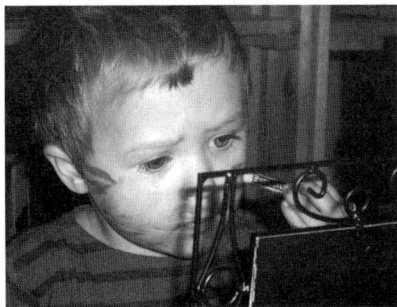

伯林顿学校

伯林顿学校

伯林顿学校

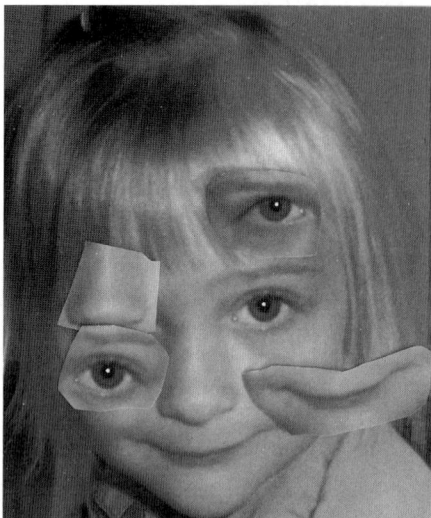

伯林顿学校

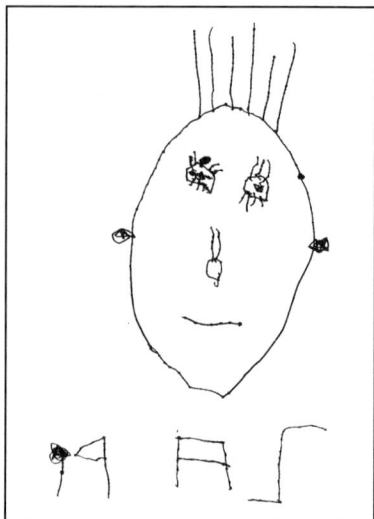

伯林顿学校

听听迈拉是怎么说的

　　"这一年，班上的一些儿童对画脸非常着迷。显然，他们在很认真地从事这项活动，很高兴用各种方式对脸进行探究。他们喜欢把自己画好的脸给其他儿童看，并喜欢别人把不同的脸部表情用照相机拍下来。当把这些照片打印出来并进行研究时，我对儿童脸部涂画相当好奇。我发现，近距离看他们的脸，了解他们这样做的目的和细节时，真的很有趣。看儿童在每一张照片中所画的脸和表达的不同面部表情，确实很有意思。照片反映了儿童在设计、造型、涂色方面的思考和所做的细致工作。我开始问自己，儿童运用这种涂色方式发现了什么？他们能否感受到改变身份的神奇力量？他们是用脸上着色这种方式重新感受脸的轮廓和外形吗？我决定给儿童提供更多机会，来探索脸部的迷人之处。他们也热衷于使用教师提供的每一样东西，用了很长一段时间研究脸的轮廓。但随着每一种新材料的出现，他们的研究兴趣点会转移，开始关注脸的其他方面特征。我也很高兴看到他们是如何塑造别人的脸。重复表征的丰富经验，使他们能更深入了解人脸并获得更多知识。"

反　思

迈拉并没有插手干涉将儿童对脸的兴趣转化成有关脸的单元活动，而是通过他们的作品探究儿童兴趣，在此基础上注意为儿童提供不同材料重复表征他们对脸的形状和线条空间的关注。对这个故事进行反思时，你会呈现其他什么材料帮助儿童继续脸的表征活动和对脸的研究？儿童有怎样的回应？他们会用新材料做什么的问题？你有什么样的猜想？ ≪

根据维维安·佩利（Vivian Paley）的经验（1990），教师可以用故事、戏剧为儿童提供运用多种方式重复表征想法的机会。故事、戏剧让儿童经历一个听写故事、画故事内容，并像戏剧一样表演故事的过程，从而形成用多种方式思考的习惯，这种习惯也能迁移到其他活动中。对那些不太喜欢画画或不喜欢把故事写下来的儿童，这是极为有用的方法。

故事戏剧表演

≫在这个故事里，请关注故事戏剧表演在幼教机构里是怎样像火一样燎原的。你是否发现，儿童特别希望能和朋友一起来演出自己的故事，也很希望参与这一活动？

从本学年开始，德布带的 3 ～ 6 岁儿童无论手头有什么样的工具和材料，都非常热衷戏剧表演。为了延伸这种兴趣，德布向他们介绍故事戏剧，它来源于维维安·佩利的灵感。每周课上，她会放一张桌子用来表演故事，并邀请儿童一起参与。起初，许多男孩并不怎么感兴趣，但是一旦了解可以表演自己的绘画内容时，他们马上参与进来。

一天，儿童很快来到桌子边，每个人都画了想表演的故事。其中，有些是简单的插图和简笔画，有些则非常复杂，描绘了故事的每个细节。接下来，每个人把画的故事讲出来，德布则把讲述记录下来。最后一个环节是儿童表演。所有儿童围在舞台边，一个接一个带着他们的故事和

伯林顿学校

伯林顿学校

画来到台上，选择表演的内容。作者为大家朗读故事，大家认真关注其中的角色，然后决定挑选谁来扮演。德布帮助大家挑选演员，确保每个想参加演出的人都能分配到一个角色。儿童急切地举手，表示自己想演故事里的什么角色，如：花、草、阳光、海洋和故事里的动物以及人。然后，儿童迅速换好衣服，开始展示和练习动作、声音或角色语言。下面是这些儿童表演过的一些故事。

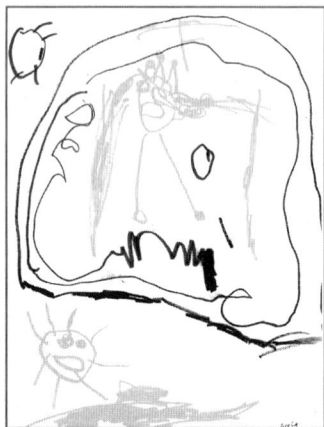

伯林顿学校

公主看着太阳，然后她被抓到监狱里。她看到不同颜色的太阳，有个太阳是蓝色的，她感到很困惑，故事就是这样的。——格蕾塔(Greta)（3岁）

伯林顿学校

带着水下呼吸器的公主和骑士在海洋里潜水，一个坏蛋说："我要把你当作我的猎物。"一个很大、很大、很大的变形金刚说："变成推土机。"老虎说："我是一只沉睡的猫。"登顿将变形金刚扔到地上，使那个坏家伙融化、融化、再融化，然后说："当心，公主。"公主走向骑士。——登顿(Denton)（4岁）

安德鲁(Andrew)和弟弟杰里特(Jered)和莱瑞(Lered)紧紧抓住水边的木头，并在水中踢腿。他们试图从邪恶的海盗奴隶主富巴特(Fobat)手中逃出来，富巴特则开着海盗船追他们。莱瑞对安德鲁说："用劲踢"。杰里特说："好，用劲踢。"安德鲁说："我已经尽到最大的力气。"这时，富巴特

伯林顿学校

让手下的一个水手走到木板上去拿食物。他们的船抛锚了，两个人用剑打斗。富巴特自己也有一把剑，但是他的剑是从安德鲁爸爸那里偷来的。安德鲁的爸爸在与海盗富巴特的哥哥打斗中死掉了。——马克斯（Max）（6 岁）

听听德布是怎么说的

"故事戏剧表演会渗透到儿童一日生活的其他环节。他们很愿意画画，参加戏剧表演和谈自己的想法。即使特别不愿意动笔的孩子也认真投入到戏剧表演中，因为他们知道后面要干什么——他们将要表演故事！过了一段时间，我已经看到儿童的绘画技能得到明显提高，同时发现，口述故事的确能帮助儿童学习语言、阅读和书写。那些年龄尚小、刚接触读写的孩子，已经知道讲故事时慢一点，这样才能把单词写下来。年龄稍大的孩子已经理解读写的最初概念，当他们认真讲出要听写的语词时，就可以练习语音中的音素。我很高兴，他们能够为对话、动作和时间的变化选择各种单词和短语并组成故事，这说明他们理解了故事内容。儿童喜欢把同伴放在故事中，而且我看到他们相互之间对故事情节的影响。

对大多数孩子来说，戏剧表演最吸引人。虽然这些故事很短，有时甚至有点乱，但总是令人振奋。儿童开始从教室里寻找其他东西当道具，提高表演水平，而且经常在自由游戏中展开一个新的故事情节。看到自

己说的话和绘画作品通过朋友在舞台上的表演变成有生命的东西，儿童产生巨大的成就感。

在这个活动中，我继续加入其他可重复表证的元素，有时，儿童把画画在幻灯片上，我们用放映机将它们投射在舞台的墙上，这些画变成戏剧演员表演的背景。为了让儿童运用其他媒介表现这一过程，我要求儿童口述玩积木的故事，然后挑选演员进行表演。"

反 思

故事内容表证以及重复表证涉及学习的多个领域。通过故事戏剧表演，你是否看到语言、读写、创造性表达、数学和空间技能以及合作和问题解决等领域的学习？当描绘想法并表现故事涉及的动作时，儿童面临许多挑战。他们必须理解故事的重要元素以及角色和行动之间的关系。他们在描述细节时，必须考虑空间和视觉的概念；在编故事和口述故事过程中，知道字母可以组成单词，单词经过组合可成句子；另外，还知道整个故事可以反复阅读和欣赏。所有这些行为都是读写学习的基础。

儿童在故事戏剧表演中描绘了所有人类在善恶、爱恨、恐惧和勇敢、危险和救赎、忠诚与背叛、生与死之间的斗争，这些故事都拥有美好结局，好人获得新生，邪恶被打败，英雄拯救了世界。通过戏剧表演表现出恐惧和软弱无助的感觉，对儿童情感发展有重要作用（Hoffman，2004）。在上面的故事中，你是否看到在世界文化中，在其他神话、童话和文学作品中，都可以发现人类丰富的情感和经验？令人吃惊的是，幼儿竟然知道如此复杂的人类主题。◀◀

你的思考

为了更好理解儿童运用不同手段重复表征想法的价值，你可以尝试一下由汤姆·德拉蒙德（Tom Drummond）设计的下面这个活动。

步骤 1 和朋友或同事一起寻找自己熟悉但不对其功能不明白的物品，

比如厨房定时器、传真机、订书机、发条玩具或民间小玩具。

步骤 2 不要拆开去了解物品的内部结构，试着探究它的工作原理，并把自己最感兴趣的东西记下来。

步骤 3 把你脑海里涌现出来的关于物品的问题列一个清单。

步骤 4 和同事讨论自己对这个物品工作原理的看法。

步骤 5 每人画一幅画，展示你认为的工作原理。

步骤 6 比较一下各自的表征方式和内容，看看这些表征是否阐明了它的内部工作原理，是否还有其他价值。

步骤 7 运用其他材料（如积木、废旧材料、线、黏土）建构一个关于该物品工作理论的小组集体设想。参考这一过程中画的画，把从画转化到新材料过程中出现的任何新想法都记录下来。

步骤 8 用图画和新的表征方式向别人解释自己的理论和发现。思考你的学习过程，考虑是否运用了下面的理论来加深理解。

＊ 探究学习（物理知识）

＊ 假设学习（理论建构）

＊ 绘画学习（符号思维和知识建构）

＊ 合作学习（社会建构主义）

＊ 通过多种表征使思考和学习成为"看得见"的过程（多元智能）

思考这一活动为你带来的新理解，意味着什么？下一步将要做什么？怎样将学到的东西整合到课程计划中？

※ 原 则 ※
激发儿童对音乐的热爱

在儿童游戏时注意倾听，你经常会听见他们哼唱一些熟悉曲调。播放音乐时，你会看到学步儿的身体也会和着节拍摇摆。儿童自然地会喜欢音乐旋律和音调，很容易记住某首歌曲的歌词，因为歌词往往讲述一个故事，并有旋律相伴。为什么不运用儿童对音乐的热爱，帮助他们愉快地学习呢？正如汤姆·亨特（Tom Hunter）在"聚光灯故事"中建议的那样，不要仅仅为了上课才播放歌曲，请播放一些为你和儿童的生活添加乐趣和活力的音乐吧。

经常唱歌吧！

下面是关于儿童音乐教育的名言，作者是汤姆·亨特。

"如今，我们很容易将歌曲转化成教育资源。这是可以理解的——儿童在歌唱时学到许多东西，为什么不让儿童利用歌曲来学习？问题在于，我们通过歌曲教儿童学习一些东西时，歌曲本身的快乐就消失了，歌曲不再是引发儿童多种反应的东西，而变成了一节课和单向活动，失去了它应有的活力。教歌曲时，教师应带领儿童反复唱，然后用它来做游戏——加快或放慢速度，大声唱或轻声唱。大声唱表示惊叹；还可以改编歌

歌曲发展公司（Song Growing Company）

词，让歌曲回归儿童并成为生活的一部分。唱歌如果能与儿童平常做的事情联系，那么就变得更有价值。歌曲引发的学习源于儿童发现了什么，而不是教师想要达到什么。"

"让儿童处于富有生气的口语环境（唱歌、手指游戏、韵律儿歌、交谈），能帮助儿童更好地掌握读写技能。要多唱，歌曲才能由一首歌变成一种教育资源。"

✦吸引弗雷德✦

≫家庭日托中心的比莉 (Billie) 老师喜欢和儿童一起唱歌。在唱一首关于小乌龟的歌曲时，她发现儿童对歌词情节和旋律非常着迷。听一听比莉的故事，看一看儿童怎样结合自己的生活逐步再现歌曲。

《我的小乌龟，弗雷德》(*My Turtle, Fred*)（Hunter, 2004）是比莉和儿童经常听和唱的歌曲。这首歌讲述了一只迷路的小乌龟误入一个孩子家并最终走出来的故事。春天，比莉带着三个小男孩，决定建造一个乌龟的家。这个家要非常有吸引力，使得乌龟"弗雷德"无法抵挡魅力而最终爬到院子里。他们先做了一些调查，列出乌龟生存所需的东西，然后建造他们称为"乌龟乐园"的地方。他们挖了小池塘，用松枝搭出几块阴凉地方，建了非常可爱的石头花园，用树

心之家家庭日托中心

枝搭了攀爬架，这些东西都是乌龟喜欢的。最后一道工序是比莉把孩子带到宠物商店，在那里买一些仿制的树脂和石头做成的小乌龟，然后有意把它们放在乌龟家周围。孩子们的理由是，如果"弗雷德"误入他们的乐园，看到了"伙伴"，将会更乐意在那里待上一会儿。

(听听比莉是怎么说的)

"看起来，《我的小乌龟，弗雷德》这首歌的旋律和故事情节触动了小男孩的内心。他们极其认真地听歌词，并为弗雷德和它的住处担忧。对弗雷德的关心，促使我们开展为弗雷德建家园的合作活动。一方面，儿童知道弗雷德不会真正来和我们一起生活；另一方面，他们也相信弗雷德会来。到目前为止，我们还未在'乌龟乐园'里看到一个乌龟'来访者'，但孩子没有放弃，他们坚信精心想出的计划会实现，我也没有放弃。"

反 思

151

　　比莉在活动中喜欢使用歌曲，因为她知道歌曲的力量能使儿童达到更高水平。她认真考虑儿童的兴趣，研究他们对这首歌的热爱，创造快乐的学习机会。歌曲旋律和歌词鼓励儿童扩展思维，从乌龟角度看问题。怎样做才能创造乌龟喜欢居住的家园？乌龟又喜欢和谁生活在一起？他们的回答表明，儿童开始关注建立关系的重要性，也增加了对保护家园重要性的理解。对于儿童的细心、创造性以及他们制订计划并且按照计划构思、建造和为乌龟唱歌的行为，你会怎么看呢？《

　　运用音乐进行思考和获取信息，是儿童在学习中可运用的多元智能中的一种（Gardner, 1993）。下面的故事告诉我们，教师即使没有受过专业的音乐培训，同样可让音乐成为日常生活完整而生动的组成部分。

◆ 滑 稽 歌 ◆

　　》看德布运用的音乐方式，回想日常生活中自己热爱的音乐，并考虑如何把它运用到儿童教育工作中。

　　在日托班，德布经常和儿童一起唱歌。他们不但唱别人写的歌，自己也写歌。德布看到儿童在攀爬架上冒险或在戏剧表演中流露出情感，就会自发地创编一些歌曲。他们用歌声向阳光、雨露以及季节的交替致意。有一年，他根据一日生活环节写的歌特别吸引儿童，儿童也创编并唱出许多关于自己日常活动的歌。德布建议儿童用文字和插图编一个歌本。儿童把这

我们的滑稽歌歌本

伯林顿学校

本书变成滑稽歌本，里面收进他们创造出的和平常不一样的歌词，这些歌词经常逗得大家哈哈大笑：

"去你的衣帽柜……洗个淋浴。"

"打开灯……但不要打架。"

"从头发中寻找丢失的衣服。"

儿童每天翻看这个歌本，用一种有趣、新颖的方式歌唱生活中简单的快乐。到了年底，这本书竟然有三英寸厚。

听听德布是怎么说的

"我印象最深的童年记忆是父亲的歌声。他在浴室里唱，跟着收音机唱，最让人怀念的是和我一起唱。他从未受过正规的音乐训练，我也没有，但这并不妨碍我在生活、教学中享受音乐。由于有父亲做榜样，我和儿童在一起的时候总在唱歌。儿童也从唱歌和编歌的活动中，学到了许多。他们一直为歌本画画，口述滑稽歌词。我看到他们整天读给其他人听。但更重要的是，我传递了父亲的歌，也传递给别人相同的快乐和美好记忆！"

反 思

从德布的建议中可以看出，她和儿童写歌本是练习读写的很好实例。在儿童口述歌词的时候，他们知道词和句子可用来编写歌曲和书，儿童开始明白文字很有用，也可以使生活更愉快。你有没有注意到，在编写歌词时，押韵的词也是进行语音练习的机会？从故事中发现，幽默的力量可以促进儿童思考。具有丰富的、口口相传传统的美国印第安人社区在教和学的过程中早就理解了幽默的力量（Momaday，2007）。儿童创造出一些相互没有联系的词语，把它们放在一起作为歌词，表明他们知道两个相反但有趣的想法放在一起，会很有意思。儿童以这种方式转换观点的时候，就促进了自身认知的发展（McGhee，2003）。

※ 原 则 ※

利用儿童对戏剧和想象的极度热爱

儿童利用象征性游戏和想象理解世界的意义，这成为我们与儿童在一起最快乐的时刻。儿童通过戏剧表演表现他们的深邃观察，同时把自己的经验和世界观与他人、动物甚至物体联系。这种思维的专业性术语是"泛灵论"或"拟人化"，是指给自然或无生命物体赋予人类的个性、思考或行为，而不仅把世界看作是好玩的，或因为它还不够完美而忽略它。为什么不利用儿童独特的视角来丰富学习过程？

教师可以创造一些能反映儿童兴趣的戏剧表演机会，鼓励他们进行表征，通过象征性游戏促进理解。不管何时何地，当儿童说"我们来玩过家家吧"，这样就产生了一个引发学习的新情境。儿童表演时，尝试新的情感、角色和想法，通过自身想象扩展思维。

观鸟花园

>> 阅读作者从澳大利亚同行弗兰 (Fran) 和尼科尔 (Nicole) 那里听到的一个故事。他们描述如何通过增添戏剧表演道具引起儿童对鸟的浓厚兴趣，从而在很长时间内丰富他们的学习内容。

一本有关鸟的图书，引发了四岁儿童刘易斯 (Lewis) 和同伴对鸟类的兴趣。他们抓住每个机会研究鸟的生活。弗兰和尼科尔为呼应儿童对鸟类的兴趣，设立了专门角落，放了几本鸟类图书，还放了一些树枝、石块、羽毛、鸟的模型以及一个真实鸟巢。儿童很快把这种兴趣移到户外。他们变成了劲头十足的观鸟人，并利用这些书籍帮助他们获取更多鸟类知识。

为了吸引儿童进一步探究并丰富游戏，教师决定建立户外戏剧表演活动区。儿童走进了教师搭建的鸟类观察室，在搜索过程中运用显微镜和写字板，并用图表把发现记录下来。随着戏剧故事的延伸，他们用到帐篷，还把户外烧烤设备转换成"厄尔伍德鸟类观察公园"。儿童非常高兴地参加这个游戏。但是他们发现，事实上很难看到小鸟，儿童认为这一定是小鸟听见和看到他们在这里，所以才不来的。

大家觉得需要建一个观鸟室，弗兰、尼克尔和一组关系较好的儿童完成了这个任务。他们在户外木柜上盖上东西，把它改建成观鸟室。房子的外面盖上竹子，然后在上面涂上棕色和绿色油漆，把房子伪装起来。他们一边涂漆一边讨论新的观鸟计划，一想到这个有利位置可能观察到各种各样的小鸟，他们就很兴奋。赖利 (Riley) 决定把鸟食放在那里，这样就更有可能把鸟吸引到这儿。他和其他孩子把鸟食撒开，然后一直在看鸟是否会飞来。孩子们用彩色粉笔画鹦鹉，然后把彩色鹦鹉封上塑料纸当作诱饵，挂在观鸟公园周围，想把鸟吸引过来。

听听弗兰和尼克尔是怎么说的

"同伴力量很有影响，激情洋溢的小朋友把学科内容变成了对大家很有感染力的东西。我们逐渐明白，儿童其实已经拥有关

厄尔伍德儿童中心

厄尔伍德儿童中心

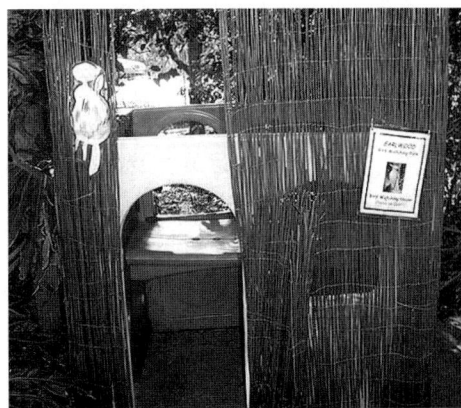

厄尔伍德儿童中心

于鸟类的丰富知识，这些知识成为把鸟吸引到这个地方来的基础。最受欢迎的建议是观鸟室，在很长一段时间内，它变成爱鸟儿童的游戏中心。"

反　思

故事反映的内容不同于教师给儿童提供的传统道具或游戏主题内容。你是否看出儿童对于想象游戏的渴望？提供特定的戏剧游戏道具能促使儿童在感兴趣的领域进行更多的学习和合作吗？儿童极其认真地开展象征性游戏，因为他们知道这种游戏可以融入自己的思想和情感。儿童不仅学习有关鸟的具体知识，还在运用道具表达和建构对于鸟类和其他事物的理解。通过鸟类观察室的游戏，儿童仔细观察的倾向性和利用参考资料的能力得到进一步发展。儿童还发展记录和分析、发现的技能，通过解决问题学会把鸟吸引到特定地方。他们还学会建构鸟类观察室，从鸟的视角思考。所有这些活动加强了儿童对自己作为学习者和合作者的认同感。弗兰和尼科尔非常认真地对待戏剧表演，提供支持并设法提升戏剧的复杂性。同时，他们对儿童在这件事上表现出来的潜力感到惊讶。◀◀

利用儿童天生的"泛灵论"，是鼓励儿童参与更复杂学习的另一种方法。儿童喜欢与他们有点联系的角色一起学习，这些角色能够用教师无法运用的方法邀请儿童参与探究。

◆ 老鼠的家 ◆

≫下面的故事讲述了林赛（Lindsay）老师通过帮助儿童相互交谈来学习照顾宠物鼠。关于儿童对老鼠的观点，你有什么看法？你能看出他们为什么会和充满活力的小动物建立友谊吗？

林赛班上的几个儿童聚在老鼠笼子边，手上抓了一只老鼠并展开有关老鼠的话题。在观察老鼠时，他们花了较长时间讨论如何从老鼠角度看问题，如：老鼠是不是喜欢儿童对待它们和安排笼子的方式。林赛通过用老鼠照片制作的木偶，扩展儿童对老鼠的共同兴趣，并邀请他们跟老鼠进行对话。

弗里老鼠 (Furry rat)："我喜欢你轻轻抓我，我最喜欢四处乱跑。"

佐薇 (Zoe)："我们想把笼子关上，要不然你们会跑出来咬绳子，破坏电线并爬到电网上。"

弗里老鼠："我确实喜欢咬东西。"

奥利维亚："这就是为什么你眼睛这么大，是因为你被吓坏了吗？"

弗里老鼠："当你敲打我的笼子时，我很害怕。"

伯林顿学校

佐薇："你会爬杆和游泳吗？我从一个老鼠表演剧中听说过老鼠会爬杆和游泳。"

弗里老鼠："我确实喜欢爬。对，我会游泳。"

在和老鼠木偶多次对话后，林赛邀请儿童根据与老鼠的谈话内容，为老鼠设计并建造一个家。当用废旧材料为老鼠搭建小窝时，他们讨论的话题是"如果从老鼠的角度看问题，对他们的工作会有什么影响"。

"老鼠喜欢鲜艳的色彩，所以我们要在窝里用多种颜色。"

"他们喜欢到处乱跑，我们需要把窝做得大一点。"

"老鼠喜欢舒适的空间，他们需要一块小地毯、一块柔软和舒适的毛毯。"

"我正在放两把椅子，老鼠椅子，坐着会很舒服。"

"老鼠的房子需要一个起居室、一个餐厅、一个门廊、一张放在卧室里的床。"

"它们的房间之间需要门，这样它们才能进入房间。"

"我正把这块遮挡布做成门的帘子，这样空气可以进入，老鼠可以呼吸。"

"他们家里的所有房间都需要透气孔。"

"记住，他们最喜欢到处乱跑。"

"如果把所有房间合在一起，老鼠就可以有空间四处乱跑。"

"我们可以在房间顶部开个窗，这样可以看到他们在家里的动静。"

　　过了几个星期，儿童给老鼠建了一个很精致的家，他们仔细观察老鼠在家里的表现，并且根据他们的观察继续改变设计。

155

伯林顿学校

伯林顿学校

反思和行动

有什么突出细节可作为进一步思考的提示？

*

文化、家庭背景或大众传媒如何影响这一情境？

*

在这一情境中如何理解儿童的观点？

*

这里涉及哪些学习领域？

听听林赛是怎么说的

　　"这一年来，儿童对生活在笼子里的老鼠非常着迷。他们很关注这些友好的小动物，这种兴趣引发规模颇大的合作活动。当我向他们介绍小老鼠木偶时，他们很喜欢，并与老鼠木偶进行对话。儿童与木偶真诚地交流，这种方式使人很意外。他们假装与木偶谈话，似乎更能创造性地思考。我们可以看到，为了给老鼠建一个舒适、漂亮又有趣的家，儿童在运用观察到的信息，通过对老鼠的已有了解进行创造。他们兴高采烈地向老鼠展示新家，但他们明白，为了确保老鼠安全，必须采取平静、温和的方式把老鼠送入新家。我发现，儿童也把对老鼠的关心迁移到相互互动中。当他们思考怎样和老鼠交朋友时，孩子之间已经在交朋友。"

反　思

你是否看到儿童关于老鼠的奇思妙想引发更深入的科学研究和探索？与老鼠之间充满想象的交流，促使他们对老鼠行为进一步观察，反过来，又引发他们对精心建造老鼠家的思考。林赛并没有提供有关老鼠的课程以及相关知识，来迎合儿童兴趣。相反，她丰富他们的对话和知识，通过鼓励儿童参与象征性游戏，使他们相信，他们真的可以和老鼠交谈。这一行为鼓励儿童运用自己的想象充分扩展学习兴趣。《

用儿童的方式看世界，教师必须坚持成人的世界观，同时运用儿童的逻辑提出新想法。这意味着教师自己要练习一种新思维，即把人类的思想与情感赋予物体或动物，和儿童一起追寻这种可能性。在下面的故事中，教师引发儿童运用独特视角学习关于水的更多物理特征。

水

》在这个故事中，注意儿童是多么容易地把自己的世界观融入对世界的新理解中。研究儿童关于水的看法，尝试理解儿童的思考方式，看看自己从中学到什么？

一天早晨，儿童在水桌边玩游戏，其中四个儿童开始清楚地讲述并演示关于物体沉与浮的理论。

乔纳:"石头可以使物体下沉。"

露西 (Lucy):"因为他们没有足够多的空气。"

埃里克 (Eric):"对,石头里没有足够空气,然后它们就下沉了。"

弗利克斯 (Felix):"我的积木船能够漂起来,因为水有足够大的力量让它往上浮。"

讨论时,他们都尽力向别人陈述自己的理论,相互传递可用来操作的石头和船,并指出石头迅速、准确下沉到桌子底部的路线。他们弯下身体并贴近水面,仔细研究船在水面漂浮的轨迹。尼克 (Nick) 和安两位老师在几个月的时间中定期参加他们的探究和讨论活动,研究这些最初的、不够严密的理论,研究儿童在一盆水里尝试各种材料后探究形成的新理论复杂性。经过几个回合的预测、实验和对物体分析,尼克和安决定让儿童从水的角度思考沉和浮的经验。他们提出各种各样的问题激发儿童思考。在一个"湖水遇到石头和松果"的故事中,安运用象征性的水和儿童从水的角度进行探究。讲述这个故事的时候,她请儿童帮忙,明确说出水的思想和感受。

安:"石头落在水面上时,想一下,水会有什么样的感受?"

乔纳:"水会感觉累。"

安:"松果降落时,水又会有什么感受呢?"

露西:"那种感觉很美妙,因为水会觉得松果像在给它挠痒。"

埃里克:"树叶落在水面时,水也会感到像挠痒。"

这个故事使儿童对水的想法有了更深入思考。

乔纳:"你知道如何运用手语说'沉'吗?像这样。"他的脸部肌肉动了一下,做了一个鬼脸,并紧紧地握住自己的双手,使手臂抖动起来,"也就是说,水正在强有力地支撑沉重的东西,这东西太重了,水不得不努力支撑,但是它做不到。"

希尔托普儿童中心

安："那么，表示'浮'的手语是什么呢？"

乔纳将手举过头顶，露出微笑："这就是说水能举得动，水很高兴，因为这很容易。"

听听安是怎么说的

"当观察到儿童专注于沉和浮时，我们鼓励他们尝试建构和验证理论，鼓励他们对更复杂领域进行思考。我们决定让儿童以正式、定期见面的'工作小组'形式交流，这是幼儿园

希尔托普儿童中心

的集体活动，儿童和教师聚在一起，在一段时期里专门研究一个问题。儿童最初围着水桌玩的时候，弗利克斯曾经提出，水在沉和浮中扮演着积极角色：水有足够强大的力量托起一条乐高积木船。它促使我们做出决定，帮助儿童通过对水的探究进一步思考问题，尝试以不熟悉的角度检验在新视角下形成的理论。"

反 思

教师关注的不是把"沉"和"浮"、密度和水的流动或者其他物理经验"教"给儿童，相反是把儿童引向调查和探究的循环过程，为儿童创造重新观察和修改最初有关空气和重量理论的机会，并通过进一步研究更为清晰地把新理论陈述出来。关于"松果、岩石和水"的故事激发了儿童认真思考，用新方法理解沉和浮的经验。然后，他们随即放弃从水中物体角度看问题的方式，开始采用新的方式。他们和水建立联系，认可水的作用，通过水被重物压得不堪重负的体验，丰富自己的情感，同时用微笑和伸出的手臂为较轻物体浮在水面而庆贺。儿童对于沉和浮的理解变得更加复杂，当然也了解了水的物理性质。从水的角度看问题，加深了儿童探究，在更深层面上融入了他们的情感和智力。◀◀

※ 原 则 ※

充分利用儿童爱动、爱表现的天性

有关儿童学习的研究表明，儿童无论何时何地都喜欢用身体学习和表达。但在教育中有一种倾向，认为舞蹈、律动和体育都微不足道，而"坐下来学习"更重要。体育被看作是身体的塑造，而不是头脑的塑造。事实上，儿童很乐意把身体当作工具来对想法和感觉进行探究。教师花大量时间提醒儿童"别动""坐好""别乱晃"，认为儿童自然表达出来的情绪会干扰他们的注意力和学习。如果把儿童的身体表现作为学习的内在工具和语言，你是否会利用身体扩展学习过程？下面是具有这种心态的教师的一个真实案例。

(158)

用油泥捏身体

≫你有没有想过玩油泥要用大幅度的身体动作？故事中的教师之前从未这样想过，直到开始仔细观察才放弃了以前那种有局限性的想法。关注克里斯汀老师如何尊重并扩展儿童运用大幅度身体动作的自然愿望。

克里斯汀放了五个黑色盘子，每个盘子中间有一团油泥，她通过这样的方式邀请儿童玩油泥。儿童马上响应，房间里充满了欢笑声、敲击声以及油泥撞击盘子的声音。在玩油泥的过程中，儿童用了很大力气，简直把整个身体都压在上面。他们站在椅子上，使自己更好用劲，尽自己所能拽拉、挤压并拍打油泥。他们用手、手指、拳头、胸膛、前额还有肘部来把油泥压平，或使油泥改变形状。接下来，克里斯汀又开展了几次这样的活动，发现儿童在玩的时候增加了更多的身体活动。观看了一个儿童以多种方式玩油泥的视频后，克里斯汀和同事决定让儿童在地板上玩油泥，这样可以给儿童身体提供更多的空间。

儿童马上积极响应，并且继续用尽全身力气在玩。地板上玩可以让他们在更开阔的地方用不同方式运用身体。他们可以躺着、站着，用脚踩油泥。他们运用更有力道的印刻工具在油泥上刻制图案，并希望做出最好的印刻图案。

丹尼斯路易开端计划项目

丹尼斯路易开端计划项目

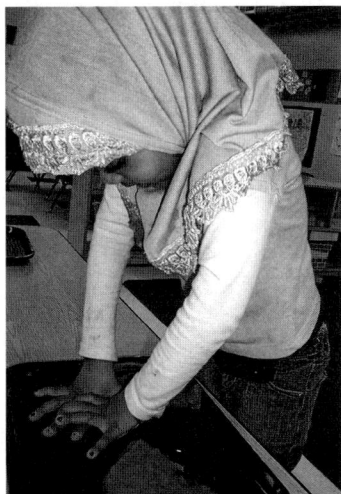

丹尼斯路易开端计划项目

丹尼斯路易开端计划项目

丹尼斯路易开端计划项目

丹尼斯路易开端计划项目

听听克里斯汀是怎么说的

"当观察儿童玩油泥时，我们注意到他们大多在运用大幅度身体动作。同事凯西吃惊地说：'我怎么也不会想到，玩油泥是一项运动性活动！'当提出在地板上玩油泥的建议时，我自己在想：'不大好吧，因为油泥就应该放在桌子上玩，不是吗？'那天，当儿童离开后，我们把油泥连同图案印刻工具放在地板上的盘子里。然后坐下来，想象用我们的双脚轻轻滚动材料，或用一把梳子梳理油泥团的边角。然后，我们决定这样做。对，这就是我们下周运用材料的方式——把材料放在地板上。

在地板上玩实际上是允许儿童用不同方式伸展和运用身体。儿童认真玩这些材料，尽自己最大力气进行推和拉，这给我留下深刻印象。儿童已经可以自由运用整个身体，他们需要有更大的空间。我想，如果个人空间没有明确界线的话，他们可能相互干扰，这样就不太能专注工作。但是当我们为后面一组儿童做准备工作时，一个儿童看着我说：'我们还要在这里做。'（指着地板）他又指着桌子补充说：'不是在那里。'我在地板上增加了几张垫子，希望儿童玩时分散一点。但我很惊讶地发现，他们在活动时还是喜欢挤在一起，身体靠着身体。当儿童尝试某个新想法的时候，他们需要更多空间，但是大多数情况下，他们还是聚在一起，头碰着头，然后比较他们的作品。儿童会相互干扰是我的观点，其实儿童并不是那么在意。现在，油泥和印刻工具放在房间里的一个敞开架子上，这个架子位于教室中心的一块空地旁，紧靠着一张大桌子。这样，儿童自己可以拿材料，在地上和桌子上都可以玩。我这时意识到，自己正用一种全新眼光观察他们，学到以前没有发现的一面。这确实有一点挑战，但是一种积极挑战，即如何拓展已经熟悉的材料的功能。"

反　思

对儿童在地板上玩油泥，你的反应是什么？克里斯汀看到了儿童在大幅度运用身体动作方面的潜在兴趣，冒着一定风险，给他们提供更多的尝试机会。关注她如何对自己以前儿童玩油泥、协商游戏空间的能力和兴趣提出挑战。克里斯汀乐意用"全新眼光"看儿童，并为

了儿童利益采取行动，不管是真实还是象征意义，它都可以说是一个重要事件。《

儿童不断运用身体尝试新挑战，用各种各样的方式进行运动。接下来，教师可以顺理成章要求儿童对身体进行思考和探究，以便扩展他们的思维和学习。下面的故事中，教师是如何提供方法，让儿童对身体和运动方式进行反思。

运动的身体

》在这个故事中，儿童接受老师令人兴奋的建议，开展身体运动游戏。教师如何用玩偶代表身体运动，同时提高儿童对身体舫力的理解？这些材料如何丰富学习过程？

格洛丽亚 (Gloria) 班上的儿童喜欢身体运动，不管是在室内还是在户外，他们经常跳舞、攀爬、奔跑。为了抓住儿童这一兴趣，格洛丽亚收集了一些艺术家用来当模型的木头娃娃和有关跳舞和身体运动的图书。他把这些东西放在

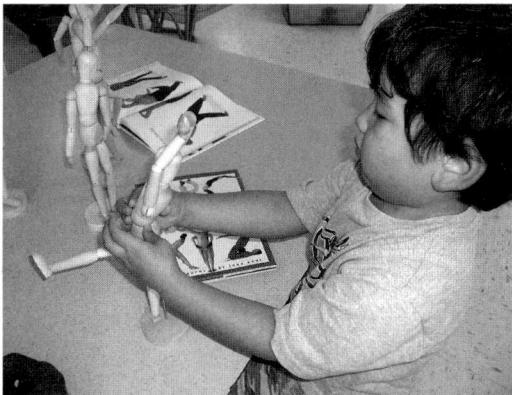

伯林顿学校

桌子上，当儿童进入教室后可以探究。这些道具引发儿童新的探究。他们以不同方式摆弄娃娃，同时研究手臂、腿、脖子和躯干的运动。他们观察照片并让玩具娃娃模仿照片中人的姿势，同时也用自己的身体模仿玩具娃娃和照片中的动作。一些儿童观察字母书上的图片，然后用身体"写"名字中的字母。

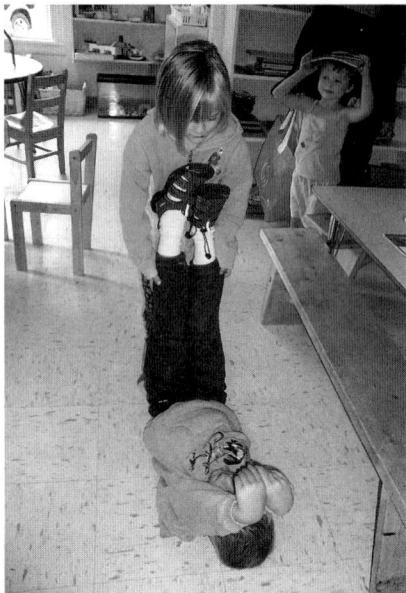

伯林顿学校

伯林顿学校

161

听听格洛丽亚是怎么说的

　　"因为班上的孩子很活跃，配班老师和我都认为，为儿童提供不同方法学习或表征身体运动一定有趣。儿童对玩具娃娃很感兴趣，玩了很多天。他们的很多游戏是让娃娃之间互动，这个想法很棒。比如说，他们让一个娃娃站在另一个娃娃头上，或让它们相互拥抱，假装在跳舞。当然，儿童很快学会运用自己的身体模仿娃娃和书上的动作姿势。我们上了一次很棒的读写课，儿童用身体动作拼写名字，就像在人体拼成的字母图书上看到的那样。我们决定，接下来要做的是为儿童提供纸和铅笔来画这些模型，像艺术家一样。看看他们是否会用自己的身体重新表征图画，这会非常有趣。"

反　思

　　格洛丽亚引导儿童利用艺术家的木制模型研究身体运动，再次表明表征活动为儿童思维和理解提供了新窗口。通过摆弄木头娃娃的运动，儿童对平时做了很多但可能很少思考的东西有了更多关注。一旦儿童练习用娃娃的胳膊、腿、脖子和躯干运动，他们很快转向尝试用身体来运动，这对他们来说，是有力的学习工具，他们可以在对模型和身体的研究间来回对比。格洛丽亚接下来让儿童画模型的想法，你觉得如何？你能猜出儿童的反应吗？你觉得这个充满活力的班级是否喜欢有更多机会探究自己的身体？ **《**

※ 原　则 ※
利用儿童对自然世界的关注

如果没认识到儿童与自然界的重要关系，或者不把这种关系作为儿童学习的重要资源，那我们就太不负责任。泥土、小棒、石头经常被儿童用作建构、戏剧表演以及建立关系和学会与人协商的材料。霍华德·加德纳在多元智力理论中又增加了自然智力（1999）一项。善于思考、观察力敏锐的幼儿教师马上能理解他提出这一智力的原因。大多数教师都知道，儿童从不错过游戏环节的任何细节。教师具有和儿童一起工作的一手经验，知道儿童可以通过直觉理解和自然界建立深层联系并展开学习。户外不仅是发泄多余精力的地方，你可以把它看成是进行丰富探究、重温和再次表征学习领域概念的机会。下面是教师的教学实例，她把儿童的户外探究看作是重温其他学习领域概念的重要机会。

成千上万的豆荚

》自然界给我们提供的不仅是一个整体，同时也是名目繁多的单个物体，它们具有令人感兴趣的质地、颜色、形状和大小。儿童在操场上收集树上落下的豆荚时，万达（Wanda）老师利用了这个学习机会。

诺兰（Nolan）、佐伊和万达老师沿着操场散步。现在正是美妙的秋天，她们看到地上有许多树上落下的豆荚。孩子们想把豆荚捡起来，万达给了他们一些塑料袋。他们进行有关豆荚的谈话，讨论豆荚是什么，怎么会长这么大，而且湿乎乎。儿童描述豆荚的颜色、质地、形状，每捡起一个豆荚都会关注其特征。他们一个下午都在从事捡豆荚活动。回到教室后，万达建议大家继续对豆荚探究。

　　第二天，万达准备了一张桌子，让儿童用盘子和篮子对豆荚分类。儿童很快找回了他们对豆荚的兴趣，开始分类、数数，并继续讨论豆荚的质地、重量和豆荚潮湿的原因。一个孩子说："我觉得应该把它们永久保存起来。"大家一致赞同，但是许多人觉得，如果要保存这些豆荚就必须把它们弄干。儿童想到让豆荚变干燥的方法是，把它放在烤箱里烘干或在微波炉里加热。如果把豆荚加热的话，它给豆荚带来的变化涉及许多问题和原理。

　　"如果把它们放进微波炉里，会出现什么情况？"万达问他们。

　　儿童回答：

　　"它们变得很大，有一些东西会渗出来。"

　　"它们会变成薯条和蛋糕，还有冰激凌。"

　　"它们周围有很多毛。"

　　"由于加热，它们会变干。"

　　"它们会变成粉末，因为它们会胀开和爆开。"

　　然后，万达又问："如果把它们放在烤箱里，又会发生什么情况呢？"

　　"他们会变得大一点，会翘起来。"

　　"它们会变干，变大、变干。"

　　"它们会在烤箱里爆炸，因为太热了。"

伯林顿学校

几个儿童围着微波炉加热，好奇地看着微波炉上倒计时间。他们一边数数，一边建议增加一点时间。

他们把豆荚加热以后，仔细检查豆荚，发现它们都差不多。其中一些豆荚有点儿发干，但变化好像不大。整个下午，他们用不同大小的篮子和夹子练习对豆荚分类。

伯林顿学校

伯林顿学校

----------------------------- 反思和行动 -----------------------------

环境和材料如何影响儿童的发展？会产生什么样的变化？

*

教师行为如何影响这一情境？

*

什么样的理论观点和儿童发展原则引导我的理解行为和行动？

听听万达是怎么说的

"儿童非常兴奋，院子里有这么多豆荚，像铺上一层漂亮的天然地毯。有趣的天然材料使人感到欣慰和满足，因为他们可以通过感官去探究，而且数量绝对充足。儿童在对豆荚的加热和干燥进行预测时，也对豆荚的独特特征进行了仔细观察。大多数儿童认为加热会使豆荚变大，这是不是因为他们曾经看到过东西放在烤箱里烘烤时会膨胀变大？这是真正从儿童对自然界的兴趣中生成的课程。丰富和神奇的自然界给个体、班级和教师呈现了不可思议的学习机会。"

反　思

偶发事件蕴涵丰富的学习机会。万达采取行动，对儿童的关注点和下一步活动提出挑战。当为儿童提供篮子分类和数豆荚的时候，她也为儿童创造了探究数学知识的机会。当邀请儿童到厨房进行预测并检验让豆荚变干的理论时，她鼓励儿童提出问题、合作和尝试解决问题。当读到他们的预测时，你对儿童的理解和观点有过什么猜测？在每一个关键时刻，万达如何利用儿童对大自然的热爱创造更多的探究机会？《《

过去，户外游戏占据童年生活的大部分时间。大多数人保留着对大自然发自内心的感性经验和记忆，如：透过皮肤感受到的新鲜空气，透过城市建筑看到的阳光明媚。我们还记得爬树或在陡坡上骑自行车时感受到的力量和冒险体验。成长中的太多东西来自自然界。今天的儿童不是这样。在《丛林中的最后一个孩子》（*Last Child in the Woods*）一书中，理查德·卢维（Richard Louv）描述了这种情况。儿童在户外时间越来越少，不仅削弱他们的学习能力，同时增加了生病的可能性。理解了这个问题，下面故事中的教师向自己提出挑战，借此希望帮助幼教机构的儿童提高对自然界的兴趣，加强和自然界的联系。

❧ 伊格丽娜（Eaglina）玩具鹰 ❧

≫在这个故事里，德布和柯尔斯滕想帮助儿童形成对国家、历史和文化的身份认同感，而不仅关注电视中的超人和"快餐文化"，挑战在于要从教室中找到具体实施方法。注意他们怎样利用儿童对自然界的浓厚兴趣，在持续一年的活动中利用一只鹰来帮助他们探究居住地的美丽河谷。

秋天，德布和柯尔斯滕给儿童布置了一项和家人一起完成的家庭作业。儿童要在自家院子和住房周围收集可以研究的东西，并从自然环境中寻找和收集一些物品，包括树叶、坚果、豆荚、松果、花朵、石头、鹅卵石、小树枝、木棒、贝壳、海滩上透明的小石头等。同时，他们也在操场上收集各种各样的物品。教师在桌上放了透明塑料盒，用来给物品分类。儿童的这项活动持续了几个星期。他们仔细察看每个盒子中的物品，讨论物品，交流自己是在哪里找到的。儿童的家人也参加了这一活动，研究这些物品，和儿童交流自己是在什么地方找到和捡到的。

下一步是将儿童注意力转移到他们的家庭，看看从家里能发现什么自然元素。于是，他们布置了第二个家庭作业。

星光教室家庭作业

我们要开展一项关于居住地的研究：家、邻居和史卡奇河谷。首先，我们让儿童带来一张家庭照片，并和家人一起回答下面的问题，因为和家人花时间一起探究是幼儿园研究的基础。

＊你们居住在哪一种房子里：一层还是两层？别墅、公寓，或是成套公寓？

＊你家周围是什么样？

＊你家周围有很多邻居，还是就你们一家？

＊你家附近种了什么植物，有什么动物或其他生物吗？

＊从你家可以看到什么？有山、小溪、河流、湖泊、农场、普吉湾，或其他什么吗？

＊在你居住的地方，你最喜欢什么？

在这张纸背面，画一张你家和周围环境的图画，下周带着你的画和故事来学校。

教师将儿童的画和故事装订成一本书，并经常翻看。儿童也喜欢看，并讨论在家里能看到的生物。过了一段时间，德布和柯尔斯滕发现了一个称为"布兰查德山脉的朋友"组织，他们的宗旨是保护当地山脉，防止乱砍伐树木。这个组织的一名妇女开始和儿童就该项目合作。她帮助儿童画了一张山谷地图，上面画出动物的种类和地质结构，并相信画画可以引发儿童对地图的兴趣。

教师觉得，到了让儿童与河谷建立联系的时候。教师让儿童画自己

伯林顿学校

家的房子，然后把每个房子的小照片打印出来，并把它们贴在儿童居住地区地图上的相应位置。儿童每天看地图，讨论他们住在哪里，并指出彼此相对的位置、住房与周围动物和其他生物的联系。

为了帮助儿童获得对抽象概念的理解（地图代表了他们住房的真实地点），教师介绍了一个称为"伊格丽娜"的玩具鹰作为向导，编了一个"伊格丽娜"从加拿大飞来想找一棵树建巢的故事。当它飞过史卡奇河谷时，它知道这就是它要找的地方。在布兰查德山脉，它发现一棵理想的、可以居住的树，但这片树林里的动物告诉它，这些树有可能被砍掉，所以最好不要在这里建巢。然后它飞过地图，停下来寻找居住的地方，并感叹这里的山脉、河流、树、动物、农场、城镇、火车和船是多么美丽。这些都是生活在这一河谷的儿童日常生活中的一部分。儿童对"伊格丽娜"每天告诉他们的故事非常感兴趣。

这个班级开始到地图上的一些地方郊游，如：郁金香花园、海湾、河流。每一次郊游前，教师会把"伊格丽娜"故事再说一遍，看看儿童那天将会看到什么。远足旅行之前和之后，他们都进行表征活动。

伯林顿学校

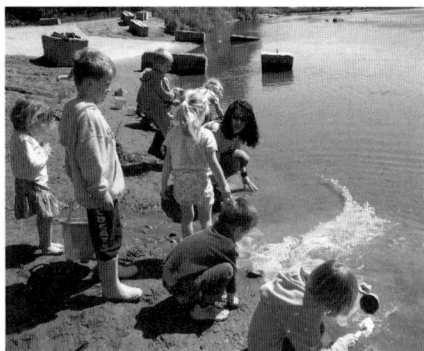

伯林顿学校

例如：到史卡奇河郊游之前，德布和柯尔斯滕为儿童提供了一张大纸，上面画了一条河，并让儿童画下关于这条河的已有知识：

"河是流动的。"

"你可以看到许多鱼。"

"那里面很脏，河底有淤泥，所以脏。"

"鱼、岩石上溅起的水花以及各种各样的东西，都会发出声音。"

当他们从河边返回的时候，教师把大纸上儿童绘制的河展示给大家看。他们还把相同的探究搬到教室外面的沙箱中，儿童在沙箱中挖了一条深沟当作河，往里面倒水并观察水的流动。

伯林顿学校　　　　　　　　　伯林顿学校

在到普吉湾帕地雅海湾郊游之前，儿童再次看地图并听了"伊格丽娜"的故事，将认为有可能看到的东西画成图画。当他们返回时，教师帮助儿童丰富和回忆已有经验，把从海湾捡回来的东西作为引发儿童兴趣的元素，如：湿沙、海草和贝壳，并在教室里对这些材料进行探究。

最后的郊游地是布兰查德山脉。儿童非常激动，因为他们早就从"伊格丽娜"那里知道这座山。快到达山顶时，一群鹰在他们头顶上飞翔，儿童想告诉它们，它们很受欢迎。"布兰查德山脉的朋友"组织的人当向导，带他们对山上植物和动物进行探究。这次郊游对儿童来说最重要的一点，是他们从山顶看到了美丽的史卡奇河谷，这也是他们的朋友"伊格丽娜"在高高的天空中飞翔时看到的。

但是，儿童又开始为"伊格丽娜"在布兰查德山上建巢的事情感到担心。他们决定为它建一个巢，这样在山脉还未成为一个安全地方以前，它可以先住在教室里。教师建议每个儿童画一个他们认为"伊格丽娜"可能会喜欢的巢，然后，把大家的点子综合起来，设计一个巢。最后，儿童一起来建造了这个巢。

伯林顿学校

伯林顿学校

听听德布和柯尔斯滕是怎么说的

"伊格丽娜，现在住在我们教室里一个漂亮的巢里。儿童认为，它应该待在我们这儿，直到有一天布兰查德山上没有人再砍树。我们每一次郊游都带着"伊格丽娜"，在我们去的每一个地方都会发生神奇的、令人吃惊的事情，都会有真正的老鹰飞来，在我们头顶上翱翔！儿童与"伊格丽娜"相互关爱的关系以及对树的担心，也引发了他们探究的强烈兴趣。他们渴望通过每个机会思考、讨论、画画和建造我们建议的东西。我们也很感动，为儿童对自己及其他生物共同居住的美丽大地的关心而感动。对能指导这种长期探究，我们感到很欣慰，它对我们所有的人都很重要。"

反　思

教师利用儿童对动物和自然界其他生物的兴趣，运用不同方法让儿童思想、情感和身体都能参与活动。儿童运用自然界的具体实物进行操作、讨论、讲故事、研究照片，也可以去参观值得探究的真实地方。你有没有看到，教师怎样为儿童提供多种表征和再次表征机会，并把他们的思考和经验具体化，成为可供进一步讨论和探究的载体？儿童与"伊格丽娜"的关系引发了他们对"伊格丽娜"以及它的家园的思考，另外加上教师的有目的引导，他们得到许多有价值的学习经验。◀◀

你的思考

回想一下童年时在户外最喜欢待的地方，然后从自然环境中找到有助于讲述你在那个地方生活经验的材料。与人分享一下，让这些自然材料和你一起完成故事讲述。给一组儿童提供相同材料，观察他们用这些材料做了什么。

※ 原　则 ※

探究儿童的深层次学习理论

儿童一直尝试要弄清楚周围世界如何运转。事实上，只要仔细观察，在儿童行为背后，你可以看到他们试图理解世界运转的各种理论。儿童为了理解、发现和重组对世界的持续性探究，这也是他们进一步学习的强烈动机。激发儿童理解世界的渴望，帮助他们形成自己的理论并使其具体化，这项工作对你和儿童来说很具有吸引力。可以让儿童解释理论，提供材料帮助儿童描述有关这些理论的故事，或建议他们运用其他手段对理论进行再次表征，进一步丰富他们的思考。和儿童一起活动并帮助他们理解理论，你将从他们的独特视角中获得新见解。

电话是怎样工作的？

▶▶在这个故事里，埃米莉和儿童一起探究，发现电话工作的原理。

早上，艾丹 (Aidan) 问了妈妈一个令人深思的问题："电话是怎样工作的?"他们带着对这个问题的好奇,来到学校与艾丹的老师埃米莉进行交流。埃米莉想知道,是否其他儿童对这个想法也感兴趣,然后决定带一组儿童到录音室,了解他们对这个问题已经掌握什么知识,从哪些方面形成自己的理论。艾丹和埃米莉问了其他儿童,看谁对电话是怎样工作的这一问题感兴趣。加布里埃尔 (Gabriel)、伊利 (Eli)、塞西莉亚 (Cecilia) 和布鲁克都对这个问题感兴趣,一起加入这个小组。他们到了录音室,在地板上找到一个舒适的地方坐好。埃米莉为这次谈话设置一个平台:"我们都想知道电话是怎样工作的,你是怎么想的?"

艾丹:"我妈妈说,声音通过一条条电线进入另一个电话,然后进入另一个人的耳朵,另一个人的声音又进入另外一条线。"

塞西莉亚:"然后你就可以听到了。"

艾丹:"你可以听到了,在他们把电话放回的时候,电就停了。"

塞西莉亚:"声音消失了。"

艾丹:"然后声音消失了。声音是电,当声音进入耳朵时,电是通的。"

加布里埃尔:"我爸爸说,电话确实是用电的,所以其他人也能用,你必须把一些东西放下,所以你能在电话里听到其他人的声音。"

埃米莉老师:"塞西莉亚怎么想的?"

塞西莉亚:"我能拨号码,是因为我有一张写有号码的纸。"

艾丹:"我不打电话,因为我只有三岁……我是说四岁了!"

加布里埃尔:"我四岁了,我能打电话了。"

加布里埃尔对塞西莉亚说:"你怎么知道按哪个数字呢?"

塞西莉亚:"你应该把纸上的数字与键盘上的数字对应起来。"

加布里埃尔:"你怎么知道纸上是什么数字?"

塞西莉亚:"我看了纸上的数字,然后我就拨号。"

加布里埃尔:"你怎么知道你要拨哪一个数字?"

埃米莉老师说:"你想知道她怎么知道在跟谁打电话吗?"

加布里埃尔:"对!"

塞西莉亚:"纸上有名字的呀。"

埃米莉老师："所以，听起来好像要让电话工作、需要电、电线，你会拨号码，关于电话，我们还知道什么？"

艾丹："当电话从第一个电话进入另一个人的耳朵，我注意到它将整个房子腾空烧掉了，就像火箭飞船。"

塞西莉亚："我想不会这样。"

艾丹："哦，我家的电话就能这样做。"

伊利："它会变成航天飞机吗？"

埃米莉老师说："伊利，你认为电话是怎样工作的？"

伊利："电来自电线。"

埃米莉老师："所有电话都有电线吗？"

每一个人都说："不。"

塞西莉亚："我有 164 根线。"

艾丹："你想知道我有多少根线吗？……100 根！"

伊利："我有 27 万根。"

布鲁克："我有一个没有线的电话。"

伊利："它仅仅是假的电话，你知道。"

埃米莉老师："一个电话没有线怎样工作呢？"

加布里埃尔："你的声音将通过空气进入另一个电话。"

接下来，埃米莉建议儿童继续谈话，她把他们的想法画了下来。当将内容画在纸上的时候，他们对电话怎样工作的讨论又增加了一些细节。

169

线进入另一座房子，连接到电话上。一根线连接到西雅图的电话，一根线连接到华盛顿的电话。——塞西莉亚

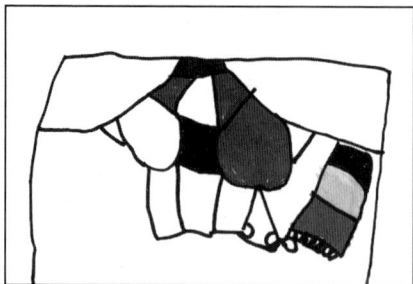

电是在地底下，我在画地下的情
况。——伊利

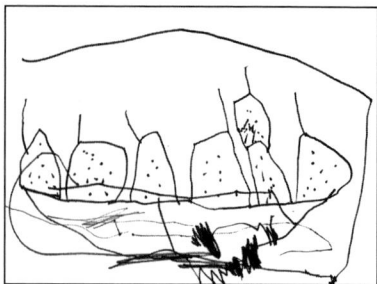

电话停了，它需要电，电进来了，
这是在一个坦克里面。——布鲁克

听听埃米莉是怎么说的

"儿童在这次探究中带来很多东西：真实的生活经验，他们的想法、想象，他们的非凡能力。把他们的想法画下来，给他们提供时间，有助于儿童吸收和整理在谈话中出现的想法。我想，写在纸上的想法可以作为儿童相互交流的手段，激发他们进一步交流，扩展思维。错综复杂的想法和图画为儿童打开了一扇窗户，使他们能一起体验认真思考和获得理解的过程。每个儿童都在讨论时提出自己的想法，并在这些想法的基础上形成理论，然后和其他儿童一起交流理论。通过这一过程中的不断交流和相互倾听，他们提高了思维活动水平。接下来的几个星期，我打算带领这个富有想象力的小组一起思考，今后通过什么样的行动进一步丰富经验。"

反　思

这个故事表明，儿童在对不同想法进行思考时十分激动。兴奋之情使他们在学习过程中更为投入。他们想继续完成这一任务，因为探究事物的能力是一种天性。回顾一下这个故事，研究埃米莉提出的问题和所说的话。关注她的回应如何帮助儿童重新思考想法，如何始终围绕谈话中心促进儿童思考，如何对儿童的思维和表达提出新挑战。尝试分析每个儿童对电话工作理论的议论和图画，从什么地方，你可以看到生活经验影响了他们的推理？在什么地方，你看到他们遇到了思维障碍并促使他们做出不可思议的解释？

※ **原　则** ※

记录儿童的想法并反馈给他们

在第五章，你看到许多教师在教室四周放置观察记录装订本、海报、照片，让儿童重温他们的活动成果，运用记录指导儿童的技能学习、活动过程。回忆过去经验帮助他们进行自我反思，这对成人和儿童来说都是一种有效的学习（Project Zero & Reggio Children, 2001）。给儿童展示活动记录不仅强化儿童作为学习者的身份，而且给教师提供了了解儿童的更好机会。让儿童重新回顾想法，会更好地激发儿童兴趣，促使他们提出新问题，然后进行深入探究。

有助于儿童回顾活动经验的图片和文字可以放在教室里。运用故事中用到的材料，配上文字和照片，做成有吸引力的展板，或者把儿童的活动照片做成幻灯片打在墙上。儿童用这些比自己真实形象大许多的形象，进行新的探究。有关儿童探究的幻灯片可以在儿童入园时播放，这样会使他们回想起未完成的活动，从而继续做下去，而不需要又从头开始做。在儿童离园时放幻灯片，能够使儿童有机会和家人回顾他们的学习。所有对学习过程的回顾，都会帮助儿童巩固和提升已有知识。

✦ 发明我们自己的语言 ✦

≫儿童都会从反思自己的经验中受益。在下面故事里，看一下一岁儿童回顾自己的想法和行动后，对自己产生的巨大影响。

德布每天记日记，照了很多对于她本人和孩子来说非常重要的照片。研究这些照片和记录是为了学习，同时也便于开始与儿童以及家人分享这些照片。把这些故事告诉儿童，把观察时拍的照片给他们看，这对他们的游戏活动有积极影响。有关儿童探究透明软胶的详细日记表明，运用故事和照片帮儿童从经验中学习很有价值。

一天，儿童正在玩透明软胶，德布指出他们正在做的事情。

"哦，看，基兰将他的手指插进透明软胶，戳了一个洞。"

"乌娜用梳子在透明软胶上画了许多点和线。"

171

小马丁·路德·金家庭日托机构

小马丁·路德·金家庭日托机构

小马丁·路德·金家庭日托机构

小马丁·路德·金家庭日托机构

小马丁·路德·金家庭日托机构

小马丁·路德·金家庭日托机构

"蒂凯小心地把盖子盖到杯子上。"

当她描述这些行动时，儿童会再次表现看到和听到的事情，他们在放透明软胶的桌子旁边玩的时间也比平时长。几天后，德布给儿童看了一本自己装订的书，里面有他们玩透明软胶的照片。当儿童在放透明软胶桌边玩的时候，她给他们读这本书，儿童对自己玩透明软胶的故事听得非常专心。读完后，几个儿童又来翻看这本书。儿童继续探究透明软胶的玩法，尝试书中用到的工具和行为。当他们活动时，德布继续提供照片并描述他们的行动，他们待在透明软胶桌边的时间更长了。

那天下午，温索姆 (Wynsome) 自己坐在那里看有关透明软胶的书，然后模仿凯兰在照片中戳软胶的行为，像凯兰一样用手指戳照片中的软胶。

奥斯卡和汉娜玩透明软胶时，德布用观察记录和照片向他们展示了自己以前做过的事情。游戏的时候，她继续描述他们正在做的事情。照了许多照片后，她立刻将照片放到电脑上，邀请儿童看有关他们行动的"节目"。其他儿童都过来看，看到自己在屏幕上非常惊奇。他们激动地指着，说着每一个人的名字。

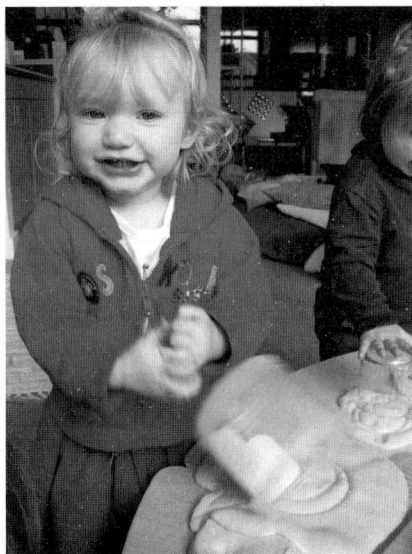

小马丁·路德·金家庭日托机构 　　　　　小马丁·路德·金家庭日托机构

奥斯卡对自己的一张照片非常感兴趣，是他用一个盒子在透明软胶边上刻花纹的照片。看照片的时候，他咕哝了一声，并用手指指着照片，表示制作印花时要用力往下压。德布建议他用一块真实透明软胶表现这个动作。这一次，他用力往下压刻每一个印花，故意发出相同的咕哝声。汉娜表示她理解了奥斯卡的行动意义，也模仿他用两只手用力往下压，侧过脸发出相同的咕哝声。他们两个人继续在透明软胶上制作印花，一边压一边发出咕哝声。

听听德布是怎么说的

"我引导儿童在较长一段时间里对透明软胶进行探究，因为它是一种可制成不同形状的材料，能够对儿童行动做出呼应。我成功用记录促进了儿童的学习，但不知道这一行动对一岁儿童的教育会产生什么影响。通过描述和照片，儿童很想参加到回顾玩透明软胶的活动中。仔细考察儿童对记录的反应，我想知道这是否能促进他们行动符号表征能力的发展。当汉娜和奥斯卡有了制作透明软胶印花的相同理解后，我很兴奋。我相信，这样做鼓励儿童在'印刻活动用力压'的认识上形成共同认识。我发现，这件事对他们的符号思维和语言发展非常重要，但同时也看到更重要的意义。我见证了人类在语言发展方面经历的奇迹般过程。"

反 思

173

德布的故事表明和儿童一起运用较多时间回顾观察记录的重要性。持续探究丰富了儿童的学习。他们可以通过行动，也可以通过回顾这些行动记录，练习技能和概念。确实，当儿童有了这些经验，用咕哝声表示他们很用力，在自己的头脑里发展对"用力压"概念的理解时，不需要通过看或做才能记住。跟踪儿童一段时间内的活动，不仅让德布理解儿童活动的过程，同时让她看到给儿童看活动记录起到的作用。《《

你的思考

为儿童提供有趣的材料进行游戏。当儿童玩这些材料时，做下面的事情：

* 用记录板、笔和照相机仔细观察，捕捉看到或听到的特殊细节。
* 请儿童描述自己在做什么以及自己的想法。
* 向其他儿童介绍每个儿童的活动想法。

仔细看记录和照片，并用下面的问题分析：

* 儿童做了什么，说了什么？用描述性语句对特别事件进行描述，转述他们在谈话中说过的话。
* 他们学到了什么？将观察记录与学习领域的标准或使用的评价工具相比较。
* 你对什么事情感到好奇？在这里面，你的评价是什么？
* 儿童的家庭对这些有什么想法？

利用收集的细节和拍的照片为儿童编一本书。把这本书和书中描述材料一起提供给儿童。观察、记录、拍下儿童对这本书的反应。

这一建议对接下来要做的事有什么启发？

第七章
根据不同情境调整课程

生命中最美好的事物源于对某种急切、有影响力、生生不息的想法或情感的关注。正因为拥有这份关注，一种新形态孕育而生，并对其充满热情。但如果从某个已有形态开始设法弥补这种热情，那么此过程将相当困难。

玛格丽特·惠特利 (Margaret Wheatley)

早期教育机构的一些规定很少考虑儿童和教师的工作热情，设定的要求也只是为了促使儿童达到学习标准，教师更加顺从（Wagner，2002），而不是调动他们的工作热情。然而，如果坚信应该"带着火一样的热情从事教学工作"（Intrator & Scribner ，2003），我们就能找到解决困难的方法。工作热情及可用资源能够帮助你创设支持自己和儿童深层次学习的环境。

读完本书，有没有发现自己会时不时思考："是的不错，但是在我的班上，我们做不到……"的确，刚开始使用我们的课程框架时可能会遇到很多问题。每天的工作要求我们不能放慢脚步进行反思。案头工作、书面的学习结果以及评估可能占据教师有限的时间，空间、日程安排、财务预算以及人员配备等方面还存在许多限制。不同班级的儿童有不同文化、语言背景，他们的家庭有各种各样的问题，如：贫困、暴力或者种族问题。孩子可能偶尔来一次幼儿园，或者一个星期来几天，或者分成上、下午班轮流来，两个班的教师和儿童轮流在同一教室上课。有时，由于你是幼儿园中唯一有兴趣分析或者

175

做观察记录的人，还会有一种受孤立的感觉。教师有没有发现，当班级中出现很多兴趣点时，选择课程的关注点颇感困难？遇到需要与家长或同事协调不同观点和矛盾时，该怎么做？教师会遇到源源不断的挑战，而且这些挑战确确实实就在那儿。如果记得当初为什么要做老师，你会轻轻扣动曾经有过的心弦——拥有释放多种可能性的美好心愿。化沮丧为决心，当曾经体验过和儿童在一起的日子完全可以不一样时，教师就不会满足现状。本着这种精神，我们对你提出另一个挑战：不要为自己找借口，不要害怕，行使作为教师的权力，在我们的课程框架基础上，创造自己的方法，去深化儿童的学习。

如何行使教师的权利，在不同情境中可有不同表现。教师必须对班上的实际情况和班级兴趣及已有学习标准和规定进行持续考察和协调（Wien，2004），对自己提出一些问题，如：我的观察记录如何支持儿童学习，如何了解哪些标准已经达到？我还能做什么？还有什么可能性和观点能够深化我们的思考？

下面的原则能够对教师根据不同教学情境调整课程框架提供帮助。

* 关注对活动过程的观察和记录
* 探究满足要求的新方法
* 发现预设课程的其他可能性
* 记录符合标准的日常活动
* 建立评价与教学的联系，强调评价的意义
* 根据不同观点指导计划
* 从矛盾的观点中学习

※ 原　则 ※

关注对活动过程的观察和记录

把观察记录拿给儿童，他们会看到自己以及同伴的探究、发现以及学习。教师如果尝试鼓励不是每天来园的幼儿参加持续性探究，这种方法特别有价值。如果班上每天没有相对稳定的儿童群体，方案活动很难维持，他们也很

难在一起探讨、提出问题与挑战、从不同想法中互相学习。每天不一定都来园的儿童要跟上正在进行的方案活动确实比较困难，他们会感到与小组不同步，或缺乏稳定联系来维持兴趣。如果不同的儿童在一周中来园时间不同，他们的兴趣也会不同，或表现的主题会有不同内容，这使得教师不知道如何关注整个活动。

在半日制幼教机构里，教师发现，关注持续时间较长的方案活动的探究过程比关注某一个主题容易。当把不在同一天到园儿童的活动观察记录给其他儿童看，你就通过大家熟悉的事情，帮助儿童建立彼此联系，并且让儿童看到，即使他们不是每天在一起探究，也会有相同的活动经验。活动过程有助于深层次学习，有助于儿童从自己角度参与活动，而不是"追赶"他们不在园时"落下"的课程。与儿童一起回顾其他人所做事情的记录，作为教师，你不是去关注这个活动主题，而是帮助这些儿童相互"欣赏"彼此，然后一起参与活动。

◆ 调颜色 ◆

>> 如果你是课后兴趣班教师，班上的孩子只是每天来几个小时，你可能每天只和他们接触一会儿，而孩子来园时可能已感到筋疲力尽。在这种情况下，追求有深度的课程还有没有意义？当你看到朗达（Rhonda）老师的做法，关注朗达如何聚焦活动过程而不是主题，这也为她和孩子打开了一种新思路。

朗达老师将自己的活动小组命名为"探究者俱乐部"，反映了她为每天到班上仅几个小时的儿童所提供的课程取向。有的孩子每天都来，还有一些孩子一个星期只来几天。朗达的课程是基于环境的课程，她在教室里提供一系列可以操作、有趣的材料，有的材料每天都拿出来，有的是专门布置的材料以吸引儿童探究，这些材料只放几天。朗达已经掌握观察儿童活动细节的技巧，但还在不停探究：儿童每天和自己待在一起的时间这么短，如何才能为他们提供有深度的活动？配班教师认为，只要看好这些孩子就行，对于和朗达一起想办法、解决问题并不感兴趣。

伯林顿学校

伯林顿学校

但是，朗达还是坚持对儿童活动过程进行记录、整理，因为她发现回顾儿童做过的活动是一种快乐。在回顾中，她发现班上大部分孩子喜欢过程性活动，如在感官探究区进行探究或画画。朗达欣赏这些活动，决定尝试自己的想法，开展关注持续时间较长的方案活动，强调过程而不是主题本身。她开始每个星期对儿童调色能力提供特别支持，每天观察记录，并把每个小组的探究活动记录展示，引起儿童对其他小组活动的注意。孩子们开始在调色桌旁停留更长时间，模仿甚至进一步扩展他们在记录中看到的其他儿童的活动。这样，在私底下很少见面的儿童之间建立了联系。

关于调色的开放性探究活动持续了几个月后，朗达决定对调出不同色度和色调的颜色进行特别指导。大家一起对探究活动记录进行讨论。之后朗达提议，鼓励儿童完成调色板上的一组颜色调配，并把每一种颜色调配方法记录下来，与没有参加这一活动的儿童交流。当不同小组的儿童对其他人调配颜色考察学习，并在他们的基础上不断丰富活动时，不同小组之间也就建立了一种联系。

听听朗达是怎么说的

"在开展调配颜色活动前，我一直认为班上每天来的儿童不一样，在一个方案活中维持大家兴趣很困难。后来，我意识到必须放弃以前的观念，对什么样的活动算是有深度的方案活动进行重新考虑。调色活动为探究及形成理论提供了许多可能性，我觉得这是有深度方案活动的基本元素，即使它算不上是一个主题。观察记录以及各组儿童使用的相同材料，为各组儿童提供联系的线索，这也支持了我的想法，帮助在不同时间加入活动的不同成员之间建立联系。令人意外的是，运用观察记录解决了自己找人讨论细节的渴望。事实上，与儿童的交流对于拓展儿童思维、加强儿童的联系有很大作用，也给我提供了不同的视角，去更深层次理解以及运用其他策略和想法。调色活动提醒我，不必轻易放弃自己开展深层次活动或者与儿童合作的愿望，自己必须跳出这个框架去思考。"

反 思

朗达没有放弃自己对工作的期望，而是放弃与儿童进行深入探究只有一种正确途径的想法。她的观点——认真创设吸引儿童活动的环境，以及她的坚定立场——对儿童探究活动进行细致入微观察，使她跨越了障碍。运用观察记录的方式，是帮助儿童建立影响探究活动的关键因素。尽管大部分儿童不能面对面进行交流或者比较各自探究活动，但是活动记录（包括照片、故事）可以帮助他们在活动过程中建立联系。这个方法还帮助朗达克服了在实现工作目标过程中感受到的孤独感和失败感。朗达的故事有助于我们在行动中体验抽象的理论：共同建构知识并做好有助于教学的观察记录与反思。◀

从朋友处寻求安慰

▶德布老师计划开设一个每周两天、每天长达 2 个半小时的学步儿游戏小组，大部分同事持保守意见或对此表示怀疑。阅读下面的故事，谈一下在这些情景中为该年龄段儿童准备的深层次课程应该是怎样的？看一看德布如何把建立关系的过程作为观察记录的核心？

德布老师很擅长创设环境。在她的环境中，孩子们经常体验到惊奇与快乐。为学步儿游戏小组创设的环境也不例外。但是她明白，为 12 个月到 24 个月大的幼儿创设的环境要根据幼儿情况和家长意见决定，让

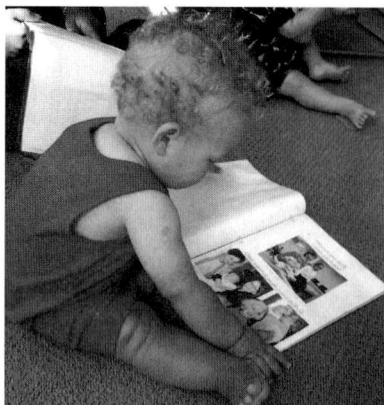

小马丁·路德·金日托中心

他们感到安全、舒适。作为计划一部分，德布请家长第一天送儿童来园离开之前，尽可能多陪伴一下幼儿。这个环境对于儿童来说是新的、完全与家里不同的环境。德布设法在这个环境中提供更多儿童熟悉的东西。她的第一个"课程计划"是给儿童拍照：儿童脸部的特写照片、儿童与家人的合影、每个儿童与德布的合影。孩子第二天来到这里时，德布已经把照片做成了一本本小书给他们看。德布还把儿童与自己的合影让他们带回家，贴在冰箱上。她把幼儿与家人的合影放在相框或者自制小书中，放在教室的每个角落。

　　在接下来的几个星期，德布在教室中放了很多大照片，这些照片是有关幼儿对环境以及其他游戏同伴的探究记录。一天，德布将照片打在幻灯机上，观察儿童的反应。孩子们指认着大屏幕上的自己、家人、新的玩伴，高兴地叫着。艾登（Aiden）看到科比（Kobe）的照片投射在墙上，但发现科比今天没有来，她问道："科比在哪儿？科比去哪里啦？"很明显，孩子之间已经建立了联系。他们在照片中反映的活动和教室中可供选择的活动之间建立了联系。萨沙（Sasha）看到照片中谢琳（Shaelyn）在斜坡上滚球，她自己也从篮子中拿了几个球，爬到斜坡边，把球从上面滑下来。一会儿，孩子们把各种东西从斜坡上滑下来。接下来的几个星期里，孩子们继续玩斜坡游戏，尝试各种玩法。

听听德布是怎么说的

　　"很高兴我能再回来带这个学步儿班，我一直有很多想法要尝试，但是必须承认，同事说出他们的怀疑时，我也有点儿担心。孩子是否有足够的安全感使他们愿意离开父母？他们会喜欢我精心创设的环境吗？来园日之间的间隔过长，会不会影响他们把幼儿园看作是安全的地方？他们会不会忘记游戏同伴？与我建立依恋的过程中，会不会存在问题？

我深信开放式、自我导向的游戏价值以及它本身蕴涵的价值为儿童带来的意义，所以我不停问自己：'为什么要对开发有深度的课程如此好奇?'对课程最初的想法，是用很多熟悉形象帮助儿童建立一种舒适和安全感。儿童在照片中看到自己不仅达到了这个目标，还加强了与同伴之间的联系。我知道，这不是教师和家长眼中的典型'课程'，但我坚信帮助这个年龄段儿童建立联系是深层次课程的核心。不管对学步儿的普遍看法怎么样，我觉得他们已具有持续注意的能力，而且对细节很敏感。他们希望与他人在一起，不仅满足于与游戏同伴一起玩，这不正说明为这一年龄儿童准备的课程可以更有吸引力吗?"

反 思

德布的故事将依恋理论和大脑发展理论生动地应用于学步儿课程中。德布利用"情商"(Goleman，1995)观点，并给我们做出示范，即这个年龄段儿童的课程不仅是计划的活动，还应关注活动过程中关系的建立，让儿童看到彼此共同走过的路程不仅能加深关系，还能使儿童在别人想法上更进一步。看到照片中儿童所做的事情，会使你想起自己也知道的一些事情。孩子一星期来园度过几个小时，一般会感到很快乐。但是，德布心目中的课程远不止这些短时间的来园活动。她非常强调这样一个基本观点，即深层次学习的实现依赖于安全的关系，并在回顾熟悉经验的基础上建立新联系。◀◀

※ 原 则 ※

探究满足要求的新方法

许多幼儿教师认为，由于幼教机构或教师资质许可规定，或由于全美幼教协会制定的质量评价标准的缘故，他们在课程计划上不能背离学习标准取向。但是如果有意识计划活动，也有活动记录在手，教师就可以与行政管理和评价人员协商，证明自己的活动符合要求。对于向别人清楚解释自己为什么要做这些事情，有没有信心? 你是否把自己看作是创新者、冒险家或是勇于挑战现实的人？如果没有，可以慎重综合本书的观点，这样也可以从其他人那里找到新的兴趣点。有时，一些简单的变化可以导致明显效果。

大胆跳跃

≫我们很容易被相关规定的解释误导。但是，如果理解这些规定的意图，就可以展示你如何以一种不同方式满足这些规定和要求。

玛丽莲（Marilyn）负责幼教机构的质量检查，审查申办机构资质和颁发营业执照许可证。她鼓励幼儿教师做自己认为合适的事情，你能想象她建议教师做什么吗？

新罕布什尔州技术学院儿童发展中心

玛丽莲每次进行幼教机构质量检查时，都会"眼观六路，耳听八方"，手里随时拿一本州政府营业执照规定的小册子。她认为，自己的工作不仅要确保儿童的健康、安全和福利，还要鼓励教师的创新以及尽量超越州政府对质量提出的最低要求。她不仅查找违反规定的地方，还鼓励教师把儿童的兴趣牢记在心，并做出一些适当变化。她在教学楼内外来回走动，观察教师与儿童的互动，看随身带的有关规定文本，你能听见她这样评议："你在游戏区增加了新的区角，可以看出你已经把规定熟记在心。"

如果玛丽莲最初没有看到遵守某一规定方面的证明，她会把它作为问题提出来，而不是匆忙得出结论，如"在为儿童制订课程计划方面，你是如何达到规定标准的？"有时，这个问题会引发关于规定意图以及达到规定的不同做法的颇有成效讨论。作为负责颁发营业执照的人，玛丽莲认为她的角色不仅是质量管理者，还是激励别人对质量重要元素的构成和实现进行思考的人。幼儿园对于她的来访并不惧怕，尽管玛丽莲要考察他们对标准的执行情况，幼儿园还是喜欢她带来的新视角、新想法以及玛丽莲对他们的想法所持的开放态度。

听听玛丽莲是怎么说的

"资质方面的规定是对幼教机构的法律要求。但是，当你阅读这些规定时，会发现它们通常很宽泛。我总是跟园长说，要把他们的理念、实践以及为儿童制订的计划清楚地表达出来并做好记录。有时候，园长感到自己想做的事情无法实现，这不是因为规定本身，而是因为有人用一种很局限的方式去解读。这时候，一个有信心、机智的园长应该能解释为什么有些事情要这么做，能够证明他们幼儿园的做法是符合规范要求的。

有时候，如果发现有些适合儿童的事情在规定中却不允许，可以去找上级管理资质认证部门。不要害怕这样做。一个体现生成课程风格的幼儿园，运用另一种方法达到幼儿园的规定是值得的事情。教师和儿童每天一起在纸上画出当天的多种活动网状图，然后把这些网状图保存好并在上面写好日期。如果负责颁发证书的人不肯与时俱进，去找他的上级部门解决问题。"

反　思

负责幼儿园资质审定的管理人员以及开端计划监督小组在确保机构质量标准方面承担着重要角色。玛丽莲的做法与全美幼教协会幼儿园资质鉴定的做法很接近，她鼓励幼儿园自我反省，并为幼儿园自身发展设定目标。如果颁发证书的人对规则解释过于刻板，你能够运用什么方法帮助他呢？

先可以跟负责颁发证书的人讨论，以友好协商的方式进行，帮助他了解贯彻执行规定的其他方法。向证书颁发机构提供仔细思考的证明，而不仅是去妥协或抵制。如果这些都失败，你还是相信所做事情对儿童是真正有益的，接受玛丽莲的建议，与上一级领导联系。 ◀◀

教师总跟我们说，他们觉得规定的文本记录在幼儿教育实际工作中的意义有时不是特别大，特别是填写课程计划表并在实施课程之前把表格上交。如果运用自己的观察指导课程计划的制订，来自儿童的一些想法可能会影响课程的发展方向，这取决于在多大程度上教师敢于向规定提出挑战。教师还是能找到一些方法记录课程，使所要完成的文本工作和实践之间的关系更协调。或者，你也可以选择完成填写表格，但不让它妨碍你对儿童兴趣做出反应。

重新安排课程内容

>> 园长一般是在规定系统内做调整，而不是向这个规定提出挑战。阅读下面的故事，注意克里斯汀在根据课程文本计划完成规定要求方面所做的努力，以及这种工作如何逐步改变她的想法以及家长和同事的期望。

克里斯汀所在的"开端计划"教育机构要求每位教师都要张贴一张规定课程计划表。第一年，她很负责地填写表格中的每一项，并试图照表格中列出的主题与学习领域实施课程。其实，她的课程方法比这些表格建议的内容更具有生成性特点。随着自信心增强，克里斯汀与教研员和园长进行一系列谈话，希望他们允许她尝试一些新东西。尽管园长不愿意放弃表格中规定的基本内容，上司还是默许她做一些调整。她开始在表格中添加新的方框和问题，每个周末和同事一起讨论、制订计划，着手解决这些问题。之后，她开始对儿童进行更多观察，拍了更多照片。观察记录代替活动手册，成为接下来该做什么的主要依据。在几年时间里，她把观察记录填进表格中，把这些记录本身作为一种证据，表明在本周内她的思考以及儿童的学习关注点是什么。

听听克里斯汀是怎么说的

"在工作的第一年，我学习处理问题的窍门，学习处理幼儿园里的每一件事。之后，我开始围绕课程计划的安排以及表格要求做一些改动。最初，我和上司只做了一些小改动，如：把'主题'改成'关注点'，然后加入'探究'一词。我尝试减少表格中预设活动的数量，增加涉及改变环境布置的方框。一直以来，我继续对表格修改，上司和我一起在做这件事，教研员也在用审视的眼光关注我们的行动。表格的变化伴随着自己对课程的理解。后来，我增加了反思内容，并将其命名为'我们所发现的'或者'我们今天发现了什么'，还增加了一些问题，如：'关于这一问题，我们希望了解些什么？''我们的探究活动还需要哪些帮助？'当然，这些方框也不少，同样需要在方框里填上活动内容。但是，活动已经从预先计划、有预设结果转变成更带有邀请性质的小组活动。之后不久，表格里就填满了诸如'黏土探究'或者'郊外考察回顾录'等内容。每个周末，我都邀请同事和我一起回顾观察记录，讨论儿童接下来做什么，并在表格中写上接着我

克里斯汀对课程计划表的改动

阶段1 主题评价

班级或者社区最近发生了什么？

我们如何注意到这个主题？

在教室里，孩子们对画画产生浓厚兴趣。他们一直谈论颜色，把不同颜色调在一起产生新颜色，并在其中添加胶水和拼贴材料。

这个主题蕴涵的兴趣点是什么？为什么它对儿童有意义？

神奇——他们创造出新颜色，满足了好奇心；摸起来的感觉——质地：平滑的、粗糙的。

这个主题如何支持教师、家长以及幼儿园的价值观？

支持科学探究，学习接受性和表达性词汇，尊重他人（轮流、选择绘画种类以及材料）

这个主题可以选择什么样的方向？绘制网络图。

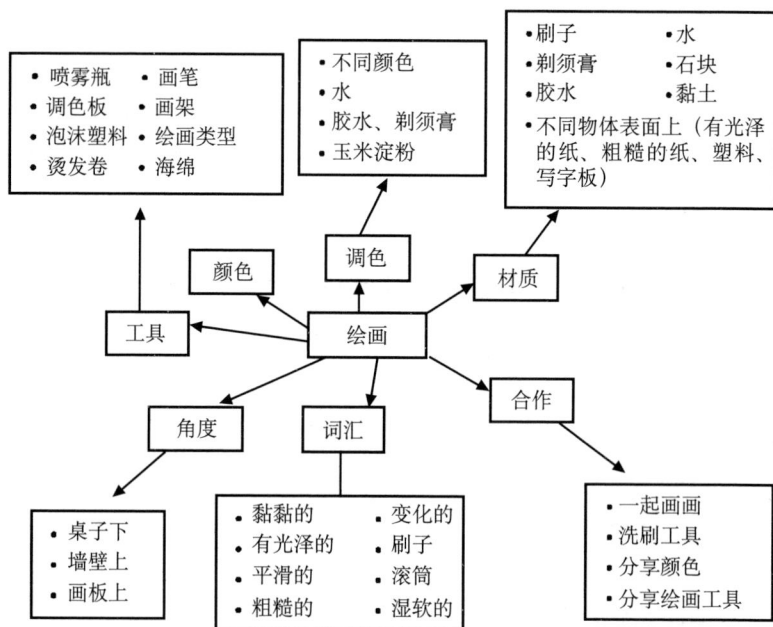

- 喷雾瓶　　画笔
- 调色板　　画架
- 泡沫塑料　绘画类型
- 烫发卷　　海绵

- 不同颜色
- 水
- 胶水、剃须膏
- 玉米淀粉

- 刷子　　　水
- 剃须膏　　石块
- 胶水　　　黏土
- 不同物体表面上（有光泽的纸、粗糙的纸、塑料、写字板）

颜色

调色

材质

工具

绘画

角度

词汇

合作

- 桌子下
- 墙壁上
- 画板上

- 黏黏的　　变化的
- 有光泽的　刷子
- 平滑的　　滚筒
- 粗糙的　　湿软的

- 一起画画
- 洗刷工具
- 分享颜色
- 分享绘画工具

克里斯汀对课程计划表做的改动

我们的探究：绘画

全班活动：			
你们周末过得怎么样？ 回忆拜访画家时的观察记录。 律动！	律动！ 故事：锅。	回忆使用绘画工具——像 什么？ 律动！	回忆洗手环节 一周回忆 律动！

小组活动：			
探索新的绘画工具： 滚筒、刮刀	探索新的绘画工具：滚 筒、刮刀	回忆绘画工具，增加新的 绘画工作平台——画板、 墙壁	回忆绘画工具，增加新的 ——画板、 在垂直的表面上绘画—— 画板、墙壁

我们发现了什么？儿童在画大幅绘画时很兴奋——大面积涂色

接下来做什么？提供大的纸张、厚纸、室外绘画们要为儿童提供什么样的吸引他们的东西。四年之后，我终于不再填写表格，开始把照片和一些轶事放进去，上面注明发生了什么事情。家长和教师很喜欢这种方式，因为它直观显示了班级中真正发生的事情。"

反 思

把一系列反思和行动转换成表格很困难，因为要将复杂的动态过程在一张纸上表现出来。如果尝试把它放进一个个小方框，它也会失去活力和生命。你所面临的挑战，是发明一种能够表证想法的手段，这样写下来的计划即使是儿童学习目标，也可以表达研究者的心态。如果必须使用标准的表格，最好把你的想法综合到要填写的小方框中。如果预先写好计划，你很容易忘记学习过程本身。克里斯汀向我们展现了教师的尝试如何加深对自己的理解，加深了对他人的理解。她试图让课程计划表更真实反映自己的思考过程，我们也看到她如何更好地与身边的人一起完成工作。克里斯汀在活动中改成向儿童发出邀请的方法，为教师提供可以与儿童一起对新发现、新观点进行反思的机会。同事以及儿童家人告诉她，张贴出来的记录故事远比预先计划好的歌曲或活动名称文字更有意义。

即使规定要求你要使用一种预设课程，而其中都是别人设计好的教学活动和结果，你也可以展示深层次学习的可能性，就像克里斯汀在上面的故事中所阐明的一样。关注某一特定课程或预设结果的意图，考虑如何将两者与对儿童有意义东西结合。在这个过程中，对儿童持续不断的观察可以为你提供指导。≪

我要看证据

"幼教机构营业资质规定要求教师能够证明自己制订了教学计划。我觉得重要的是计划而不是格式。只要能清楚表明教师的想法，它可以是一张网络图、一张图表、一张清单或者是一篇日记。歌曲或者活动名

希尔托普儿童中心

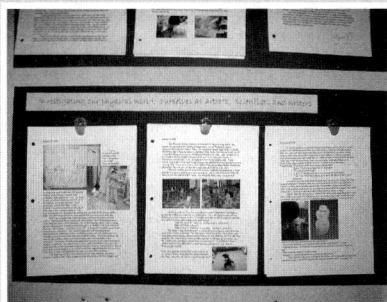

希尔托普儿童中心

称并不能真正表达思想。我一次又一次强调，要给教师展示自己制订计划证据的想法提供窗口。这就提出了这样一个问题，即制订计划的时间能不能拿到报酬？我们要弄清楚这些关系。没有法定的计划时间，教师不可能从最有利于儿童的角度考虑问题，这是他们工作的一部分，而不是别人强迫他们做的。"

——琼（负责颁发幼教机构资质证书）

※ 原 则 ※
发现预设课程的其他可能性

即使教师需要执行规定的课程，也可以使用我们建议的教育原则来扩展教与学的过程。有的幼儿园使用主题式课程进行教学，而另一些幼儿园则运用分科教学来教读写、数学、科学等。看一下本书提出的原则，大部分原则都可以帮你思考如何将规定课程变成对你和儿童有意义的东西。教师可以在实施规定课程之前或之中运用观察技巧。我们这里推荐的大部分教师行为适用于任何情景。

如果规定课程需要遵守一定范围和顺序，你所面临的挑战是让课程变成对你和儿童都有意义的东西。可以利用本课程框架的核心实践活动以及提供的教育原则迎接挑战。找同事一起讨论，群策群力，继续提升自己的能力，清楚描述自己所做的事情，了解儿童所学的东西是怎样符合规定与标准。你可以从下面的故事中找到信心。

拿回旧的玩具熊

>>帕特 (Pat) 是一位新来的培训教师，主要帮助教师学会使用规定的读写课程。她找到一些方法，帮助教师通过观察儿童，使活动更有意义。虽然最初它只是对课程的小小扩展，从中可以看出，它使教师有了更多反思，教师也不再以刻板方式使用这一课程。

当帕特将新的读写课程介绍给教师时，她发现教师一开始很有热情，因为终于有办法可以帮助她们应对读写越来越高的要求。课程有事先设计好的内容与顺序，每天教给儿童的课也是设计好的，它将字母学习与发音规律学习联系起来，同时配有专门的故事书，并在促进儿童语言发展的同时，向儿童介绍文学作品。教师只要按照书中顺序，突出一些专门词汇，问一

像家一样的地方 (Home Away from Home)

些现成问题即可。在培训过程中，帕特强调对每一节课进行反思。教师们觉得这是不可能的，他们没有时间事先准备或课后讨论做过的活动，而且读写只是课程成果之一。帕特感到很失望，因为教师做的只是完成最低要求，而不是自己设计课程，缺少计划其他的可能性。

帕特没有放弃使用反思性实践的念头。她设计了一张观察表，把它放在计划过程中介绍给教师。这张表格要求教师自己阅读每个故事，找到与儿童有关的主题，然后建议教师通过观察，找到在特定情境下儿童游戏与故事主题有关的内容。之后，当带着书中的问题上词汇课时，他们可以讲述他们观察到的与故事有关的故事。如：在简·希喜 (Jane Hissey) 写的《旧的玩具熊》(*Old Bear*) 一书中，小动物们齐心协力寻找旧玩具熊。通过运用观察，教师可以结合平时看到的儿童合作解决问题的内容讲一些轶事，引发与儿童对话。接下来的活动既可以建立在儿童经验基础上，也可以开展教材中的活动。通过对课程内容的进一步丰富，帕特觉得，教老师和儿童学习读写的过程终于有了新鲜空气。

听听帕特是怎么说的

"我觉得能给教师帮忙的不是预设课程计划，而是他们自己设计的教学活动，并使这些活动更有意义。我希望把对儿童的观察作为教学的核心，因此决定给教师介绍这张表格，它普遍适用于任何有关故事的教学。我希望这种方法可以运用到课程计划的其他领域。教师们会慢慢认识到观察的价值，因为它能使课程对儿童更有意义。"

反　思

帕特的方法没有忽略课程目标，而是超越了它的局限性。她设计了一张简单表格，为教师的反思以及对儿童的日常观察建立备忘录。当教师介绍一本由别人而不是自己或本班儿童选择的故事书时，她仍然可以运用以儿童及游戏同伴为主角的相关故事，使故事内容与儿童建立更加密切的联系。在这里，为行使教师权力，使教学过程更深入、更有意义而迈出的每一小步，都可以带来较大变化。«

变化的工具

玛莎（Martha）老师急切地要把她的创造性带到教育工作中。她所在的幼儿园使用了主题式课程，其中渗透着社会公平和社区价值观。幼儿园鼓励教师一起就学步儿、学前儿童以及学龄儿童的教育展开讨论、交换想法。玛莎听说可以通过为儿童提供开放式材料开展课程探究时，

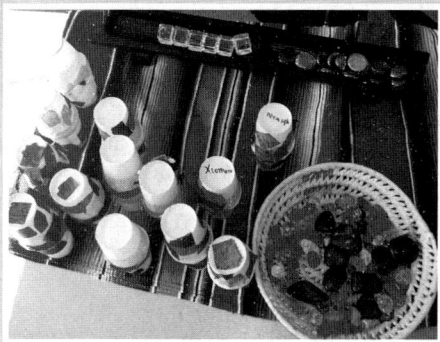

何塞马蒂儿童发展中心

决定帮助幼儿园制订了一个工作坊计划。来到工作坊的教师会看到教室中放置的漂亮材料，她们动手操作，考察这些材料

是否可以为接下来的主题"音乐与舞蹈"服务。玛莎在班上与儿童一起操作颇具吸引力的材料后，兴趣大增。"我从来没有想过孩子会如此投入，这比我们以往做的主题都有趣。教师提供了几天的材料后，儿童也开始相互提供材料。有的孩子做乐器，把它们放在一块布上，让其他人观赏、使用。"通过简单尝试，幼儿园掀起新一轮教师合作高潮。教师们很乐于分享儿童运用吸引人的材料进行探究的轶事，乐于为他人献计献策，乐于分享自己收集的材料。

186 　　在前行的道路上，有奉献精神的教师以及早教机构设法建立支持性环境，这些环境为把教师工作转换成长期、深层次的探究提供多种可能性。安·佩洛

(2007) 就是这样一位教师。她提出下面一系列建议，这些建议可以帮助教师设计探究性活动。展现儿童的想法。她认为，教师最应该注意的不是计划活动，而是发现更多的儿童自己的想法。

希尔托普儿童中心

　　＊ 创设单独的活动区角或空间，儿童可以避免在探究过程中受到外界干扰，材料也不必每天收掉，在较长一段时间内可以持续进行。

　　＊ 改变小组活动方式，建立相对稳定的工作小组或活动小组，每个小组儿童特别挑选，具有互补的长处，这样可以为研究或探究活动做出贡献。

　　＊ 协调教师之间的工作，同一位教师自始至终参加一个小组活动，同时有时间与至少另一位同事聚在一起研究活动过程中的观察记录。

　　＊ 提出问题，收集材料进行展示，鼓励儿童对一段时间以来的探究活动内容的不同方面进行表征或发表看法。从个体活动转向集体活动。

　　＊ 保存活动记录，与儿童一起回忆，充分利用儿童在此阶段从事或探究的活动记录和不断展开的故事。

＊ 引导活动小组定期向全班汇报工作，充分利用记录及有代表性的成果。

＊ 邀请儿童家人一起研究观察记录，添加他们的看法，利用他们的资源。

＊ 强化技术资源和技能，学会使用数码相机、录像机、电脑、扫描仪以及印刷机。了解日益发展的软件最新情况，使记录工作更省时省力。

你的思考

不管受什么条件限制，都要花点时间回忆能够扩展教学可能性的方法。在一张大纸上，用线条画出三栏。左边一栏抬头写"当前实践"，中间一栏写"当前实践的意图"，右边一栏抬头写"其他可能性"。

左边一栏列出当前实践活动以及规定教学的要求、规范。中间一栏，写上你对左边一栏中每项活动背后蕴涵的意图理解，如：按照要求应该提前一个月上交课程计划，中间一栏就可以这样写："确保教师提交计划是为了儿童学习"。右边一栏写上达到这一目标的其他可能性，可以写："写下简洁的观察记录，提出问题进行下一步探究。"一旦确定了可以扩展教学的可能性，选择其中一个作为工作目标。找一个可以和你讨论的同事，她也许可以给你提供支持、鼓励或资源。预期会听到什么样的意见？如何处理这些意见？循序渐进地计划你要做的改动。

＊ 下周一早晨，你要做哪些改动？

＊ 接下来的 4 个月，你会做什么改动？

＊ 九月份新学期开学，你希望有什么不同做法？

※ 原 则 ※
记录符合标准的日常活动

随着州立政府资助的学前教育机构不断壮大，幼儿教师发现，她们需要在工作中不断执行预设的学习标准，并对儿童学习结果进行评定。过去的早期教育机构标准只关注健康和安全，但现在却大不相同。宏观的教育发展趋势以及学前教育领域的专业化都要求教师对各种学习领域有更多了解，胜任对不同文化背景以及英语为第二语言的儿童教育工作，并且具有需要的多种专长。这些要求本质上并不错，但却相当复杂。教师头脑中如果缺乏明确的价值观以及哲学观，所付出的努力对于儿童或自己可能都没什么意义。相反，有了坚实的哲学和教育学基础，教师会急切知道学习领域内容。

在帮助教师理解学习标准以及把标准整合到课程实践过程中，目前已有很多资源可参考（Seefeldt, 2005；Gronlund, 2006）。在选择要用的方法时，问问自己："把具体内容融入课程实践中，怎样才能促进儿童的想象以及智力发展？"符合学习标准的挑战很可能成为不采用生成的、以儿童为中心课程的借口。但是，当认为自己有能力创新并能运用本书描述的教师行动时，你会发现有很多方法可用来记录学习标准的实施过程以及结果达成情况。

数学点心

>> 马西（Marsie）是一名教师，她在一所为低收入家庭开设的学前教育机构（拥有美国联邦政府一号法令规定的经费资助——译者注）工作。她提供了一些实例，来说明她的教学方法如何有助于达到州政府的数学标准。在她的案例里，你能不能发现细致观察与记录的重要作用？

看过琳达·梅里韦瑟（Linda Meriwether）名为《点心桌上的数学》（*Math at the Snack Table*）的文章后，马西和同事玛尔塔（Marta）一起创设"数学点心桌"的游戏区。梅里韦瑟的学生是学前班小朋友，而她们班上的儿童是4岁的幼儿园孩子。但是，马西和玛尔塔相信，孩子们在这一年中可以玩这一游戏，并把它作为长期的学习经验。她们认为，这个活动既有助于州政府提出的数学标准的达成，又可为儿童提供多种机会，不仅可以数数，还可以解决问题，在不用数的情况下说出5以内的集合数量，可以结合正在做的事情进行谈话并互相帮助。

"点心"是每天必选的活动。他们用一张菜单，孩子们可以先读出数字再数出相应物体，也可以运用点心食品完成测量方面的活动。秋季开学后的最初几个星期，教师给孩子提供一些帮助，帮助她们读菜单。孩子理解了菜单的概念，教师把活动自主权交给儿童，让他们自己决定每天提供的点心数量并写菜单。教师让儿童自愿画菜单。很多孩子花很长时间在菜单上画一些细节，还仔细挑选颜色。有的自愿画菜单的儿童是平时不怎么写字的孩子，他们处于符号表征的初级阶段，所画的菜单大都是在纸上画一些圆圈，边上画一些线条。这些孩子站在桌子旁边，说出拿给其他小朋友的点心数量。孩子们把这一信息相互转告，他们对能阅读儿童制作的难度较大的菜单，感到很满足。制作菜单的小朋友则在这种经验中体会到成功，并希望在接下来几个星期中仍有制作菜单的机会，他们学会正确抓握铅笔，并开始选择去"写字区"活动。

随着时间推移，很多孩子可以不用数数，就能说出 5 以内的集合数量。在有意义的情境中，他们开始练习画圆圈、正方形、三角形。一些孩子开始在菜单上写数字，儿童还获得许多有关测量的经验。一个不会数数的孩子用左手捏住一张画有 10 颗葡萄的卡片，然后用右手拿了一颗葡萄放在盘子里，然后左手移到卡片的第二颗葡萄上，右手又拿了一颗放在盘子里，直到盘子里有了 10 颗葡萄。当看着盘子里的 10 颗葡萄时，他脸上露出了笑容，似乎在说："太棒了，我会这样做啦！"

曼佐佩斯幼儿学校

亚策尔（Yatzel）在做数学点心的菜单

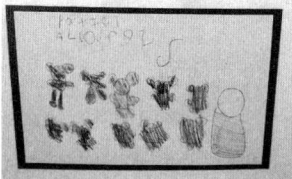

曼佐佩斯幼儿学校   曼佐佩斯幼儿学校

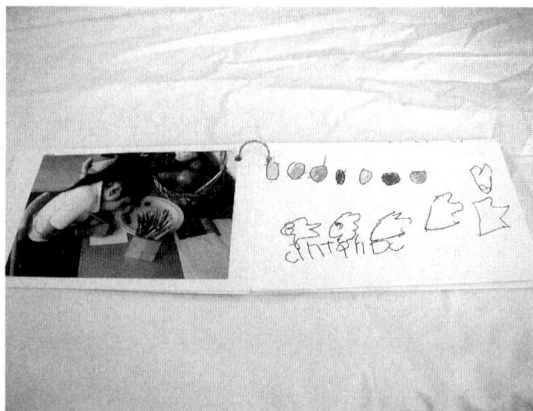

190

听听马西是怎么说的

"我们的机构一直努力把瑞吉欧教育思想引入对低收入家庭儿童的教育中。这些儿童大部分都说西班牙语。学习标准以及规则感觉像是障碍，但是如果我们相信儿童的能力、相信作为教师的能力，就可以找到有意义的经验并把它们融入日常学习中，这些经验可以是自主游戏、教师发出的邀请或者是在班级中设置的持续一日生活环节的方法。

浪高兴发现，儿童是多么热情并在思考过程中多么富有创造性。吃点心对每个人来说，都是社会交往时间，也包括教师。它是一种宽泛、深入的经验，可以提供无限可能性，也是达到数学、读写和语言、社会与情感发展以及科学等方面学习标准的途径。事实上也是如此。年末，孩子们至少可以从1数到5，有的已经数到20。我们还用各种方式对数学点心的经验进行记录，如照片、记录板，还用活页夹做了一本菜单，上面有浪多照片，如：一页纸上是小朋友制作菜单的照片，而反面是真实菜单的照片。在这一年里，我们多次使用菜单。这本菜单竖着放在数学点心桌子上，十分方便儿童阅读。我们还写了两页纸的报告，把通过这个活动所达到的学习标准写出来，这样，行政管理人员以及家长可以马上看出进行的学习活动，以及活动对应的学习标准。"

反　思

　　"数学点心"的故事揭示出日常活动与学习目标之间的密切联系。这一成果得益于教师对儿童能力的高度认可，得益于他们制定的灵活、轻松、充满自主选择（包括点心）的日程安排，得益于给儿童提供有意义活动时教师对表现出来的学习的认可。当教师们把儿童制作菜单过程的记录放在菜单旁边时，表明教师在看重最终结果的同时也注重活动过程。教师花时间写了两页纸的总结，说明活动如何与学习标准接轨，它提醒班上其他成人关注正在发生的学习，也提高了教师把自己看到的东西与作为学习领域的数学专业相联系的能力。◄◄

※ 原　则 ※

建立评价与教学的联系，强调评价的意义

　　评价儿童的学习已成为当今早教机构关注的重要内容。在考察是否达到学习标准方面，有许多可用来指导评价的工具（Gullo，2004；Gronlund，2003）。大多数评价工具包括对发展连续性水平的评定或检核。依靠档案袋收集以及轶事记录解释儿童发展过程的工具被称作"真实性评价"，这是一种工作取样系统（Meisels et al.，1994），它运用儿童日常学习、生活中的多种经验，而不是通过定期、脱离情境的测验对儿童能力进行评定。

　　在我们看来，儿童发展检核表的价值不是太大，因为它不能展示学习过程的复杂性。同样，教师往往会缩小作品取样中档案资料收集的范围，缺乏学习过程本身的观察记录。对于能够真正证明儿童是否已达到学习标准的评价来说，它们必须能够详细描述孩子的活动，其中应有儿童在行动中思考的具体体现。教师应加深对儿童获得学科知识的倾向性和技能的理解，这样可以为儿童学习制订计划并对学习过程进行相应评价。

（191）

✦ 费利普（Felipe）的汽车成了每日新闻 ✦

　　≫儿童为幼儿园带来多种经验和兴趣。有时，儿童对于某个活动

或探究要比对教师计划的课程更感兴趣。尝试思考什么东西可以吸引儿童，可以促使你寻找新途径，把他们吸引到学科知识的学习上。阅读波林（Pauline）和马西的故事，你能否看出他们如何利用费利普对赛车的热情，记录他对数学概念的掌握？关注他们的日记对儿童家庭的意义。

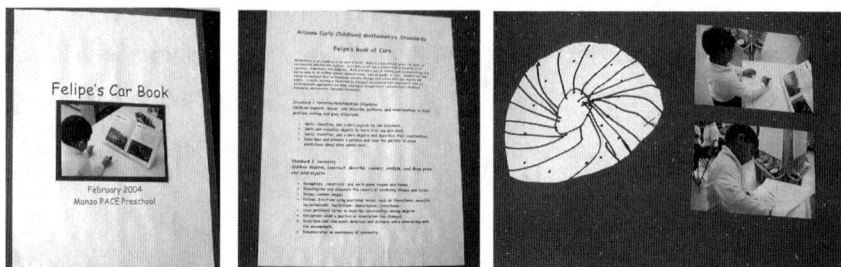

曼佐佩斯幼儿学校

192

在本学区早教机构行政管理人员的支持下，波林（美术和图书资料老师）、马西（主班教师）和玛尔塔（配班教师）创设了漂亮的环境，其中有一个称为"工作室"。考虑到费利普对汽车的兴趣，波林为他找到一本成人看的汽车图书资料，书中有各种品牌的赛车和模型。费利普对各种车辆在速度方面的差异产生浓厚兴趣。他关注每页纸上标出的每小时车速的数字位置，每翻一页，都在书中寻找数字位置。他还尝试比较一个页码上的数字是比前一页的数字小还是大。

波林给他提了一个建议，把喜欢的车画下来。费利普和波林、马西一起根据费利普的画以及想法制作了一本图书。在以后几个月里，费利普不断完善这本书，增加一些内容或者查看资料（解释性文本），把资料中的细节与自己的书进行比较。这一学习经验有助于他达到很多方面的学习标准，如：数学、语言和读写、社会情感标准。他还把这本书与家人、朋友分享，增强自我认同感与自信心。其他儿童家长以及来参观的行政管理人员能够从费利普这本书或者布告栏上张贴的工作日记，清楚地了解儿童达到了哪些标准。

听听马西是怎么说的

"有关波林老师与费利普一起进行的长时间探究故事是很好的案例，

它表明我们既能为儿童提供有意义经验，同时能达到州政府制定的学习标准。费利普的学习在制作图书过程中得到清楚展示，我们在学习日记中也强调了这一点。

　　我参观了位于另一个州的一所深受瑞吉欧影响的幼教机构，看到贴在墙上的教师工作日记。回来之后，我们也开始写学习日记。把学习日记贴在班级的信息栏里是一个好方法，能够与儿童家长对每天发生的学习进行沟通。我们每天拍照片，晚上把照片打印出来，并用英语和西班牙语把正在发生的学习经验写下来。日记是手写，这样就可以尽快把它们贴出来，基本上第二天早上就能看到。我的母语是英语，所以在家里编辑照片的同时将日记打出来。西班牙语版本是玛尔塔用手写的。我强调两种语言平等的观点，不希望只有英语以正式方式出现，所以决定用手写。

曼佐佩斯幼儿学校

　　看到家长接送孩子时会去阅读前一天日记，我们很开心。有时，他们还会带其他家庭成员来看。孩子们看到这些照片，会要求家人读一下上面的内容，这引起很多对学习的反思以及后续活动的讨论，增强了正在学习英语的儿童或家长的身份认同，觉得自己是有能力的学习者。随着时间流逝，当新的日记贴出来以后，前一个星期的日记就可以装订成书。一些不到幼教机构来的家庭成员可以坐下来看日记，了解已经发生的事情。参观人员和行政管理人员也可以看日记。由瑞吉欧引发的学习在深化思考的同时，儿童也达到了规定的学习标准。"

反　思

　　波林和马西利用费利普对汽车的兴趣，使学习更为深入。她们不仅为费利普提供可以玩的汽车，还很认真地为他提供一本成人用的参考资料。她们提议费利普画自己喜欢的车，并不断为他提供这样的机会。这样，费利普的想法可以不断拓展。教师认识到，活动不仅有助于达到数学学习标准，还有助于达到读写、社会情感领域的学习标准，并可以通过张贴日记的方式向他人传递发现。

注意马西对费利普以及大多数儿童母语的关注。她们用英语和西班牙语两种语言写日记，确保把两种语言的运用放在平等位置上。 ◀◀

波林和马西的学习日记生动地介绍了玛格丽特·卡尔（Margaret Carr, 2001）称为"学习轶事"的事物。卡尔建立叙事性评价，应对新西兰政府的要求：教师应通过上交文本记录证明他们充分了解儿童，并为儿童制订个人学习计划。在"学习轶事"中，教师抓住儿童一日生活的重要时刻，以照片形式讲述儿童的故事。轶事的核心是运用快照的方式描述此时此刻儿童正在做的事情，用直观的形式把儿童学习表现出来。当阅读每个儿童的档案夹时，所有故事交织在一起，慢慢呈现出学习者的特定学习情境和背景。此时，你的头脑中会出现一幅更清晰的有关儿童学习的画面。

和我们在费利普运用自己的图画和想法制作图书的故事中看到的一样，当儿童每天回顾小故事并与朋友和家人一起分享的时候，"学习轶事"可以帮助他们获得积极的身份认同。

新西兰"学习轶事"另一个重要方面是加强了儿童与家长之间的联系。教师邀请家长在档案夹中添加他们对"学习轶事"的看法或家中相关故事。家长添加的东西在档案夹中被称作"家长的声音"。

194

抓 水

≫写"学习轶事"时，教师可能会把对儿童、家长提出的问题穿插在故事中。"学习轶事"不仅描述儿童行为，同时还使教师的想法和解释一目了然。阅读下面的故事，关注弗兰老师如何用第一人称手法，记录亨利的活动并描述自己的所见所想。家长看了这种记录，也会写出同样的有关孩子的故事。

亨利喜欢把探索"宝宝花园"时的发现与他人分享。他似乎很喜欢大自然，喜欢关注雨水如何改变物体的颜色，喜欢小生物的复杂细节，喜欢看风如何摇动牡荆树的树叶。

今天，亨利来到给花草浇水的老师身边，和她聊天并很想帮忙。当给台阶旁的一盆龙舌兰浇水时，他有了一个重大发现。

"看，弗兰，水像喷泉一样从植物上流下来。"

亨利伸手接住从龙舌兰叶子上流下来的水。他发现流下来的水太多，手抓也抓不住。他在周围找工具，看看有什么东西可用来装水。他从沙堆旁拿来一个塑料盒盛水。不久，亨利又有了新发现。

"叶子就像在水槽里使用的水管，我在回收水。"

亨利的兴趣有增无减，他把接到的水拿到花园其他地方，帮忙打理"宝宝花园"的漂亮环境。

听听弗兰是怎么说的

"亨利，你对大自然的兴趣真让我惊讶！关注小事物，进行探究，验证理论，利用原有丰富知识，开展进一步探究。感谢你与我分享这种特殊兴趣。"

反 思

下面是弗兰贴出的关于亨利对大自然兴趣的学习轶事。可以看到，弗兰乐于与他人分享对亨利内在性格的培养。她回顾课程中描述的一些性格培养方面的结果，然后描述教师以及家长在个人学习轶事中注意的指标。

课程的学习结果：身心健康

培养信任、乐于游戏的性格。

我们期待这样的儿童。

课程的学习结果：归属感

培养勇敢、好奇的性格。

我们期待对此有兴趣的儿童。

课程的学习结果：交流

培养自信的性格。

我们期待儿童表达自己的观点或者感受。

课程的学习结果：贡献

培养责任感。

我们期待儿童为他人做贡献。

课程的学习结果：探究

培养坚持不懈的精神。

我们期待儿童在面对困难、挑战以及不确定因素时依旧能坚持不懈。

教师：弗兰（2005 年 4 月）	自然世界
身心健康： 培养信任、乐于游戏的性格。 我们期待这样的儿童。	亨利喜欢把探索"宝宝花园"时的发现与他人分享。他似乎很喜欢大自然，喜欢关注雨如何改变物体颜色，喜欢小生物的复杂细节，喜欢看风如何摇动牡荆树叶的。
归属感： 培养勇敢、好奇的性格。 我们期待对此有兴趣的儿童。	今天，亨利来到浇花园的老师身边，跟她聊天并很想帮忙。当浇一盆台阶旁的龙舌兰时，他有了一个重大发现。 "看，弗兰，水像喷泉一样从植物上流下来。"
交流： 培养自信的性格。 我们期待儿童表达自己的观点或感受。	亨利伸手接住从龙舌兰叶子上流下来的水。他发现流下来的水太多，手抓不住。他在周围找工具，看看什么东西可以帮忙装水。他从沙堆旁拿来一个塑料盒盛水。不久，亨利又有了新发现。 "叶子就像在水槽里使用的水管，我在回收水。"
贡献： 培养责任感。 我们期待儿童为他人做贡献。	亨利的兴趣有增无减，他把接到的水拿到花园其他地方，帮忙照顾"宝宝花园"的漂亮环境。

探索：
培养坚持不懈的精神
我们期待儿童在面对困难、挑战以及不确定时依旧能坚持不懈。

教师的反思：亨利，你对大自然的兴趣真让我惊讶！关注小事物，进行探究，验证理论，利用原有知识，开展进一步探究。感谢你与我分享这个特殊兴趣。

弗兰的认同感引发了教师与儿童家长之间的对话，也引发与儿童之间的对话。弗兰在"学习轶事"中添加了对亨利的直接评议，家长想把这个故事读给亨利听："听着，亨利。弗兰说，你今天在花园中对水进行了探究，像是科学家。"这样，教师、儿童家长以及儿童都参与评价过程，了解到学习是如何展开的，并为此而高兴。◀◀

196

你的思考

不管是否要按照一定要求使用某种工具进行评价，你都应该追随儿童学习与发展的过程。为了使评价与教师、儿童家庭建立联系，使评价更有意义，最好使用平时积累的观察记录。至少邀请一位同事，从不同角度对观察记录进行分析。下面的问题出自柯蒂斯与卡特（Curtis & Carter，2000）发表的一篇名为《意识的艺术：观察如何改变教学 》（*The Art of Awareness: How Observation Can Transform Your Teaching*）的文章，可以在日常工作中运用下面这些问题。

要讲述的重要故事是什么？

儿童的故事
儿童做了什么，说了什么

列举描述性词汇和具体细节、描述语调、身体语言、儿童做的事情、讲话及创造的东西。

学习与发展的故事
儿童在学什么

儿童获得或表达哪些经验、想法、问题以及理解？

儿童在哪个领域学习？如：

* 语言／读写

* 社会／情感

* 计算／数学

* 科学探究

* 创造性表达

* 表征性思维

* 批判性思维／反偏见

* 身体发展

教师的故事
教师的想法

你对什么好奇？

你认为它有什么价值？

你接下来打算提供什么材料或活动？为什么？

儿童家庭的故事
儿童家庭有什么看法

在家里是否看到儿童进行这样的游戏或探究？

这个活动是否符合家庭信仰、价值观或实践？或是对这些提出挑战？

他们希望从这个活动中获得什么？

※ 原 则 ※

根据不同观点指导计划

　　如果你所在的机构有多种文化背景的家庭、儿童或者同事，利用这种多样性丰富你的观点和计划。当教师开始研究观察记录，寻找各种可能的课程方案时，他们常常会确定一些活动主题或希望获得的学习结果，这是关键的结合点，因为教师的计划经常会替代或干扰孩子真正感兴趣的东西或正在游戏探究的想法。你可能经常忽略一些不同的观点，忽略家长能够提供的帮助。不要带着一揽子计划或者资源马上开展活动，而是先花点时间研究一下，是否可以从不同角度解读观察记录。

　　首先，也是最重要的，是尝试发现儿童的看法。可以拿一些观察记录给儿童看，让他们解读一下这些记录。可以与同事以及家长谈话，他们的观点对你的思考有启发。如果喜欢利用网络，可以找到相关专栏、聊天室或发表一篇博客，其他早教专家很乐于参加讨论，和你探究儿童谈话和游戏的意义。制订计划时，走一步看一步，关键是多发现儿童的想法，这样就可以决定需要哪些帮助与支持。在和儿童探究以及进行某种形式的研究和调查的基础上，再制订计划。

别烦我

　　琳达老师最初使用的是生成课程的方法，她希望根据儿童感兴趣的"主题"制订课程计划。例如：当她和教师团队发现孩子对臭虫感兴趣，就制订了以各种各样的臭虫为中心的连续性课程计划，其中有许多与主题相关的活动。

　　最近一段时间，琳达思考

莱克伍德合作学前机构

"什么东西能真正吸引儿童的注意"这一问题，发现他们完全忽略了一个小女孩对甲壳虫翅膀的兴趣。这个孩子一直在探究甲壳虫的翅膀如何时隐时现。那时，琳达以及同事都没有注意到这一点，仅关注到臭虫的一般特征。"我们根本没有注意这一点！"琳达回忆说。她认识到，对于刚刚开始思考儿童课程经验的教师而言，这是很常见的，这才松了一口气。即使是她的崇拜对象，可以作为她榜样的教师也曾经有过不知如何抉择的现象。"有时候，我看见有的老师很善于选择、开展活动，其实我没有意识到，他们也曾像我一样学习如何去做。"

❖ 追随他们的意愿 ❖

≫鲁卡（Rukia）是一位幼儿教师，她发现从观察日记中可以发现新观点。阅读她的故事，看看鲁卡对一位家长的入学准备观点如何做出回应，了解孩子如何看待积木游戏的意义。

彼得（Peter）是鲁卡班里的一名儿童。他和两个爸爸生活在一起，他们很希望老师能帮助彼得为入小学做好准备。鲁卡发现，和其他活动相比，彼得主要的兴趣是搭积木，她决定仔细观察彼得的积木游戏以便更好地了解他的兴趣。刚开始，鲁卡想，他喜欢搭建恐龙是否表现了对力量的崇拜，但是通过进一步观察发现，彼得很认真地在大恐龙周围摆放了一小堆一小堆的积木。鲁卡犹豫了一下，没有把观察记录马上贴到墙上，觉得彼得爸爸可能认为她没有很好地帮助彼得学习学科知识。为了决定下一步要采取的行动，鲁卡带着她原来要展示的照片以及观察记录，去和园长协商。她们仔细看过每张照片，得出的结论是，鲁卡应该先弄清楚彼得每天搭的一小堆一小堆积木到底代表什么。鲁卡带着这些照片来到彼得身边，说她对小积木很好奇。

彼得："这些是恐龙蛋。"他用手指着大一点的积木说："这些是希望做爸爸的恐龙。"

鲁卡："你再跟我谈谈恐龙蛋的事情吧。"

彼得慢慢地摇着头，似乎若有所思地说："它们只要按照自己的意愿做就可以。"

与园长讨论谈话记录的时候，她意识到彼得的观点受到家庭以及领养他的这种家庭环境的影响。搭建积木对他来说意义重大。现在她觉得，彼得的两位爸爸肯定欣赏自己的观察记录，事实上他们确实很欣赏。他们很感动，也很感谢鲁卡对彼得如此细致观察。鲁卡把这次谈话作为一次机会，解释为什么她认为彼得入学准备方面做得很好，同时为她想用什么方法支持彼得的后续学习做出解释。

克利夫顿学校

克利夫顿学校

反思与行动

有什么突出细节可作为进一步思考的提示？

*

背景或价值观中的什么东西影响我对这一情境的反应？为什么？

*

文化、家庭背景或大众传媒如何影响这一情境？

*

什么样的价值观、哲学观和目标影响我的反应？

听听鲁卡是怎么说的

"作为专业工作者，我觉得自己最深远意义的改变是对儿童以及教师的看法。我的工作有了很大进步，尊重波得以及他爸爸的看法就是例证。我觉得，作为一名教师，我的任务是去支持、挑战、研究、保护儿童。波得对积木浓厚的兴趣让我感到好奇。与此同时，我又想让他的父亲知道，我了解他们关注的事情，也希望他在学校可以取得成功。

起初，我觉得自己的任务是对波得玩积木时的学习进行观察、记录，并拿给他的父亲看。同时，我还在寻找机会，想用发展适宜性的方法向波得介绍概念，我认为儿童可以从中获益。但是，当我带着学习目标进行观察时，我意识到这种研究方法有问题，应该从波得角度了解他正在做什么，而不是从成人为他设置的目标角度去观察。

与园长谈过话后，她看问题的角度促使我关注波得搭的小堆积木，否则我也不会想到这个问题。我一直在想，恐龙主题或有关学科知识的学习应该是我要关注的东西。工作取得进展的关键因素是倾听儿童，与儿童建立联系，并与他人讨论看到的事情潜在意义。波得说恐龙蛋只需要追随它们自己的意愿即可，这句话让我很感动。他在深入思考自己怎么来到这个家庭。儿童有能力探究复杂的想法和情感，我不希望在贯彻制订的教学计划时阻碍了这种能力的发挥。"

反　思

这个故事提供了培养好奇心的机会。波得所说的"追随自己的意愿"从何而来？是他的父亲说过还是自己的表达？不管怎样，我们都可以看出，波得知道自己受到家庭的疼爱。当家长强调他们希望儿童达到一定的学业目标时，赞同以游戏为导向的教师可能认为，必须要对家长进行儿童发展适宜性教学方面的教育。作为教育者，教师会认为自己比家长知道得更多。但是，波得的话提醒我们，应该同时考虑儿童和家长的想法。即使家长的一些观点会使教师感到紧张，教师只要时刻铭记，家长也是为孩子好！

鲁卡是一位善于对儿童做出回应的老师，她利用儿童、家长以及其他专业人士的观点，向自己的想法提出挑战。由于在观察记录时注意到细节，并花时间与园长一起研究记录，她能够把自己的教学计划先搁置在一旁，找到波得以及家人认为是很重要的东西。然而，她并没有把帮波得做好入学准备这一目标搁置一边，她将继续关注如何运用发展适宜性方法把知识内容和技巧教给孩子。◄◄

※ 原 则 ※

从矛盾的观点中学习

很多希望运用不同教学方法的老师在与同事讨论协商新想法时总会遇到困难。"儿童在前，教师在后"的教学方法会遇到多方面挑战。当没有按照规定课程或者规定内容范围、顺序开展教学时，你就是在冒险，有时你会激怒一些人，特别是对谁做教学带头人或对后续活动内容有不同意见时尤为如此。教师喜欢和意见统一的同事合作，因为他们对大部分事情有相同看法。然而，即使是志趣相投的教师一起合作，也偶尔会有分歧，也会激怒对方，造成紧张气氛。如何做才能把这些情景当作是学习而不是评价的机遇？

我们的加拿大同行及作者卡萝尔·安妮·威恩提醒我们："生成课程需要包容教师在尝试创造性解决问题过程中所犯的错误。这样的工作方法需要教师把所有真实、富有成效的思维和情感带入课堂，其结果是教师展现了生命力、充沛的学习精力和美妙无比的新想法。"

威恩讲述了下面这个有关博比（Bobbi）和安妮特（Annette）的故事[故事来自未发表的文章《雕塑方案活动》（*The Sculpture Project*）]。我们问威恩："当教师们对一个教学策略有分歧时，你看到他们是怎么做的？"威恩从自己的角度讲述这一故事，她是一名教育咨询员和参与式观察员，每周去一次新斯科舍省哈利法克斯市彼得格林霍尔儿童中心。安妮特是中心的艺术专家以及助理主任，博比是四岁儿童班的执教老师。从其中一点切入，我们看看为什么一位教师认为是探究的想法，而另一名教师则担心会造成"污染"呢？

是探究还是污染？

>> 在方案活动探究过程中，总会碰到不知道后续活动要做什么的时候，或不知道怎么解决问题。在这种情况下，当产生一个解决方案时，没人知道它是不是行之有效，或者它是否能为儿童逐步成形的想法提供支持，不知道儿童该如何参与这一过程。下面的故事中，注意博比和安妮特在商量给儿童提供什么材料以及确定教师角色时的二人互动。你能看出导致两人关系紧张的原因吗？

皮特格林霍尔儿童中心

一天，在四岁儿童的班上，阿迈德（Ahmed）随意说了一句："橡皮泥就像是'雕塑'。"博比老师对此很好奇，和孩子一起讨论他们的想法，发现他们对雕塑很感兴趣。因此博比提供了更多的橡皮泥，孩子也做出了更多的雕塑——大多是很小、粗糙的小动物。

博比看得出孩子很失望，因为橡皮泥做的雕塑很容易破碎、变干，这样他们总也做不出想要的东西。博比向艺术专家安妮特讨教。安妮特建议用彩泥试试，博比对此有点怀疑，以前觉得彩泥不够柔软，不是很容易塑造成孩子想要的造型。此时，博比和安妮特争论是因为对材料理解不同：安妮特认为彩泥可以解决问题，而博比根据以前的经验认为彩泥行不通。

最后，她们决定试试彩泥。博比高兴地发现，彩泥可以解决问题。孩子们做"雕塑"的热情有增无减，也更注意细节，作品涉及的主题也更广、更多，包含从人物形象到向日葵作品。但是新问题随之又出现。博比发现孩子关注自己的雕像怎么不能"站起来"。安妮特认为，这是一个从二维向三维表征发展过程中出现的经典问题。她的建议像艺术家，采用把黏土和金属丝缠在石头上做支架相结合的方法。孩子们对此很感兴趣，他们喜欢用铁丝弯成各种可爱的形状，然后把黏土拍在铁丝上，做栩栩如生的雕塑。安妮特在小组活动时间向不同儿童示范这两个步骤。之后，她和博比在美术架上提供各种石头、金属丝和黏土，当儿童想让雕像"站起来"时，就可以到架上拿这些材料。

但是，孩子们却不用这些材料。博比和安妮特觉得很奇怪，问题出在哪儿呢？孩子们对雕塑还是很感兴趣，也喜欢把自己的作品展示出来，但是他们还是选择彩泥而不是架子上的材料，因此仍有雕像站不起来的问题。安妮特觉得大概是中间少了一个环节，即孩子需要自己动手探究铁丝，这样才能更好地了解把铁丝作为媒介的内在"语言"，正如瑞吉欧教育工作者所说的那样（Edwards, Gandini & Forman, 1998）。因此，安妮特让儿童在纸上画各种曲线，并把铁丝照着纸上的曲线弯曲起来。一些儿童对铁丝可塑性很感兴趣，并且做出漂亮的雕塑，如：其中有一个雕塑被称为"跳舞的猛犸"。但是，还是没有人去使用架子上的金属支架。博比和安妮特也就不再去关注它。

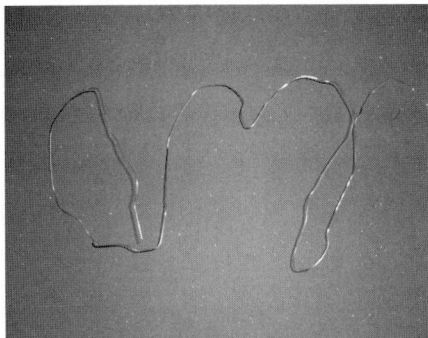

皮特格林霍尔儿童中心　　　　　　　　皮特格林霍尔儿童中心

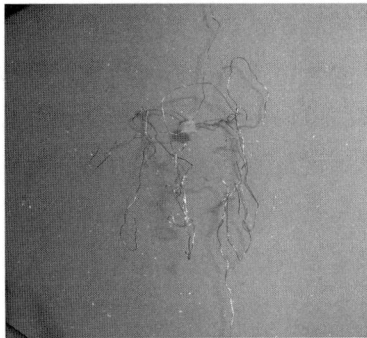

孩子们继续做不同的雕塑，如：到社区中寻找雕塑，阅读关于雕塑的书，但是把雕塑作品立起来的问题依然没有解决。一天，博比见过一位家长后回到教室，发现安妮特在教儿童如何用纸和布条缠绕铁丝做三维造型。博比惊恐地问："你在做什么？"因为她认为安妮特这种做法太直接，会剥夺儿童的探究机会。她认为，儿童可能会失去在探究雕塑过程中自己发现联系的能力。博比则认为，儿童还没有为这种学习做好准备，中间有"脱节"现象。由于要计划很多事情，博比和安妮特根本没有时间事先对安妮特的活动进行讨论。博比的反应使安妮特"完全没有准备"，博比担心她会不会因此"发怒"。安妮特则很担心此举是否破坏两人之间的关系。她马上结束这个活动，把材料放起来，但对自己过早去教儿童技巧感到非常后悔。

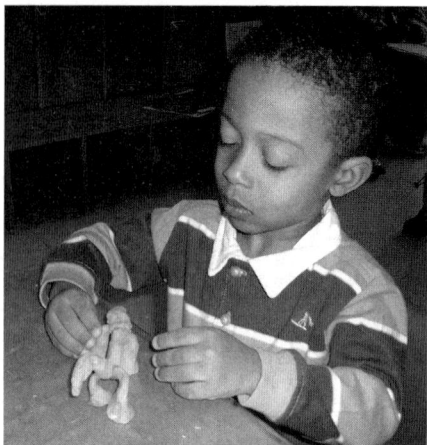

皮特格林霍尔儿童中心

听听卡萝尔·安妮是怎么说的

"我一直在思考故事中不同理解背后的根源。安妮特和博比的矛盾在于让儿童自己探究（不改变探究的方向）或是被他们称作'污染'的东西。使用'污染'一词，意思是削弱了儿童自己产生的想法、解决问题的能力以及用自己的方式表达理解的信心。在她看来，儿童因为自己不会画，需要成人帮她画东西时，儿童的自信心就是被'污染'了。同样，她们也相信，有必要向儿童示范使用材料的方法，这样儿童就具有熟练运用各种表现媒介的可能性。他们在两者之间画了一条分界线，即向儿童示范一种技能以提高儿童驾驭材料的能力，或者是担心这样做会阻碍儿童想法或促使儿童完全放弃自己的想法，这条分界线是造成两人关系紧张的根源。对紧张关系的讨论提醒我们：不确定的事忌用简单办法解决，新的螺旋式上升的思考方式能不断打开我们的思路。"

反 思

期望教师对某一活动过程的意见总能达成一致不太可能，也不是真正希望如此。你赞同安妮特的观点还是赞同博比的观点呢？教师们应像儿童一样，能对不同想法进行协商。这一故事向我们提出一个挑战：不要被意见分歧所吓倒，或者总认为自己是"对"的，把教师之间的意见分歧和矛盾作为重新审视儿童观和教师作用的机会。教学是个动态过程，学习过程包含很多不平衡因素。通过反思自己的想法以及认真思考他人的想法，可以学会如何去教学。对他人想法要有好奇心，并就意见分歧展开谈话和讨论。当教师需要描述自己的经验、掌握的知识并认为它们是正确的观点时，自己的理解也就得到进一步深化。尝试其他的观点也能促进自身的发展。◀◀

你的思考

在本书提供的原则指导下，读了这么多关于教师把课程框架运用到教学情境中的案例，你希望运用哪条原则指导活动？回忆本章开头提出的原则，自己制订一个计划，接受挑战的同时思考下面的问题。

＊你的态度发生怎样的改变最能保证实践也发生变化？

＊如何扩展使用观察记录的可能性？

＊在解释规定和表现性学习标准的过程中，发现哪些方面可以有灵活性？

＊在你的同事中，谁对你的思考提出最富有成果的挑战？

第八章

明确教师在儿童生活和有效教学中的责任

教学作为一种具有道德追求的事业，它关注的不是实然状态，而是为应然状态而教。教学像与孩子的母亲同行，携带大海的声音，探究爱的含义……这样的教学鼓舞大家，使大家能生机勃勃、富有成效地走到一起，当然也可能带着不满……教师传递的基本信息是：你能改变命运。无论是谁、不管在哪里、不管做过什么，教师都将给予你第二次机会、另一种轮回，会得到不同归宿。教师能设想多种可能性、开放性和选择性，指出可能性的道路，虽然对结局未知，但却召唤你改变人生的方向。

比尔·艾尔斯 (Bill Ayers)

新思想的激励可能会带来兴奋，并产生一系列活动。或许你是进入状态很快而且花大量时间和精力尝试改变的人。或许你是持谨慎态度、不知所措、不知将学到的东西用在何处的人。如果想实践本书的课程框架，你必须为自己制订可持续的工作计划，保持学习的劲头，促使自己发生变化。在这里，可持续性至关重要。在这一过程中，你也需要营养和伴侣。

追求专业发展的同时，你要对提供支持和更新观念的因素做出谨慎判断。可以成立研究小组，关注感兴趣的理论框架或理论，提升自己的领导技巧。

也可以选择感兴趣的、发展较为成熟的早教机构参观学习。找一位师傅，同时给别人提供指导。当有意识帮助成人或儿童学习时，你对教学过程中的内在动态关系会有更加深刻的认识。

204 正如从儿童身上看到的那样，乐于终身学习的教师也会感到精疲力竭或精力充沛、失去勇气或倍感鼓舞、忧心忡忡或勇气倍增。对儿童、家庭和自己应得到的东西做出更多承诺而不是拒绝时，你就成了"为正义而战"的"勇士"和提倡变革的"斗士"的一员。学习下面这些原则，从本书的案例中汲取灵感，为充实自己生活和开展有效教学负起责任。

　　＊ 寻找支持自己学习的同事

　　＊ 敢于接受挑战，尝试新事物

　　＊ 参观富有启发性的幼儿园

　　＊ 探究"为什么"，向思维挑战

　　＊ 勇做改革的带头人

※ 原　则 ※

寻找支持自己学习的同事

幼儿园工作的理想状态是与同事步调一致，但如果情况不是那么理想，也可以与和你有相同追求的其他人员建立一些联系。考虑参加你关心的理念和实践工作坊或研讨会，尝试找到乐意与你长期交流的人。了解当地其他幼教机构或组织，找到志同道合的人，和他成为朋友。学前教育组织不是由一线教师或开办者控制，所以你可以向他们提些建议，要求他们多接触一线教师。现在有很多网络在线的幼教组织和资源，但它们无法替代面对面交谈。通过当面交谈，你可以通过不同观点的碰撞，尝试冒险的感受，面对面会谈涉及观点对话。教育工作者或改革主体需要不断学习，完善自己的见解和技能。

创建生命线

>> 朱莉（Julie）是开端计划机构的协调人员。在她的机构中，仅她一人对"儿童及其家庭享有的东西"持不同观点，但她以实际行动克服了孤立状态。

"我来到这个城市，在刚刚创办的、受瑞吉欧思想影响的幼教机构找到一份协调员工作。我希望这个机构能成为示范性幼儿园，但很快发现自己很孤立，因为所在机构中没有一个人曾有过我这样的想法，而我有远大抱负指导自己的工作。于是，为了联络和我有共同志向的人，我发放传单，呼吁大家参与瑞吉欧圆桌会议。在那里，我们一起学习和讨论，参观彼此的幼教机构并且互相帮助。大家的反映很不错。当沉浸在繁杂的文字工作，当感到有压力，当在自己的幼教机构无法得到理解，圆桌小组的朋友成了支持我继续努力的生命线。当一些人让你失望时，你不得不寻找另一些人支持。你需要不断成长，而不是倒退。" <<

小马丁·路德·金家庭日托

普吉特湾东松德教育行政区开端计划

(205)

你的思考

如果发现自己在工作中比较孤立，试着问自己下面这些问题：

＊谁会有兴趣倾听我在观察时遇到的困惑？

＊谁能和我一起分享儿童探究的成果？

＊谁会从截然不同的角度对我的观点和想法提出质疑？

＊什么样的书能引起我的学习兴趣，并引导我和别人讨论？

用你对上述问题的答案，邀请其中一些人每月聚一次会，或者建一个博客，定期交流你的观察和思考问题，寻求他人的观点和挑战。

※ **原　则** ※

敢于接受挑战，尝试新事物

随着自己的不断成长，你会发现，敢于冒险能加深对教学过程的理解，同时有助于你和他人形成密切关系。作为一个愿意冒险的人，如何看待自己？将谁看作是自己的榜样？这个榜样可能是你认识的某个人，或者是为本书提供案例的某个（或更多）机构负责人或教师。愿意冒险，意味着你确实想要学点什么或真正想做成什么事情，不管你觉得是否成功，它总能增强你的自信，让你觉得事情做得还不够。

拨动和弦

比莉开办了一个家庭日托机构。她把幼儿教育看作是一项单纯、需要勇气并敢于冒险的事业。

"数年——事实上是数十年来——我一直想学弹吉他，最后终于去上吉他课，并且勇敢地在儿童面前表现自己的笨拙和手忙脚乱。一直以来，我认为自己是老师。事实上，我从儿童那里学到很多东西，但从来没有'感觉'自己是一个'学习者'。至少从多年前大学毕业后，我就再

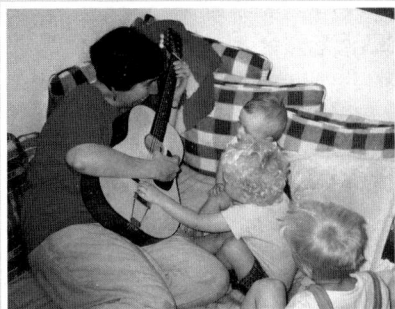

心之家家庭日托机构

没有过这样的感觉。带着不称职和恐惧的心态，我说服自己要信任这些小不点儿们，他们使我感到如此自由，我们之间也建立了一种崭新关系。当我试着弹《去告诉罗迪阿姨》（*Go Tell Aunt Rhody*）的旋律时，孩子们起立为我长时间鼓掌，他们的支持那么真诚。当我不能正确弹奏和弦而感到沮丧时，他们告诉我要多加练习，迟早会成功。当孩子无法理解对我来说是显而易见的概念时，我的耐心又有多少？现在我知道了！作为孩子学习的共同体，我清楚地意识到，我们是如此经常地'指挥'儿童，而不相信他们靠自己的力量就能弄明白。当这一切轮到我自己时，我如此感谢他们的耐心。成为学习者的一员，让我成为一名更出色的教师。"

——比莉

你的思考

对比莉的故事进行反思，想想你很想做、但没有勇气做的事情。考虑涉及的风险，你会和儿童分享风险中的什么内容？接下来，花点时间评价一下作为风险承担人的自己。要尝试新行动时，下面哪一种陈述最像你？

＊ 我要避免承担风险，当碰到新东西时，总像鸵鸟似的"把头埋在沙土里"。

＊ 遇到想学的新东西时，我愿意经受一些"不爽"的感觉。

＊ 感到有些东西确实需要改变时，我愿意做出妥协。

＊ 我随时准备向现实挑战，说出自己的想法，或对明显需要改变的东西提出主张。

你是否满意自己当前在接受挑战、承担风险方面的表现？是否想做一些改变？

※ **原 则** ※

参观富有启发性的幼儿园

　　参观其他幼儿园对教师专业发展很有帮助，你能从中获得第一手资料，了解别的教师如何把教育哲学和价值观转换成实践，而且经常为教师之间的持续对话建立新关系。不过，你即使能从中学到很多，但永远无法复制别人的事情。每个幼儿园都有自己的背景、资源和面对的挑战。

是的，我们能行！

　　▶▶琳达 · 艾琳 (Linda Irene) 从事幼教工作已有 20 多年，并且一直追求新的思想和专业发展。听说另一城市的一所双语幼儿园正在对传统主题课程进行改革，于是她去参观了这家幼儿园。她在那里观察了两天，参加那里举行的教师专业发展培训，并和个别教师、负责人交谈。这些经历帮助她对自己的教学实践以及教学中出现的问题进行反思，然后带着新动力和想法回到自己的幼儿园。

何塞马蒂儿童发展中心

听听琳达 · 艾琳是怎么说的

　　"这个机构和我所在的幼儿园不同，我们的主任放手让教师自己选择课程，而我参观的这个幼儿园中每个人意见看上去都很一致。他们在创设吸引儿童的材料和活动时，显得很兴奋。从教室到储藏室、再到员工会议，我都能看到他们如何从传统教育内容转换到运用更有创造性、充满活力的内容。"他们认为，运用吸引儿童的想法，使儿童变得更愿意与别人分享。他们对如何通过有意义方式实施课程，似乎更有信心，而不像以前那样只是做一些案头工作。

我从一位老师那里学到许多把自己的价值观和创新整合的方法。她用自己的价值观作为自己的立足之本，也作为她的家庭观、团结、和平、自由、尊重和教育的基础。我看到她和儿童在一起时，就是这么表现的。她的座右铭是'是的，我们能行！'她认为，运用开放式的内容能鼓励儿童在游戏中学习。为了让儿童获得重要的读写技巧，她总是提供和读写有关的活动，而这些都在自然情景中出现。

他们的园长对这些改革非常支持，并且为每周来中心参加专业发展会议的教师提供住宿。她鼓励机构里所有教师参加继续教育。英语不好或未受过专业培训的教师不仅能从班级中得到帮助，也能从同事那里得到支持。园长认为，能力较强的教师能够指导其他教师，所以扩大了带头人的范围。

如今，回到我所在的幼儿园，对于即将要做的改革已经有了一些想法。参观使我深受启发。现在，我对如何改革胸有成竹。我知道自己一定能做到。是的，我能行！"

反 思

你是否也曾受到过挫折，抑或对现状感到迷茫？这一切发生时，很多教师开始抱怨、责怪或是放弃。琳达·艾琳没有像大多数人那样，也没有对自己面临的困难有消极想法。相反，她跨出了勇敢一步，利用专业发展的时间参观另一所在双语教育方面极其出色、对新理念和实践保持开放心态的机构。最后，她的心灵和思想都得到丰富。 **≪**

※ 原 则 ※

探究"为什么"，向思维挑战

尝试实施本书的想法，你会希望所做的事情能得到推广。如果领导的想法与你不谋而合，你或许能得到支持；然而如果你的想法"特立独行"，那你需要带头进行改革。当然，你可以做一些示范，试着将新理论、价值观转换到日常生活以及幼儿学习中，同时也要与家庭、同事和领导广泛交流，建立良好关系。沟通越好，他们越容易理解你的工作。如果要改变班上的常规（如：不再关注日历上圈注的时间；不再限制特定活动区的游戏人数），那么你要解释这些变化蕴涵的价值观、理论以及目的。

一起思考

一起工作的助手对教师角色的理解更传统，但黛布发现，制订计划时不断问"为什么"，能引发一些新理解和实践方法，这些方法也被本园其他老师所采用。

"今年，我的配班老师柯尔斯滕运用传统的课程教学计划。她要为儿童设计有趣、'可爱又好玩'的活动。我没有一下子打击她的热忱，而是把她的建议作为思考的机会。当她提出要做热带雨林并将它挂在房间中时，我问她：'我们为什么要这么做？这个想法来自何处？'我希望她对预设活动的缘由形成思考习惯。

伯林顿学校

柯尔斯滕对自己在生成课程中发挥的作用不明确。我给她写字板和钢笔，让她观察儿童游戏的细节，并引导她亲近与她关系不密切的儿童。讨论中，我们探究'为什么'以及儿童活动的内涵，建议她把游戏时拍摄的照片或草图给儿童看，并问儿童'为什么？'。当我在大楼里无意中听到柯尔斯滕与其他老师谈话时，我知道这项指导为她提供了思考问题的框架。她问：'为什么他们不能像我们班一样，给儿童做记录、讲故事呢？'柯尔斯滕完全领会了这种实践的意义，现在正指导其他老师探究实践中的'为什么'。"

※ 原　则 ※

勇做改革的带头人

　　本书的理念坚实扎根于传统进步主义教育思想。我们和先驱们相信，教育应是社会变革的工具，而不应长期不变。如此，我们要考虑如何成为强有力的改革带头人。

正在消融的边界

　　社区学院讲师朱迪（Judy）讲述了一个引人入胜的故事。5名幼儿园园长希望通过有意义的教育促进专业成长。结果，她们的行动不仅创设了新的改良教育结构，也让其他渴望学习双语的学生受益不浅。

　　"我们必须在边界之间架起桥梁。社区人口结构发生变化，这意味着我们现在的想法必须改变。5名讲西班牙语的幼儿园园长来到我们这里，要求参加培训，促进她们对与儿童发展适宜的实践和对州政府申领执照规章有新的理解。我们为基本上只讲西班牙语的人组成了一个班，11名教师已经完成儿童发展课程资格证的培训。还有其他人想学说两种语言，我们为只会讲英语的人也开设了一个班……现在已经是提供学前教育和家庭研究双语本科课程的第二年。能在安全的环境中学习，让人感到兴奋。大家相互交流，找到沟通方式，讨论共同感兴趣的话题。"

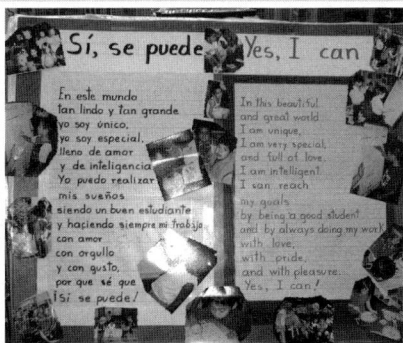

何塞马蒂儿童发展中心

何塞马蒂儿童发展中心

改革必须从每个人开始，然后推广到更大范围。态度、实践方法、组织和政策也要随之改变。每个人在这一范型转变中都要发挥作用。丽贝卡·纽(Rebecca New) (1997) 提醒我们"组织原则、物质环境和教学策略相互结合，才能为儿童权利起到明显辩护作用。"她进一步指出："美国学前教育专业人士非常强调领头者和加强宣传的实质，其实它反映一种强烈需求，不是诉诸资源而是诉诸解决问题的办法。国家的能力和考虑最年轻公民的意愿之间形成的反差从未如此鲜明。"

她的话让人联想到马拉古兹对著名的、激励世界的瑞吉欧学校历史的描述。描述到早在 20 世纪 40 年代末，当他们开始走出法西斯主义以及战争对意大利带来的灾难并重建学校时，马拉古兹（1998）说："在遭受了战争破坏、遍地只有哀悼和贫困的城市建造学校，是一个漫长而困难的考验，需要面对很多无法想象的牺牲，拥有空前的团结……一些学校无法生存，但绝大多数学校还是表现出足够坚强和力量，生存下来。"

因此，我们面临的任务是下定决心解决困难，反对当前社会中对儿童权利关注的缺失和贬低童年价值的趋势，反对对儿童学习标准化的政策以及剥夺儿童有意义教育经验的倾向。同时，我们必须运用可以想象的方式，通过个人和集体尽可能显示自己的力量。

在撰写本书的过程中，许多思想家、领头者以及组织机构对学前教育现状以及退步现象提出质疑。我们希望你也能参加进来，通过自己与儿童及其家长一起进行的专业实践参与这一工作，另外，也要成为改革的拥护者和鼓动者。考虑参加诸如下面的一些工作。

＊ 成为教师研究者，通过不断探究促进自己发展，同时对进一步拓展儿童观、拓展教和学的过程，做出自己的贡献。可以借鉴维维安·佩利和卡伦·加勒斯 (Karen Gallas) 的方法，在《实践者之声》(Voices of Practitioners) 上发表成果，或在《幼儿》(Young Children) 杂志以外的网络杂志上发表，在线地址是：www.journal.naeyc.org/btj/vp/。

＊ 参加世界论坛组织的工作小组，和世界上其他朋友交流问题，如：对幼儿的自然教育、幼儿的和平教育、学前教育中男教师问题、非洲儿童、艾滋病儿童等等。与其他国家的人交流，能大大开阔眼界，参看 http://www.childcareexchange.com/wf/projects/。

　　＊ 发起或参加关注学前教育当前趋势的活动。如：加利福尼亚州有一个学前教育组织，他们制定自己的宣言，并对误用标准和评估趋势提出挑战。更多内容，参见附录 4。

　　＊ 考虑参加对标准和评估运动提出挑战的组织，不强调 "质量"，而是提出一套价值观和原则指导早期教育。有这样一个被称作 "学前教育呼吁者" 的工作小组，其使命是 "促进对幼教工作深层价值观的广泛讨论，形成社会和政治责任宣言"。他们对儿童观以及价值观的声明和承诺，参见附录 4 和网址：http：//earlyeducationadvocates.org/。

　　＊ 研究和赞助社区儿童保教机构的民间行动计划。如：非营利性组织 "健全的儿童保教解决方案（Sound Child Care Solutions）"，提议运用创新方法集体经营幼教机构。该组织创建了一个系统，促使优质幼教机构联手，共同使用办公设备，加强商业化和市场化，但仍保留其社区和家庭身份。了解更多相关理念，参看附录 4 或网址：http：//www.soundchildcaresolutions.org。

　　我们希望世界各地的学前教育工作者联合起来，为社会改革提供更强有力的支持，这将激励、鞭策我们付诸行动。联合起来，我们就比想象的更强大。记住特里·坦佩斯特·威廉斯（Terry Tempest Williams）的话："充分调动我们的想象力和决心，让民主永存。"

　　民主是一种生活方式：包括受教育的权利、思考、讨论、提出异议、创新以及具备富有想象力和创造性的行为权利。人的内心是民主的首要归宿，也是产生疑问的场所。我们能否做到公平？能否变得慷慨？能否全身心倾听他人意见，而不仅仅用自己的头脑思考？能否提供我们的不断关注，而不是意见？未来只能由我们个人参与的程度和所做的承诺来保证，因为我们在其中已融入探究、直觉和爱的品质。

附录1
帮助教师厘清观点和理论的工具

实施任何新课程前，对自己所在幼儿园现状、影响自己的教育价值观、理论框架、需要进行的新思考都进行评估，是很有帮助的。附录1包括两方面内容：一方面是帮助教师或者团队思考如何开始工作；另一方面是帮助教师建立价值观、理论和实际教学之间的关系。

212

自我评价工具

下列评价工具帮助教师对已有资源和想法，以及采用本书课程框架时所需的设计思路进行思考。

评价教师实施深层次课程的理论基础

明确你的信念和价值观

想一想你是否为深层次课程实施更新了观念和教育实践。请写下你常用的三个描述儿童的词语或短句。

_____

_____

_____

根据以上词语，回答以下问题。

* 你认为儿童具有哪些能力？他们应该得到什么？

* 在你的机构里，你想用什么样的价值观塑造儿童生活？

* 如何展示对儿童的尊重？

* 作为个体和机构，你运用什么来阐明自己的信念和价值观？

评价你实施深层次课程的理论基础

用有趣的材料布置有吸引力的环境

想一想，你为课程准备的环境有多好。请用一段话回答下面问题。

* 如何设计出反映你的信念和价值观的环境？

* 设计的环境如何反映儿童生活以及他们的家庭和社区？

* 给儿童提供什么样的材料，能：

a) 鼓励儿童按照他们的理解和想象制作东西

b) 为儿童提供可感知的探究和转换

c) 唤醒儿童想象力、好奇心和求知欲

d) 让儿童从自己的动作中感受力量和主动性

e) 探究了解世界和生存的多样方式

* 设计的环境如何关注秩序、美感和自然世界？

评价你实施深层次课程的理论基础

运用观察和记录

对当前工作观察和记录作用的现有看法进行反思，选择下面最符合你的情况的描述，并说说为什么这种陈述最符合你。

* 大多数情况下，我能完成规定作的记录，但说实话，我不觉得这种记录有什么用处。

* 我认为记录过程非常重要，对我的理解和计划非常有用。

* 我做了很多记录，但不知道它有什么用。

* 我认为，记录就像令人欢欣的"寻宝游戏"，会发现很多"宝贝"。

你使用什么系统来收集和分析对儿童的观察？

怎样在环境布置和课程活动计划中运用观察记录？

评价你实施深层次课程的理论基础

和儿童一起创设课堂文化

想一想，如何运用一日生活环节和时间安排支持课程。把一日生活环节写下来，注明每一特定环节的时间，把下列各项时间加在一起：

* 儿童发起的自主活动时间（儿童自己选择活动材料和活动，单独或和其他儿童一起活动）。

＊ 教师发起与指导的活动时间（教师指导儿童选择和关注某个活动，包括过渡时间和常规时间，如吃饭、睡觉等）。

＊ 教师主导的活动时间（教师提供多种活动，供儿童选择参加）。

＊ 教师辅导时间（教师辅导和示范材料、工具的使用方法和过程）。

日程表中的时间分配是否感到满意？还能做哪些改变？

在帮助儿童及家长入园适应方面，你运用了哪些策略？如何让他们在一天中感受到家园之间的联系？

在为儿童设计课程的过程中，如何鼓励家庭与你合作？

用什么方法鼓励孩子关注不同的观点和看法？

在环境布置和活动设计中，怎样体现孩子的参与价值？

如何尊重儿童的兴趣与关系，用什么形式让大家看到或进行庆祝？

价值观、理论和教学法

(214)

下列表格表现了价值观、理论和教学法之间的关系。最左列是引导你思考的四种观点/价值观。每一行显示了对应的价值观的理论假设、实践结果、教学法和记录方式。可以把它当成参考模板，用它创建自己的记录，阐明自己的儿童观和教育观、支持自己的教育理论，以及对教学产生的影响。

澄清自己的价值观、理论观点和实践结果

观点/价值观	理论假设	实践结果	教学法	记录方式
准备/为未来做准备	行为主义 (Skinner, 1965)	为入学做准备	教师指导和控制教学结果	核查表
发展/保护作用	发展心理学 (Piaget, 2001)	提出儿童发展的普遍性，遵循先天发展的一系列里程碑。教师为满足这些先天发展计划活动。	教师通过口语、肢体语言支持并指导儿童，帮助他们解决矛盾冲突。教师提供时间和空间经验，丰富、挑战儿童的兴趣，促进儿童发展。	运用与有计划的学习经验直接相关的儿童观察法。
促进集体和个体身份认同	社会文化理论 (Vygotsky, 1978; Brofenbrenner, 2006; Rogoff, 2003; Carr, 2001)	通过与他人互动，儿童建构自己的知识。	教师通过游戏，提供"支架"教学。	在档案袋中收集儿童学习作品，通过记录解释儿童的学习目标。
批判性反思/多元化观点和意义	后现代主义和后结构主义、批判科学 (Dahlberg, Moss, & Pence 1999; Dahlberg & Moss 2005)	学习在特定社会和文化背景下发生。家庭和社区的互惠关系。儿童和成人共同创造；探究权利、社会正义、民主公平的问题。看待世界的多种方式和学习的多元途径。	成人和儿童在学习过程中协商和合作。教育者通过记录和分析儿童的经验和学习，对他们的教育实践进行反思、质疑和挑战。	多种方式，包括儿童和家长参与记录的过程和解释。

(215)

资料来源：*Building Waterfalls：A Living and Learning Curriculum Framework for Adults and Children（Birth to School Age）*，Queensland，Australia：C&K，2006.

附录2
课程计划和评价实例

  以下有关课程和评价实例分别来自美国密苏里堪萨斯城中部开端计划机构、美国华盛顿州布瑞恩普吉特湾东松德教育行政区开端计划机构、新西兰教育部以及美国国家学前教育倡导小组。可以把这些实例作为你所在幼儿园的参考范例。

218

美国中部开端计划建构主义课程计划

下列文本来自美国密苏里堪萨斯城中部开端计划机构，它向我们展示了在一系列严格规定下，如何找到实用课程，如本书提供的课程。与其为幼儿园购买现成的、已开发课程，不如根据学习理论和值得信赖的研究成果开发适合自己的"建构主义课程计划"。他们把自己的哲学观融进课程，加深自己对课程的理解，促进教师的专业发展。下面是计划的目录和序言部分。

《美国中部开端计划的建构主义课程计划》计划概述

"建构主义课程计划"是我们开端计划机构的管理人员、教师和家长合作完成，具体由卡罗尔·博尔兹（Carol Bolz）、安·卡梅（Ann Camey）、布伦达·洛斯奇（Brenda Loscher）、卡罗琳·麦克林泰尔（Carolyn Mclntire）、芭芭拉·奥托（Barbara Otto）和布伦达·索特（Brenda Sottler）拟定。

课程委员会由巴巴拉·奥托负责，成员花了大量时间对课程进行研究、计划、阅读、讨论，最后制订了"建构主义课程计划"。以下人员参与了 2000—2001 年度的委员会工作：布伦达·索特、卡罗琳·麦克林泰尔、特雷莎·欧文斯（Theresa Owens）、卡罗尔·博尔兹、布伦达·洛斯奇、丽萨·马修斯（Lisa Matthews）、瓦丹德拉·麦克布赖德（Wadandra Mcbride）、佩吉·斯坦普斯（Pegi Stamps）、吉尔·克伦克（Jill Kroenke）、明迪·米克塞尔（Mindy Mikesell）、威利·伯克（Willie Burke）、梅丽萨·史密特森（Melissa Smitson）以及丽兹·史密斯（Liz Smith）。以下专家承担课程委员会的顾问工作：埃德·格林（Ed Greene）博士和杰奎琳·琼斯博士。

从 2001 年开始运用"建构主义课程计划"，还有很多工作人员参与了更新、修订、实施这一计划，他们是：乔伊斯·泰勒（Joyce Taylor）、安·卡梅、丽萨·约翰斯顿（Lisa Johnston）、阿妮塔·戈麦斯·斯图尔特

(Anita Gomes-Stewart)、柯瑞·杨（Keri Young）以及艾琳·墨菲·史威夫特（Aileen Murphy-Swift）。

教育管理人员丽兹·史密斯在对"建构主义课程计划"的监督和实施、创新和修订上，做出杰出贡献。

以上是简要概述。如果想了解整个计划，可另向我们索取。

目 录

序　言

　　"开端计划"始于 1965 年，它是林肯·约翰逊（Lyndon Johnson）总统"向贫困宣战（War on Poverty）"工作的一部分。施莱佛负责该计划的实施，他组建包括教师、儿童发展专家、儿科医师、社会工作者、心理学家和行政管理人员在内的委员会。委员会将"开端计划"设定为在统一的国家标准指导下，地方有一定选择自由的综合性儿童和家庭发展机构，目标是帮助儿童发展社会性能力和适应学校能力。

　　"开端计划"开始之初，强调儿童发展和社会性能力的目标与强调提高智力、完成学习和入学准备目标的教育工作者和政策制定者之间存在颇为紧张的关系（Zigler & Muenchow，1992）。

　　有关"开端计划"效果的早期研究表明，儿童智力得到提高。随后的研究表明，智力水平提高的效应在若干年后消失。20 世纪七八十年代出版的各种纵向研究表明，参加"开端计划"的儿童成年后相对更可能完成学业并找到工作，需要特殊帮助、拥有犯罪记录或青少年怀孕的可能性则更小（Zigler & Styfco，1993）。

20 世纪 90 年代，教育领域出现绩效考核的趋势。美国国家教育目标专题小组—— 成员包括州长、美国国会成员、州议员和顾问——确定如下目标："到 2000 年，美国所有儿童为入小学学习做好准备"（National Education Goal Panel，1991）。

相关立法于 1993 年和 1994 年审核通过，要求在对所有联邦政府资助的机构进一步考核的基础上，采取更严格的绩效考核和质量改进要求。"开端计划"做出积极的响应，在 1995 年制订了《开端计划幼教机构表现性测量行动计划》（*Head Start Program Performance Measures Initiative*），该行动计划为帮助儿童达到完善社会能力和做好入学准备建立框架。

从 1997 年到 1998 年，"开端计划"进行了一项规模庞大的国家级研究《家庭及儿童经验调查》（*Family and Child Experiences Survey*），用以评估参加"开端计划"的儿童和家庭所取得的进步。结果表明，"开端计划"改善了儿童的社交技巧，缩短了贫困儿童与其他儿童的词汇量水平以及写作技巧差距（U.S. Department of Health and Human Service，2000）。

美国国家研究委员会（1998）出版了一份关于预防儿童阅读困难的报告，指出许多儿童都有阅读困难，而且贫困儿童、非白人儿童以及非英语为母语的儿童更容易出现阅读困难，对在童年早期如何为儿童和家庭提供语言和读写经验支持提出很多建议。

1998 年，美国国会重新授权"开端计划"，要求开端计划"表现性标准"扩大到包括读写、语言和算术等 13 条项具体学习结果。开端计划机构还需要收集和分析有关儿童学习结果的数据，以便评判机构质量。

因此，"开端计划"随即根据《开端计划幼教机构表现性测量行动计划》，制定了《开端计划儿童学习结果框架》（*Head Start Child Outcomes Framework*）。联邦政府儿童和家庭行政部（2000）签发这一框架性文件，同时印发运用儿童学习结果的有关事项。

2000 年 12 月，专为开端计划机构行政管理人员和教师设立的"国家开端计划儿童发展短训班"支持他们找到与《表现性标准》（*Performance Standards*）相一致、同时建立在科学的儿童发展和学习原则上的课程实施方案。每一个开端计划幼教机构需要制订一份书面计划，具体包括：

    ＊ 儿童发展和学习目标

    ＊ 儿童达成这些目标所需的经验

    ＊ 为帮助儿童达成目标，教师和家长所扮演的角色

    ＊ 支持课程实施所需要的材料

很有幸，我们机构的一些管理人员、教育顾问以及教育协调员参加了"国家开端计划儿童发展短训班"。他们回来建立了一个课程委员会，并承担为机构开发书面课程计划的任务。教育协调员芭芭拉·奥托担任委员会主任，行政管理人员丽兹·史密斯监管整个流程。学前教育专家格林博士和杰奎琳·琼斯博士担任课程委员会的顾问。

最初的委员会会议指出，我们的机构十分庞大，有着多元文化背景，具体包括开端计划、早期开端计划、机构服务、家庭服务、儿童家庭养育、同伴指导站以及密苏里州坎萨斯城学区和独立学区机构。当时，来自不同机构的教育工作人员使用不同课程模式。

课程委员会讨论了为机构确定单一课程模式的可能性，后来这种可能性被否决，因为没有一个模式的课程领域和儿童目标能符合《开端计划儿童学习结果框架》，也没有单一课程评价系统能使机构收集到所有需要的、用来分析学习结果的信息。同样，课程委员会也不想否定合作伙伴、代表以及家庭、儿童教育机构正在使用的课程，因为这些对他们来说是有效的。他们也不想在多种课程模式的教师培训中浪费已经投入的时间、精力和金钱。

因此，委员会决定设计一个课程计划，任何机构可以把该课程计划作为学前教育的哲学取向或理论基础。课程委员会基于认知发展理论，确定将"建构主义"方法作为基础。他们认为，教育工作者要能从几种课程模式中取长补短——所有课程模式都以建构主义为哲学基础——以指导实践。有关儿童的目标、评价和学习结果系统，都要结合

机构的情况具体确定。

　　"建构主义课程计划"是我们为开端计划机构设计的课程书面计划，最初在 2001 年 8 月提出，后来又为其设计了一个补充性课程计划。我们已经设计好短期培训班的内容，并向大家做了介绍。计划和短训班一直在定期更新，以便同开端计划项目和学前教育领域保持密切联系，这对专业从业人员也具有一定好处。

参考资料

National Education Goal for America, The. 2000. *From America 2000: An Education Strategy.* Rev. ed. Washington, D.C.: U.S. Department of Education.

Snow, C.E., M.S. Burns, and P. Griffin, eds. 1998. *Preventing Reading Difficulties in Young Children: National Research Council.* Washington, D.C.: National Academy Press.

U.S. Department of Health and Human Services. 2000. *Head Start Child Outcomes Framework.* Log No. ACYF-HS-IM-00-18.Washington, D.C.: Administration of Children, Youth and Families.

U.S. Department of Health and Human Services. 2000. *Head Start Family and Child Experiences Survey; FACES Findings; New Research on Head Start Program Quality and Outcomes.* Washington, D.C.: Administration on Children, Youth and Families.

Zigler, E., and S. Muenchow. 1992. *Head Start: The Inside Story of America's Most Successful Educational Experiment.* New York: Basic Books.

Zigler, E., and S.J.Styfco, eds. 1993. *Head Start and Beyond.* New Haven, Conn.: Yale University Press.

222 **普吉特湾东松德教育行政区开端计划课程声明**

位于美国华盛顿布瑞恩普吉特湾东松德教育行政区的开端计划机构提供了另一种案例。他们根据目前开端计划的要求，为其使用的以研究为基础的课程命名。普吉特湾东松德教育行政区希望教师运用生成课程的教学方式，同时也为课程拟订如下声明。

普吉特湾东松德教育行政区开端计划课程声明

普吉特湾东松德教育行政区开端计划认为，每个儿童都是完整个体，他们有能力、聪明、机智、富有经验，并且是学习者。我们运用自己设计和开发的生成课程，它汲取了《真实的童年》(*Authentic Childhood*)(Fraser & Gestwicki，2002)，《对儿童生活的反思》(*Reflecting Children's Lives*)(Curtis & Carter，1996)和《创造性课程》(*The Creative Curriculum*)(Dodge，Colker，& Heroman，2002)的理论和实践经验。该课程包括促进学习和发展的经验和环境设计（包括物理空间、社会互动、一日生活环节、仪式）。

目标

* 整体儿童最优发展：社会—情感、语言／读写、认知、动作和创造性领域。

家庭角色

* 家庭是有价值的信息来源，能与其交流有关儿童兴趣、能力／技巧、强项和需要的信息。

* 家庭和教师合作制订个人目标，并将其融入环境、材料、经验和一日生活环节。

教师角色

* 教师和儿童之间建立支持性关系，促进儿童社会性和情感的发展：包括同情心、问题解决能力、友谊、自律、自信心、坚持性、适应机制和自尊心。

* 教师尊重儿童自发生成的兴趣和探究，并将其发展为讨论、探究和小组活动的主题。

* 教师要在环境、经验和材料方面，为儿童多元学习提供机会。

* 教师运用一系列策略和工具，根据儿童发展适宜的实践／开端计划早期学习文件中提出的目标，支持和扩展其学习目标。

* 教师根据档案评价系统的要素（观察／工作样本、发展性核查表）以及家庭提供信息，为儿童和班级制订计划，根据儿童情况提供个性化教育。

* 教师把有计划的健康、营养、安全经验以及个性化安全课程如：讲一讲，什么可以碰，纳入儿童发展计划。

环境作用

* 选择创造丰富多元环境的材料，反映儿童及其家庭的文化和语言特点。

* 不仅提供室内，也提供室外环境，为主动学习、创造和社会互动提供机会。

* 环境传达儿童、家庭和教育者独特的个性和价值观。

* 环境设计能够对儿童不断变化的兴趣和成长做出及时反应，促进其不断发展。

223

新西兰 "为学习的评价"

感谢新西兰教育部的帮助，使我们可以从早期儿童案集中引用下面内容。这里列举了新西兰教育部推荐的学习评价实例，反映了新西兰学前教育课程的哲学观和原则。这些实例表明，如何运用评价帮助学习者设计持续和多样化的学习途径。将评价置于课程中，不仅是用来描述学习，同时也能建构和促进学习。

为学习的评价：早期儿童实例

明确的目标

对学习的评价必然包含为儿童学习制定的目标或目的。新西兰学前教育课程对学习进行了界定，并提供学习内容的框架。其目标和明确的学习结果也包括几部分。

健康幸福

儿童的健康和幸福需要得到保护和培养。儿童应该生活在健康得到保证、情感得到培育以及远离危险的环境。

归属感

让儿童和他们的家庭有归属感。儿童应该生活在与家庭和外部世界有稳固联系的环境中。他们知道自己拥有一个空间，能够适应一日生活环节、习俗以及日常事件。他们知道大家可以接受的行为范围和界限。

贡献

学习的机会是公正的，每个孩子的贡献都受到尊重。儿童应该生活在有公正学习机会、没有性别、能力、年龄、种族或生活背景歧视的环境中。他们作为个体被得到认可，与别人一起学习的行为得到鼓励。

交流

儿童及其他文化语言和符号得到认可。儿童应该生活在能运用非语言和语言交流技能来实现不同目的的环境中。他们体验自己和其他文化的故事和符号，并发现和发展不同的创造性方法和表达方式。

探究

儿童通过对环境的积极探究进行学习。幼儿园应将游戏视为有意义的学习，并且认可儿童自发游戏的重要性。儿童获得自信、学会控制身体。他们学习积极探索、思考和推理，发展对自然、社会、身体和物质世界的理解。

在涉及对当地人的教育发展时，要有一些特别考虑，具体内容参见文件。

记录性评价

有些评价需要记录，但大部分不需要。记录和不记录的互动应该有一种平衡，且这两种形式相互协调。

"为学习的评价"意味着：形成有关"接下来做什么"的理念，包括根据评价制订计划的实例。通常，孩子会决定"接下来做什么"，例如：孩子是选择重复拼昨天已经拼成的七巧板，还是尝试更难的。教师经常需要和学习者协商，因此会做出关于"接下来做什么"以及怎样对儿童学习作出回应的决定。大部分教师的选择和协商不会记录，因为都是自发行为，但还是有很多理由让我们记录一些有价值的后续活动。

为学习的评价

注意、辨认和回应

在布朗温·考伊（Bronwen Cowie）的科学教学评价中，他将为学习的评价描述为"注意、辨认和回应"。这三个过程是逐步上升的过滤器，教师在和儿童一起活动时会注意到很多东西，把其中一部分辨认为"学习"，最后对辨认的一部分做出回应。

225

　　玛丽·简·德拉蒙德（Mary Jane Drummond）在对评价下定义的基础上，对为学习的评价进行了重新描述："在日常实践中，我们（儿童、家庭、教师和其他人）观察儿童学习（注意），设法理解它（辨认），然后将我们的理解放到有用的地方（回应）。"

　　新西兰教育部编的早期教育实例的图书使用了"为学习的评价"，很多作者将之称为"形成性评价"。菲利普·佩勒努（Philippe Perrenoud）认为"任何能帮助儿童学习和发展的评价，都是形成性的"，并且"发展和学习依赖于无数交织在一起的因素。任何对一个或多个因素起优化作用的评价，无论其优化作用多小，都是形成性的"。

　　佩勒努提及的因素包括儿童动机、作为学习者的社会身份、他们对学习的看法以及包括"无数因素"的学习氛围。

　　评价和学习的重要联系是回应。研究表明，对学习者的回应能促进其学习发展。一些反馈可以通过记录进行（如：家庭和教师可以将评价信息念给儿童听，儿童也可以通过"阅读"照片得到反馈）。有些评价是口头的，而一些则是非语言形式（手势、点头或者微笑）。学习者从回应中得知哪些结果受到肯定，他们做得怎么样，同时认可儿童为自己制定的目标。

　　教师彼此共享故事和反馈，这样能丰富他们的注意、辨认和回应。

日常情境

　　评价是在日常情境中完成。记录的主要目的是指导日常、未记录的互动性教学以及自发回应，它使儿童互动更加丰富和互惠。当在有意义情境中进行活动和交流时，课程也获得最佳效果。

保护和提高学习动机

　　学习评价能保护和提高儿童的学习动机。2002 年，新西兰一位资深评价研究员特里·克鲁克斯（Terry Crooks）对有效学习提出一些要求。他强调了动机：当人们体验成功或在其认为有价值、重要的挑战中取得进步时，他们就从中获得动机以及进行有效学习的可能性。

承认不确定性

"为学习的评价"让我们知道，合适的后续活动可能是什么，但对复杂学习却不一定知道。

倾听儿童

对不可避免的不确定性的回应方式是更好地了解儿童、仔细倾听、观察以及适时回应。新西兰教育部编写的早期教育实例书系中的一本阐述了儿童如何对自己的学习发表意见、为自己设定目标并进行自我评价。

集体评价

这一课程强调社会和文化作为中介学习的重要作用，强调儿童和他人、场所以及事件之间互惠、有良好呼应关系的重要作用。儿童通过与成人/同伴的合作学习，通过有指导的参与和对他人的观察学习，同样通过个体探究和反思学习。因此，带有记录的评价既是集体的，又是个人的，但通常由儿童口述，由成人记录下来。

持有"学习具有复杂性"观点

有价值的教育成果往往是复杂的，尤其涉及关系和参与。新西兰学前教育课程指出，"课程结果是认知、技能和态度"，它们"组合起来形成儿童'工作理论'，帮助他们发展有利于学习的倾向性"。关注学习倾向性以及儿童的安全归属感，认识到儿童对社会颇有价值的贡献，这样才能突出儿童的强项和成就。评价应说明儿童"处于最佳状态时"是什么样。

认识到复杂性，意味着将评价看作比打分或在每项技能后打钩更复杂的事情。没有哪一种形式是"正确的"，但新西兰学前教育课程提供了四项评估标准：

　　＊ 评价是否保护和促进有能力、有信心的学习者（儿童）的身份认同？

　　＊ 评价是否考虑到作为整体的儿童？

　　＊ 评价是否邀请家庭和其他家庭成员一起参与？

　　＊ 评价是否融入互动、有呼应的关系中？

　　在评价记录或"学习故事"中，以标准问答形式出现以下问题并对每个问题进行注解：

　　＊ 这里发生了什么？

　　　　答案应该对发生了什么给出简短描述。

　　＊ 评价体现了具体领域的哪些方面？

　　　　答案要解释为什么选择这种评价。

　　＊ 带有记录的评价如何促进具体领域的发展？

　　　　答案要对如何使用评价支持相关领域的学习和发展提出建议。

　　＊ 对于非正式注意、辨认和回应，这一情境能告诉我们什么？

　　　　评价是教学的一部分，它发生在每一个互动、有良好呼应关系的情境中。

227

来自儿童视角的评价

　　新西兰学前教育课程评价方法要求教师把儿童的声音作为中心考虑问题，通过评价确保结果实现。这些问题建立在学前教育课程原则基础上，对学习进行界定，为学习内容选择提供框架。课程评价的目标建立在明确界定的价值观基础上，反映了以下几方面：

归属感	你是否欣赏、理解儿童及其家人的兴趣和能力？	你了解儿童吗？
健康幸福	你能否满足儿童每天的需要、照顾儿童，细心体贴儿童？	你能信任儿童吗？
探　究	你能否吸引儿童的注意，给儿童提供挑战，拓展儿童的世界？	你能让儿童飞翔吗？
交　流	你能邀请儿童一起交流，对儿童自己独特的努力做出呼应？	你在倾听儿童吗？
贡　献	你能鼓励并促进儿童融入更大的社会群体吗？	这个地方对儿童公平吗？

　　资料来源：Podmore, V., H. May, and M. Carr. 2001. The Child's Questions. In *Programme Evaluation with Te Whariki Using "Teaching Stories"*, p.9. Published by the Institute for Early Childhood Studies, Victoria University of Wellington, New Zealand.

早期教育宣传者关于儿童能力的宣言

为了应对当前早期教育学习结果评价趋势的挑战，一个称作"早期教育宣传者"的美国专业工作小组起草了有关"应有能力"的声明。也许你也可以考虑在自己的社区里做类似事情。

早期教育应培养儿童的 15 种能力

下面对儿童重要的素质进行描述，这些素质比"入学准备"或入学的知识测验更重要。

当孩子离开早教机构进入小学时，他们能：

* 作为相互依赖的社会成员参与各种活动
* 关心自己、他人以及周围社会
* 对待他人有爱心和同情心
* 和其他孩子合作，共同完成小组目标
* 庆祝集体成就
* 欢笑，在游戏中很高兴
* 用语言和艺术形式表达人类的多种情感
* 有好奇心
* 提出新想法，创造性地解决问题
* 遇到困难时不气馁或过后设法成功解决问题
* 奔跑、敲击、抓握、投掷、踢、翻滚
* 兴高采烈地唱歌、跳舞
* 涂色、绘画、雕塑、建构物体
* 维护周围环境的清洁和秩序
* 有礼貌地和客人打招呼

当儿童（1）被看作有能力的人，（2）意见被认可，（3）受到信任时，这些素质在所有文化中都能自然习得。给儿童提供和其他儿童在一起的机会，创建所有儿童达到 15 种能力的环境。试想一下，所有 6 岁儿童都能获得这 15 种能力。

想象作为一名学前班教师，开学时看到具有这 15 种能力的儿童走进课堂，没有"行为问题"，取而代之的是良好的适应能力，也渴望学习。教师马上投入工作、倾听儿童的兴趣、了解儿童想要探究的世界。例如：如果主题是"蜘蛛"，孩子会迫不及待想通过观察、写作、阅读、绘画、作诗、听音乐、科学展示、研究、计数以及数学表征等方法探究。他们会和他人一起分享爱好学习的乐趣，所以会远远超越目前制定的学业标准。在学习型社会文化中获得的经验，是一种真正意义上为学校做的"准备工作"。所有的儿童，而不是少数儿童，都认为自己是有能力的。

这 15 种能力是持久的。接下来的学校生活中，一年级教师将继续教这些孩子。他们想上学，想在学校感到快乐，这和我们现在常在学校见到的受惊吓、被毁掉的儿童截然不同。

以上都取决于每个人的工作。我们要把自己看作是对儿童早期经验有贡献的人——如：小学或幼儿教师、校长或者家长——不断去仔细考虑我们真正想给儿童的是什么，并同政府人员、倡议者和朋友一起宣传。这 15 种能力是我们期望每位儿童都具备的。

当前，最重要的是为部分儿童提供救助，如：受贫困影响、处于弱势群体或"危险"中的儿童。当社区负责人和政府人员提到为孩子做好"入学准备"时，他们不是提供救助资源，而是提供测查标准，因为主流价值本身已经蕴涵了有些儿童是有缺陷、需要改善的观点。

事实上，这些儿童及家庭所需要的是更好的生活环境、足够的资源以及配备可以领取赡养家庭的工资的各类师资员工，所有儿童还不致被贫困和种族歧视所摧毁。所有儿童都能达到这 15 种能力，因为这些能力能改变社会、减少贫困，让城市变成美丽的地方。

当前我们能采取的有益行动，包括：

1. 拒绝儿童或家庭教育有困难的说法。儿童从出生起就拥有各种能力。每时每刻都提供新的希望和方法，这是我们在学校要做的事情，也是早期儿童和家庭教育工作者的工作。

2. 多谈 15 种能力，而非学业意义上的"入学准备"，将它作为对孩子及童年期发展的期望。

想了解更多信息，浏览 http：//earlyeducationadvocates.org。

附录3
课程计划表格实例

通过下面的表格，你能看到满足儿童需要的预设课程的整合方式。如果你决定根据本书内容尝试一下教学改变，不妨根据实际情况使用这些表格。

(232)

预设课程计划
（华盛顿州伯林顿学校学前课程）

第_____周

重要事项——本周发生了些什么事件？（学校事件、家庭活动、家长聚会等）

来园时间工作表——儿童自主活动，向儿童介绍新材料和概念

表格 1	表格 2	表格 3

规定的计划性活动——教师指导的活动，辅导儿童进行技能学习

星期一	星期二	星期三	星期四	星期五

关注的兴趣点和合作探究：什么样的观察表明儿童的兴趣？儿童看到什么东西会感到兴奋？我们对什么东西感兴趣？

下一步要关注的问题：为帮助儿童保持兴趣，接下来做些什么？我们希望儿童学习的潜在价值观和经验教训是什么？为帮助儿童拓展兴趣，可以提供什么材料、活动、图书、游戏和来园活动介绍？什么样的问题能指导记录？

教育展示：什么样的记录对儿童探究和追寻兴趣有帮助？

记录展示：怎样向家庭和参观者展示最近的活动？

准备的材料：收集些什么？为学习准备些什么？怎么分工？

233

学步儿游戏学校预设课程计划
（根据上周记录整理）

第＿＿＿周

感知／艺术

角色扮演

建构／问题解决

音乐／律动

阅读／节奏

同伴关系／个性发展

备注：今天观察了什么？观察到的事物如何与儿童教育工作联系？观察到的事物还有其他什么意义？				
星期一				
星期二				
星期三				
星期四				
星期五				
后续关注——根据本周观察记录，下一步要为个体或集体制订了什么计划？				

234

预设课程计划

（华盛顿州布瑞恩普吉特东湾东松德教育行政区开端计划）

第_____周

上周反思/总结：

本周对孩子的学习目标/期望：

支持儿童学习的材料和环境（社会—情绪情感、语言/读写、认知、身体、创造性）		

描述具体目标时，用儿童的首字母代表儿童。

支持儿童学习的计划性活动				
星期一	星期二	星期三	星期四	星期五

过渡环节计划/一日生活环节或日程变更：

健康和营养方面的内容用颜色注明，对感官体验活动特别说明，并对课程活动顺序进行编码。

预设课程计划

（华盛顿州布瑞恩普吉特湾东松德教育行政区开端计划）

第____周

上周的反思/总结：孩子们把时间花在哪里？对什么感兴趣？游戏主题的潜在价值和发展目标是什么？

怎样能了解儿童兴趣背后的更多原因/需求？

本周对孩子学习目标/期望：下周集体活动目标是什么？例如：建立常规、形成社区合作学习、进一步

探索或者拓展_____

支持儿童学习的材料和环境（社会—情绪情感、语言/读写、认知、身体、创造性）

我能给孩子提供怎样的平台？环境怎样支持/促进每个儿童的发展？材料和环境怎样支持/促进上

周对记录的反思？

材料和环境怎样支持本周的目标/希望？它们怎样支持个体儿童的学习目标？（描述具体目标时，

用名字的首字母代表儿童）

支持儿童学习的计划性活动

星期一	星期二	星期三	星期四	星期五
例如：集体活动、小组活动、大肌肉运动、唱歌/讲故事、健康活动、营养活动、感官体验活动等。	计划的活动怎样支持/拓展对上周记录的反思？ 计划的活动怎样支持本周的目标/希望？ 计划的活动怎样支持个体儿童的学习目标？（描述具体目标时，用名字的省/母代表儿童）			

过渡环节计划/一日生活环节或日程变更：

描述过渡环节或一日生活环节或日程表的调整情况。

怎样利用一整天（包括过渡环节和常规时间）提供学习机会？过渡环节、常规时间和日程安排怎样支持/拓展上周对记录的反思？怎样支持本周的计划/希望？怎样支持个体儿童的学习方案的目标？（描述具体目标时，用名字的省/母代表儿童）。

健康和营养方面的内容用颜色注明，对感官体验活动特别说明，并对课程活动顺序进行编码。

236

面向未来的预设课程计划

（华盛顿州布瑞恩普吉特湾东松德德教育行政区开端计划）

	提供的新挑战：
儿童感到兴奋/感兴趣的是：	
	需要反复回忆的内容：
来自家长/家庭的想法：	
	给志愿者的建议：
给家长/家庭的建议：	

每个孩子都拥有能力、聪明、才智和经验，是一个真正的学习者。

面向未来的预设课程计划

（华盛顿州布瑞恩普吉特湾东松德教育行政区开端计划）

提供的新挑战：

从自己的观察中，思考儿童更多需要哪些练习或体验机会。

需要反复回忆的内容：

从自己的观察中，思考儿童有兴趣反复回忆的内容，深化并进一步丰富儿童的经验、技能或概念。

给志愿者的建议：

怎样利用志愿者？

在特定时间是否能找到志愿者？

怎样帮助临时出现的志愿者，使他们感到自己受欢迎，并能起到作用？

怎样帮助志愿者，使他们感到获得到别人的欣赏和感激？

孩子们感到兴奋/感兴趣的是：

记录观察到的孩子行为表现。可以是个体、小组，或是全班儿童的行为。思考兴趣背后的幼因。

来自家长/家庭的想法：

记录家庭会议及备忘录中的想法。包括和家庭成员交流、参加家长会、在和家长谈话中关注更多细节，向家长提问，邀请家长参与感见。

给家长/家庭的建议：

如何邀请家庭参与？

如何促进家庭和托幼机构的联系和交流？

怎样认可家长正在做的事情？

怎样邀请家长成为计划的一部分？

每个孩子都拥有能力、聪明、才智和经验，是一个真正的学习者。

活动计划表

(华盛顿州西雅图市哈弗斯特资源中心)

观察总结／教师反思：	对儿童探究角度的思考与假设	有计划性的活动	学习领域	所需准备的材料
对开展活动的多种可能性进行"头脑风暴"，从中挑选 1—2 种可能性深入探讨				
个性化计划：				

239

"和儿童一起学习"的反思、计划和行动

为儿童学习制订计划时，思考下列问题：

* 有什么突出细节可作为进一步思考的提示？

* 背景和价值观中的什么东西影响我对这一情境的反应？为什么？

* 文化、家庭背景或大众媒体如何影响这一情境？

* 什么地方可以看到儿童的强项和能力？

* 在这一情境中如何理解儿童的观点？

* 环境和材料如何影响儿童的发展？会产生什么样的变化？

* 教师行动如何影响一情境？

* 这里涉及哪些学习领域？

* 什么样的理论观点和儿童发展原则引导我的理解行为和行动？

* 什么样的价值观、哲学观和目标影响我的反应？

对问题进行反思后，概括课程目标：

续表

运用本书提出的核心实践原则，对自己的课程目标及可能性进行探究，并根据1—2个实践原则制定自己的计划。重要的是，采取行动时再次观察和反思，那你的后续教学会更贴近目标，学习更有深度。

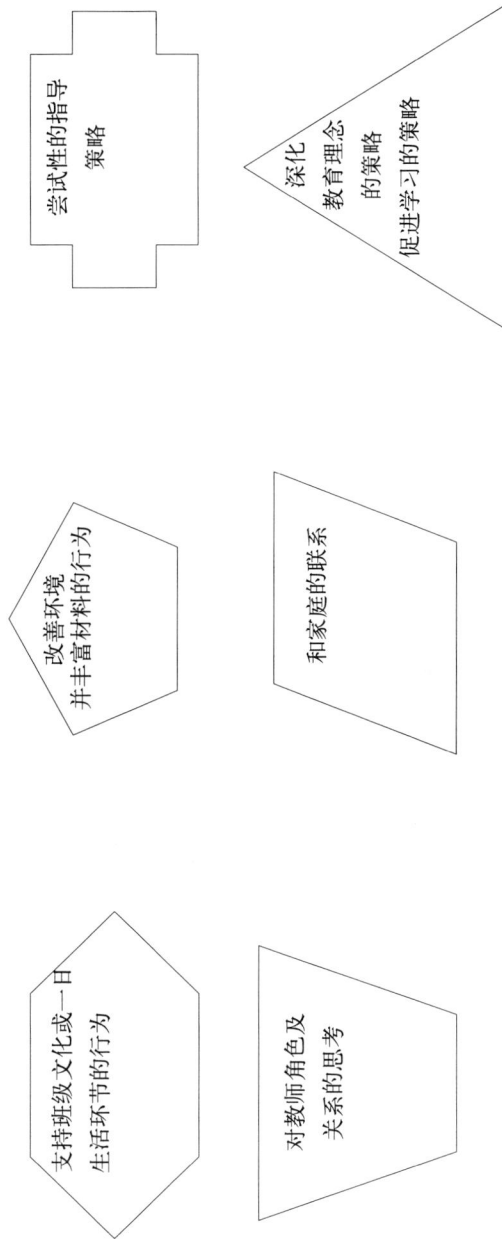

尝试性的指导策略

深化
教育理念
的策略
促进学习的策略

改善环境
并丰富材料的行为

和家庭的联系

支持班级文化或一日
生活环节的行为

对教师角色及
关系的思考

课程验证计划表

（新罕布什尔技术学院儿童和家庭发展中心）

班级 _____ 第 _____ 周

	星期一	星期二	星期三	星期四	星期五
观 察					
教师反思					
支架性活动					

附录4

早期教育宣传工作实例

下面内容展示美国各地的幼儿教师如何应对日益增长的课程和评价标准化的压力。读者可将其视为对自己的鼓励和对行动的呼吁，然后也写下自己的想法：你站在什么立场上？你持有怎样的儿童观和教育观？你的理论依据是什么？

0～5岁儿童保教标准

（美国加利福尼亚州早教工作者拟定）

宣言：0～5岁儿童的保教标准

宣言代表公布某种意愿。作为保教专业人员，我们坚持捍卫实施儿童（0～8岁）发展适宜性实践。儿童是社会的弱势群体之一，尤其在公共政策领域。因此，我们要行使权利，宣布自己坚持的儿童发展适宜性实践立场，因为它适用于所有儿童。

"宣言"代表我们有坚定的信念，也是对公众以及对儿童天性和权利的毋庸置疑的支持和承诺。

此处的"儿童"指0～5岁，未上学前班的孩子。

强制性课程标准以及对儿童的统一评价趋势使早期保教领域开始走下坡路。很大程度上，导致这种趋势的根源是早期教育领域之外的因素。对标准的滥用和误解真实存在，大多数人也看到这种现象引发的严重后果。

人们对托幼机构成绩提出责难，儿童在《不让一个儿童掉队法案》（*No Child Left Behind*）的压力下，对托幼机构和学习的态度也在恶化。教师缺少积极性，失去对课程的把握。课程被一系列预设活动和清单代替。个性化学习理念受到抨击，但课程标准却要求本区所有孩子同一天学同一内容。

儿童患糖尿病、精神紧张以及肥胖症的比例呈上升趋势。一度认为是儿童天性反应的积极生活方式，现在被受媒体影响的久坐不动生活方式替代。托幼机构越来越频繁运用高科技，使用计算机程序设置的软件记录、学习。另外，托幼机构日程中非学业活动减少甚至取消，也是儿童健康状况下降的重要原因。

早期教育专业人士对这种趋势表示很大担心。作为专业教师，我们受全美幼教协会（NAEYC）职业道德行为规范的约束，同时接受国际儿童游戏权利联合会（IPA）的指导，现联名签名公布这份包含我们意愿和目的的宣言。

（一）

参与联名签名的大家认识到，学习标准外其实还有一个领域。这一领域的实施或参与情况是将学习标准运用到儿童身上能否成功的关键因素。

所以，我们坚定不移地捍卫儿童作为家庭和社区重要成员的权益，关注儿童游戏的权利和价值，特别强调以下内容：

学习标准的贯彻实施应注意：

＊ 将家庭作为机构教育的重要补充，开展即时双向的互动交流，为家庭提供参与机会。家庭也应成为托幼机构、社区以及儿童学习的合作者，并在某些时间和场合由家庭成员参加。

＊ 全面认识、鼓励和支持社区资源参与课程开发和实施（如：社工、公园、图书馆及其他社区资源或商业机构）。

＊ 鼓励男性参与，寻求隔代家人和同伴共同参与。

＊ 正确看待儿童对同伴交往的社会和情感需要。

＊ 将室外环境作为综合并有价值要素纳入机构教育。

＊ 鼓励儿童自主和主动学习，为儿童提供以游戏为主的学习机会，将其作为机构教育综合和有价值的要素。

＊ 系统考虑儿童其他领域的学习和发展（有关领域的问题，将在下面详述）。

幼儿对技能的掌握是动态和发展的。对自己掌握技能的表现欲望，只体现在他们的社会互动和游戏情境中。因此，实施学习标准时应避免：

＊ 刻意要求儿童去"表现"，或在不真实学习环境中评价儿童。不

真实的学习环境是刻意从社会和典型游戏情境中抽取的，很难准确判定儿童拥有的技能以及只在游戏和社会互动情境中才会表现出来的技能。另外，不真实的学习环境将儿童从语言和身份认同的正常文化环境中分离，但这些环境对准确评价移民及第二代移民儿童却很必要。

（二）

基于上述理由，我们参加签名的人一致认为，以结果为导向的标准，对儿童来说很危险。如果评价标准不能将儿童作为具有优势、机遇、挑战和生活经验的个体学习者看待，那么它注定将无法真正了解评价的儿童，同时也无法对学习环境、教学团队及学习过程进行准确考察。

因此，我们反对将评价儿童成功与否的学习标准建立在如下基础上：

＊ 幼儿接受定期测查。

＊ 只使用正式评价方式（我们希望教师有权使用基于观察的非正式评价方式和"儿童作品档案"等，并将其作为正式评价工具和策略的补充）。

＊ 运用儿童母语以外的语言设置标准、实施评价或测试。

＊ 期望同一年龄段所有孩子在同一时间完成同一项任务。

＊ 关注儿童缺点多于优点（"优点"包括儿童的兴趣、学习方式、创造力和表达力）。

（三）

我们参加签名的人一致认为，好的学习标准的实施应在内容中体现对儿童的多方面尊重：

＊ 儿童使用母语的权利：

以英语为第二语言的儿童不应与其他儿童分开，除非这种分开旨在严格执行以认知领域中改善学习机会为目的。

　　* 儿童拥有正常的生活起居权和享受"融合教育"的权利

　　有特殊需要的儿童不应与其他儿童隔离，除非这种隔离严格遵照认知和健康领域发展目标，是为了改善儿童学习机会而在有限范围内实施。

　　* 儿童接受个性化教育的权利

　　成人基于儿童的学习进度、方式、能力和需要，对儿童提供指导和支持。

　　* 儿童游戏的权利

　　儿童每天有固定时间进行自发游戏，包括室内游戏和室外游戏。

　　婴幼儿和学龄儿童在表征思维以及其他认知能力方面，有本质区别，因此我们应运用专为婴幼儿开发并得到专家认可的学习标准。幼儿的认知发展建立在满足基本需要的基础上，当中也包括社会性和情绪情感发展，因此，我们采用关注儿童整体发展的学习标准，包括以下六方面：

　　* 认知发展

　　　　语言艺术

　　　　科学探究

　　　　数学

　　　　读写

　　* 身体健康和发展

　　　　大肌肉和小肌肉动作

　　　　营养、健康、安全和体型

　　　　反偏见—全纳理念

　　　　积极生活方式，包括在户外环境

　　* 社会性和情绪情感发展

　　　　自我概念

　　　　自我控制

合作意识

社会关系，包括反偏见和非暴力

自尊和赋权

* 创造性

艺术

角色游戏

问题解决能力，包括在户外环境

* 游戏

教师主导游戏和儿童主导游戏

室内游戏和室外游戏

身体游戏和社会性游戏

每天有大段游戏时间

* 学习品质

参与和坚持性

推理和问题解决能力

自发性和好奇心

冒险和挑战精神

（四）

最后需要指出的是，成人和儿童之间的关系质量对儿童学习具有重要意义。学习标准的实施必须考虑保教人员的专业发展，同时关注与儿童成长相关的其他教职员工的专业发展和家庭成员的继续教育、宣传以及社区资源利用。

为了进一步支持本宣言提出的原则和标准，可参阅我们引用的资料：

* *Code of Ethical Conduct and Statement of Commitment*,NAEYC, 1998.

* Play Under Siege, *Children'sPlay: The Roots of Reading*, Edward F.

Zigler, Sandra J. Bishop-Josef, Zero to Three Press, Washington, D.C., 2004.

＊ IPA and the Declaration of the Child's Right to Play, *The Great Outdoors: Restoring Children's Right to Play Outside*, Mary S. Rivkin, NAEYC, Washington, D.C., 1995.

正是基于对早期保教重要性的认识以及研究，我们才有如此坚定的信念。

我们希望自己的强烈主张对遏制学习标准化过程中日益严苛的趋势以及以测查为主的评价方式很有帮助，因为这些测查在本质上违反了儿童发展适宜性实践原则和早期学习经验目标和大纲。

我们的责任纯粹是为儿童福祉着想，绝非为任何机构或组织利益服务。

关于价值观的宣言

早期教育宣传者的行动计划

在当今这一历史关键时期，成千上外的美国人满腔热情地打算为孩子实实在在做点事。现在，我们应该团结力量为儿童呼吁，引导人们重塑儿童观。获取更多信息或有意支援我们，请访问网站：www.earlyeducationadvocates.org。

我们的使命

为了美国从出生到学龄期的儿童，希望他们得到民主、参与性强和多样化的早期教育，希望引发公众对早教工作的关注，并对影响社会和政治责任、公民内心已接受的价值观进行广泛讨论。

早期教育机构的价值

我们的合作性努力是为了建立一个促进学习并起到引领作用的价值体系。这种体系的确立基于人类尊严、参与性、勇于面对未知的不确定性、民主理念等。我们将继续对其进行反思和修正，欢迎大家帮助完善。

归属感

为儿童提供融入丰富、多元并充满关爱的社区环境的机会。

不管处在怎样的情境，成人和儿童都会觉得很舒适，儿童具有归属感。

成长

为儿童提供机构教育，确保他们的认知、身体和心灵健康成长。

从人类健康的角度，我们有责任去关爱他人并受到他人关爱，促使社会和个人都能拥有批判性思维，对问题提出质疑，完善自己的生活。

整体性

把儿童看成一个整体，他们是有能力和充满力量的一群人。儿童和成人、同伴有密切联系。

儿童及家人，以及社区成员拥有能力，都是完美的。欣赏现在的他们，也期待他们的未来。儿童是完整的、有能力的。

互惠

在与他人关系中，我们成为自己，并同时改变自己。

我们愿意按照他人身份和想法改变自己。儿童是行动的同盟者，我们互相学习。在交往中，我们放下特权。双向互动以及平等交往是解决个体差异的重要方法。

尊重

以真诚、鼓励和同情的心对待儿童，尊重个体的不同个性和经验。

我们要关爱别人，也要在与人和环境的双边呼应关系中被别人关爱，负有双重责任和承诺。我们的事业正是在共生中才获得欣欣向荣。

参与

邀请各种参与者，帮助我们创造可能性，并通过互动明确彼此的机遇。

为参与者提供开放性的空间、语言、表达手段、时间以及开放、尚未完全成型、与参与者共建、对参与者呼应的组织体系。儿童从互动和合作中受益，同时对经验和语言做出贡献。机构教育也是社会生活的一部分。

信任

传递对儿童的信任，期望人类的善良和成长在一生任何时期都会表现。

我们也要诚而有信。我们要会仔细倾听。儿童得到信任，所以他们学会合作和交流。秉持公正负责的态度对待孩子时，我们也能成为他们信任和依靠的对象。责任来自信任、坦诚和经验。

快乐

我们强调儿童的自主、愉悦、丰富想象、求知欲、好奇心、律动、游戏、活跃以及活力。

在与儿童和同事的互动中，保留童年快乐，寻求表达真实自我的勇气。

儿童保育的市场化模式——一种新途径

明智的儿童保育方案——早教机构联营和优势整合

www.soundchildcare.org 或 www.seattleconsortium.org

经营早教机构需要有截然不同的两种要求：首先，它是商业机构，必须保持正常运作；其次，早教机构又是儿童教育事业的重要伙伴。早教机构同时做好这两点很困难。

试想一下，有这样一个早教机构，将两方面做得井井有条，并且将以上两点都放在同等重要位置上。或者试想，有这样一个"教师—学习者"社区，一切以儿童为中心，儿童家庭也占有重要地位，来自不同社会背景的儿童都享有同等参与学习的机会。想象还有这样一个非营利性质的机构，运用先进技术和优质商业工具提供能持续改善早期教育质量的基金。

明智的儿童保育方案（SCCS）创建了这样一种模式，即好的早教机构联合起来，共享办公场所或行政管理部门功能，提高商业运作效率，但各自社区和家庭身份仍旧保持独立。这样，我们看到早教服务形式的飞跃。早教机构一般都是小规模经营，无法得到较大规模的经济效益。但对家庭来说，这种小规模的机构却比较舒适。整合各机构以及各自的商业工具，一方面可以支持早教机构的经营，另一方面也可以整合资源提高教师和行政人员的实践水平，并更好地为低收入家庭服务。

明智的儿童保育方案旨在创造一种联营模式，使各中心获得：

＊ 加盟更大的组织体系带来的经济效益，使加盟的各中心在变幻莫测的经济大潮以及生源不足或爆满时获得更好的发展机会。

＊ 因大规模商业经营带来所需投入经费减少，如：人力成本减少，

管理、财务、清洁卫生、食物提供和采购等各环节都可获得优惠。

＊ 更稳定的财政保障，更有序的组织结构、更综合的专业发展途径，带来更高质量的早教服务。

＊ 使用科技工具使运营效率提高，帮助教师更好地进行个别化教学。

加入联盟，早教机构可以得到高质量的早期教育保障，保持与自己文化相一致的反偏见教育实践，保证获取除学费之外的稳定资金来源，如：员工补贴、公共基金、租金减免或优惠。各早教机构仍可保留各自名称、独特的社会身份以及董事会。各早教机构的员工会成为该联盟（SCCS）职员，机构董事会变成联盟的顾问董事，机构负责人成为联盟的联合负责人。每个机构负责人各自主持自己机构的行政工作，同时在联盟重要的运作和财务决策方面参与集体决定的过程。所有财务作为一个整体集中统筹。联盟总部工作人员和机构负责人共同努力，在行政管理和课程方面对所有机构有所促进。持续的专业发展、职业生涯通途和支持团队，加强了所有机构的实力，保证机构的儿童及家庭的稳定性和一致性，并为教师和各机构负责人提供人性化、健康的工作环境。教育技术的有效运用将提高整体教育质量，并帮助教师进行最好的个别化教学。技术的运用帮助我们对儿童进行无干扰跟踪，并获得数据，同时不断提高课堂、环境以及行政管理质量。

研究始终表明，为儿童及家庭带来的优质结果，在很大程度上依赖联盟对机构的良好管理。联盟最终扩大到 10 个至 15 个早教中心，到时，我们重新发起一个新联盟。全国性研究表明了从经济角度加强儿童早教机构的重要性。这种新模式采取一种更深远、具有创新的方式，为众多早教机构提供联合机会，使它们免于被营利性连锁机构或大型非营利机构"接管"，或者被迫在绝望中退出历史舞台。在保存各幼教机构独特社会文化的同时，它又创造了规模化经营带来的经济价值。联盟及各早教中心把所有回报都用于儿童，而不是给股东或上交大机构。这是一种可持续、可复制的运营模式。

参考文献

Berk, Laura, and Adam winsler.1995.*Scaffolding Children's learning:Vygotsky and Early Education.*Washington, D.C.:National Association for the Education of Young Children (NAEYC).

Bodrova, E., and D.Leong.2004.Chopsticks and Counting Chips.In *Spotlight on Young Children and Play,* ed.D.Koralek.Washington, D.C.:National Association for the Education of Young Children (NAEYC).

Bredekamp, S., and C.Copple, eds.1997.*Developmentally Appropriate Practice in Early Childhood Programs.*Rev.ed.Washington, D.C.:National Association for the Education of Young Children (NAEYC).

Bredekamp, S., and T.Rosegrant, eds.1995.*Reaching Potentials through Transforming Curriculum, Assessment,and Teaching.*Vol.2.Washington, D.C.:National Association for the Education of Young Children (NAEYC).

Brofenbrenner, U.2006.*The Ecology of Human Development:Experiments by Nature and Design.*Cambridge, Mass.:Harvard University Press.

Brooks, M.1996.*Drawing with Children.*New York:Penguin Putnam, Inc.

Brosterman, N.1997.*Inventing Kindergarten.*New York:Harry N.Abrams, Inc., Publishers.

Carr, Margaret.2001.*Assessment in Early Childhood Settings:Learning Stories.*Thousand Oaks, Calif.:Sage Publishing.

Carter, M., and D.Curtis.1998.*The Visionary Director.*St.Paul, Minn.:Redleaf Press.

Cronin, S., and E.Jones.1999.*Play and Cultural Differences.Beginnings Workshop.Child Care information Exchange* 127, no.1.Redmond, Wash.:Exchange Press.

Cronin, S., and C.Masso.2003.*Soy Bilingue:Language, Culture, and Young Latino Children.* Seattle, Wash.:Center for Cultural and Linguistic Democracy.

Curtis, D., and M.Cartel.1996.*Reflecting Children's Lives.*St.Paul, Minn.:Redleaf Press.

Curtis, D., and M.Carter.2000.*The Art of Awareness:How Observation Can Transform Your*

*Teaching.*St.Paul, Minn.:Redleaf Press.

Curtis, D., and M.Carter.2003.*Designs for Living and Learning.*St.Paul, Minn.:Redleaf Press.

Dahlberg, G., and P.Moss.2005.*Ethics and Politics in Early Childhood Education.*London:Routledge.

Dahlberg, G., P.Moss, and A.Pence.1999.*Beyond Quality in Early Childhood Education and Care:Postmodern Perspectives.*London:Routledge.

Day, Carol Brunson.2006.Personal communication reflecting on "Reconsidering Early Childhood Education in the United States:Reflections from Our Encounters with Reggio Emilia." In *The Hundred Languages of Children.*1998.eds.C.Edwards, L.Gandini, and G.Forman.Greenwich, Conn.:Ablex Publishing.

Delpit, L.2006.*Other People's Children.*New York:The New Press.

Dodge, D., L.Colker, and C.Heroman.2002.*The Creative Curriculum.*Washington, D.C.:Teaching Strategies, Inc.

Duckworth, E.1996.*The Having of Wonderful Ideas and Other Essays on Teaching and Learning.*New York:Teachers College Press.

Edwards, B. 1979.*Drawing on the Right Side of the Brain.*Los Angeles:JP Tarcher, Inc.

Edwards, C., L.Gandini, and G.Forman, eds.1998.*The Hundred Languages of Children:The Reggio Emilia Approach; Advanced Reflections.*2nd ed.Greenwich, Conn.:Ablex Publishing.

Elkonin, D.[1971]1977.Toward the Problem of stages in the Mental Development of the Child. In *Soviet Developmental Psychology,* ed.M.Cole.White Plains, N.Y.:M.E.Sharpe.

Forman, G.1996.*Negotiating with Art Media to Deepen Learning.Beginnings Workshop.*No.108. Redmond, Wash.:Exchange Press.

Fraser, S., and C.Gestwicki.2002.*Authentic Childhood.*Albany, N.Y.:Delmar.

Freire, P.1970.*Pedagogy of the Oppressed.*New York:Herder and Herder.

Gallas, K.1994.*The Languages of Learning:How Children Talk, Write, Dance, Draw and Sing Their Understanding of the World.*New York:Teachers College Press.

Gandini, L.,and C.Edwards.2001.*Bambini:The Italian Approach to Infant/Toddler Care.*New York:Teachers College Press.

Gardner, H.1993.*Frames of Mind:The Theory of Multiple Intelligence.*New York:Basic Books.

Gardner, H.1999.*Intelligences Reframed:Multiple Intelligences for the 21st Century.*New York:Basic Books.

Gatto, J.2002.*Dumbing Us Down:The Hidden Curriculum of Compulsory Schooling.*Gabriola Island, BC, Canada:New Society Publishers.

Gibbs, J.2000.*Tribes:A New Way of Learning and Being Together.*Windsor, Calif.:CenterSource Systems.

Goleman, Daniel.1995.*Emotional Intelligence.*New York:Bantam Books.

Greenman, J.2006.*Caring Places, Learning spaces.*Redmond, Wash.:Exchange Press.

Gronlund, Gaye.2003.*Focused Early Learning:A Planning Framework for Teaching Young Children.*St.Paul, Minn.:Redleaf Press.

Gronlund, Gaye.2006.*Making Early Learning Standards Come Alive.*St.Paul, Minn.:Redleaf Press.

Gullo, Dominic.2004.*Understanding Assessment and Evaluation in Early Childhood Education.* New York:Teachers College Press.

Hoffman, E.2004.*Magic Capes, Amazing Powers:Transforming Super Hero Play in the Classroom.*St.Paul, Minn.:Redleaf Press.

Hoffman, M., B.Banet, and D.Weikart.1979.*Young Children in Action.*Ypsilanti, Mich.:High/ Scope Press.

Horm-Wingerd, D.2002.The Reggio Emilia Approach and Accountable Assessment in the United States.In *Teaching and Learning:Collaborative Exploration of the Reggio Emilia Approach.* eds.V.Fu, A.Stremmel, and L.Hill.Upper Saddle River, N.J.:Pearson Education, Inc.

Hunter, T.2004.*Still Growing.*Bellingham, Wash.:Song Growing Company (compact disc).www. tomhunter.com

Intrator, Sam, and Megan Scribner.2003.*Teaching with Fire.*San Francisco:Jossey Bass.

Johnson, J., J.Christie, and T.Yawkey.1987.*Play and Early Childhood Development.* Glenview, Ill.:Scott, Foresman & Co.

Johnston, J.S.2006.*Inquiry and Education:John Dewey and the Quest for Democracy.*Albany, N.Y.:New York Press.

Jones, E.2004.Playing to Get Smart.In *Spotlight on Young Children and Play,* ed.D.Koralek. Washington, D.C.:NAEYC.

Jones, E., and G.Reynolds.1992.*The Play's the Thing:Teacher's Role in Children's Play.*New York:Teachers College Press.

Katz, L.1993.*Dispositions:Definitions and Implications for Early Childhood Practices.*Urbana, Ill:ERIC Clearinghouse on Elementary and Early Childhood Education.

Katz, L.1998.What Can We Learn from Reggio Emilia.In *The Hundred Languages of Children:The Reggio Emilia Approach,* eds.C.Edwards, L.Gandini, and G.Forman.Greenwich, Conn.:Ablex Publishing Company.

Kolbe, U.2005.*It's Not a Bird Yet:The Drama of Drawing.*Byron Bay, NSW, Australia:Peppinot Press.

Louv, R.2005.*Last Child in the Woods:Saving Our Children from Nature Deficit Disorder.* Chapel Hill, N.C.:Algonquin Books.

MacNaughton, G., and G.Williams.1998.*Techniques for Teaching Young Children.*Frenchs Forest, NSW, Australia:Addison Wesley Longman Australia.

Malaguzzi, L.1998.History, Ideas, and Basic Philosophy.In *The Hundred Languages of Children:The Reggio Emilia Approach,* eds.C.Edwards, L.Gandini, and G.Forman.Greenwich, Conn.:Ablex Publishing Company.

Malaguzzi, L., ed.1996.*The Hundred Languages of Children:Narrative of the Possible.*Reggio Emilia, Italy:Reggio Children.

McGhee, P.2003.*Understanding and Promoting the Development of Children's Humor:A Guide for Parents and Teachers.*Dubuque, Iowa:Kendall/Hunt Publishers.

Meier, D., and B.Henderson.2007.*Learning from Young Children in the Classroom:The Art and Science of Teacher Research.*New York:Teachers College Press.

Meisels, S.J., J.R.Jablon, D.B.Marsden, M.L.Dichtelmiller, and A.B.Dorfman.1994.*The Work Sampling System.*Ann Arbor, Mich.:Rebus.

Meriwether, Linda.1997.Math at the Snack Table.*Young Children* 52, no.5.

Momaday, N.February 7, 2007.Weekday radio broad-cast.Seattle, Wash.:KUOW, National Public Radio.

Mooney, C.2000.*Theories of Childhood:An Introduction to Dewey, Montessori, Erikson, Piaget and Vygotsky.*St.Paul, Minn.:Redleaf Press.

NAEYC.2007.Beyond the Journal:Voices of Practitioners.www.journal.naeyc.org/bti/vp/.

Neugebauerl, B., ed.1999.*Play and Culture:Beginnings Workshop* 127, no.1.Redmond, Wash.:Exchange Press.

New, R.1997.Next Steps in Teaching "the Reggio Way." In *First Steps Toward Teaching the Reggio Way,* ed.J.Hendrick.Upper Saddle River, N.J.:Merrill/Prentice Hall.

Paley, V.1990.*The Boy Who Would Be a Helicopter.*Cambridge, Mass.:Harvard University Press.

Palmer, P.1998.*The Courage to Teach.*San Francisco, Calif.:Jossey-Bass.

Patterson, C., A.Fleet, and J.Duffie.1995.*Learning from Stories:Early Childhood Professional Experiences.*Sydney, NSW, Australia:Institute of Early Childhood, Macquarie University.

Pelo, Ann.2007.*The Language of Art.*St.Paul, Minn.:Redleaf Press.

Phillips, C.B., and Sue Bredekamp.1998.Reconsidering Early Childhood Education in the United States:Reflections from Our Encounters with Reggio Emilia.In *The Hundred Languages of Children,* eds.C.Edwards, L.Gandini, and G.Forman.Greenwich, Conn.:Ablex Publishing.

Piaget, J.2001.*Language and Thought of the Child.*New York:Routledge Classics.

Project Zero and Reggio Children.2001.*Making Learning Visible:Children as Individual and Group Learners.*Reggio Emilia, Italy:Reggio Children.

Rinaldi, Carlina.1998.Projected Curriculum Constructed through Documentation-Progettazione. In *The Hundred Languages of Children,* eds.C.Edwards, L.Gandini, and G.Forman.Greenwich, Conn.:Ablex Publishing.

Rogoff, B.2003.*The Cultural Nature of Human Development.*New York:Oxford University

Press.

Ruef, K.2005.*The Private Eye:Looking and Thinking by Analogy.*Lyle, Wash.:The Private Eye Project.

Seefeldt, Carol.2005.*How to Work with Standards in the Early Childhood Classroom.*New York:Teachers College Press.

Senge, P.2000.*Schools That Learn:A Fifth Discipline Book for Educators, Parents, and Everyone Who Cares about Education.*New York:Doubleday.

Shonkoff, J.P., D.Phillip, and the Committee on Integrating the Science of Early Childhood Development.2000.*From Neurons to Neighborhoods:The Science of Early Childhood Development.* Washington, D.C.:National Research Council, Academy of Science.

Shore, R.1997.*Rethinking the Brain:New Insights into Early Development.*New York:Families and Work Institute.

Skinner, B.1965.*Science and Human Behavior.*New York:Free Press.

Small, M.1999.*Our Babies, Ourselves:How Biology and Culture Shape the Way We Parent.*New York:Anchor Books.

Vygotsky, L.1978.*Mind in Society:The Development of Higher Psychological Processes.* Cambridge, Mass.:Harvard University.

Wagner, Tony.2002.*Making the Grade:Reinventing America's Schools.*New York:Routledge Falmer.

Whitney, T.1999.*Kids Like Us:Using Persona Dolls in the Classroom.*St.Paul, Minn.:Redleaf Press.

Wien, C.1995.*Developmentally Appropriate Practice in Real Life.*New York:Teachers College Press.

Wien, Carol Anne.2004.*Negotiating Standards in the Primary Classroom.*New York:Teachers College Press.

Wien, C.A., and B.L.Keating.*The Sculpture Project.*(unpublished manuscript).

Williams, L., and Y.De Gaetano.1985.*Alerta:A Multicultura, Bilingual Approach to Teaching Young Children.*New York:Addison-Wesley.

Wood, Chip.1999.*Time to Teach, Time to Learn.*Turner Falls, Mass.:Northeast Foundation for Children.

责任编辑　赵建明　　版式设计　孙欢欢
责任校对　贾静芳　　责任印制　叶小峰

图书在版编目（CIP）数据

和儿童一起学习：促进反思性教学的课程框架/
（美）柯蒂斯，（美）卡特著；周欣等译. —北京：教
育科学出版社，2011.2（2023.9重印）
　（幼儿教师教学实践指导丛书）
　书名原文：Learning Together with Young
Children：A Curriculum Framework for Reflective
Teachers
　ISBN 978-7-5041-5648-8

　Ⅰ.①和…　Ⅱ.①柯…②卡…③周…　Ⅲ.①学前教
育—教学研究　Ⅳ.①G612

　　中国版本图书馆 CIP 数据核字（2011）第 013120 号

Original English Title：
Learning Together with Young Children：A Curriculum Framework for Reflective Teachers
By Deb Curtis and Margie Carter
ⓒ 2008 Deb Curtis and Margie Carter, Published by arrangement with the original publisher,
Redleaf Press, St. Pual, Minnesota U. S. A.

All rights reserved.

幼儿教师教学实践指导丛书
和儿童一起学习：促进反思性教学的课程框架
HE ERTONG YIQI XUEXI: CUJIN FANSIXING JIAOXUE DE KECHENG KUANGJIA

出版发行	**教育科学出版社**		
社　　址	北京·朝阳区安慧北里安园甲 9 号	市场部电话	010-64989572
邮　　编	100101	编辑部电话	010-64989365
传　　真	010-64989419	网　　址	http://www.esph.com.cn
经　　销	各地新华书店		
制　　作	北京金奥都图文制作中心		
印　　刷	保定市中画美凯印刷有限公司		
开　　本	720 毫米×1020 毫米　1/16	版　　次	2011 年 2 月第 1 版
印　　张	23	印　　次	2023 年 9 月第 10 次印刷
字　　数	349 千	定　　价	55.00 元

如有印装质量问题，请到所购图书销售部门联系调换。